世界宗教评论
World Religions Reviews

第一辑

北京大学宗教文化研究院 主办

张志刚 金 勋 主编

宗教文化出版社

图书在版编目（ＣＩＰ）数据

世界宗教评论(第一辑)/张志刚,金勋 主编. －－北京:宗教文化出版社,2014.8
ISBN 978 － 7 － 80254 － 897 － 8

I.①世... II.①张...②金... III.①宗教 － 研究 IV.①B91

中国版本图书馆 CIP 数据核字(2014)第 194565 号

世界宗教评论

（第一辑）

张志刚　金　勋　主编

出版发行：宗教文化出版社

地　　址：北京市西城区后海北沿 44 号　（100009）

电　　话：64095215(发行部)　64095234(编辑部)

责任编辑：霍克功

版式设计：陶　静

印　　刷：北京柯蓝博泰印务有限公司

版本记录：787×1092 毫米　16 开本　18.5 印张　250 千字

　　　　　2014 年 10 月第 1 版　2014 年 10 月第 1 次印刷

书　　号：ISBN 978 － 7 － 80254 － 897 － 8

定　　价：55.00 元

卷首语:面对世界的宗教研究

在以往的世界宗教研究中,国内外学者大多是从经典、教义、历史等视角来分别考察几大世界性宗教传统以及其他宗教信仰,而不太注重在学术观念上"面对现实世界",首先把宗教"还原为世界现象",再来从整体与格局上来展开的实证考察与理论分析。为什么要从学术观念上来反思以往研究倾向呢? 我们不妨先让"数字"来摆事实、讲道理。

综合国内外研究机构的新近统计数字,目前世界人口为 70 多亿,各类宗教信徒将近 60 亿,约占世界人口的 85% 或五分之四。世界三大宗教的信徒人数及其分布状况大体如下:基督教徒约为 23 亿,占世界人口三分之一,分布于 251 个国家和地区,其中天主教徒约为 12 亿,新教徒约为 7 亿,东正教徒约为 3 亿;伊斯兰教徒约为 13 亿,占世界人口 18%,分布于 172 个国家和地区;佛教徒约为 3.5 亿,占世界人口 6%,分布于 86 个国家和地区。其他传统宗教的信徒人数占前几位的是:印度教徒约为 8 亿,锡克教徒约为 1700 万,犹太教徒约 1400 万。此外,全球各类新兴宗教的信徒人数约为 1.3 亿。

上列直观的统计结果,既可使我们一目了然世界宗教研究的现实意义和理论价值,更促使我们不能不面对"整个现实世界"而思考"一个基本事实":遍布世界各地的诸多宗教现象显然并非"虚幻的",而是如实地反映着这个地球上绝大多数人的信仰状况和生存方式;尽管从理论上可以说,各类宗教的信仰对象都是"超验的、神圣的或神秘的",但在现实世界上,所有的信徒却无疑都是根据此类信念来解释人生意义、并规定生活准则的;因此,诸种宗教信仰其实就是广大信众的世界观、人生观和价值观,就是他们所信奉的生活方式。若不切实把握这一基本事实,我们便无法理解这个世界上的绝大多数人。

"冷战"结束后,全球范围日渐凸现的宗教问题,更是引起了国内外理论界的高度关注。早在"9·11"事件的前一年,副总理、外交部长钱其琛就在北京大学发表的一次重要讲演中指出:冷战后,宗教问题突出起来了,许多国际热点问题或地区性的重大冲突都与宗教问题分不开。冷战后的宗教问题有这样几个值得关注的特点:(1)宗教经常与民族问题联系在一起;(2)宗教信仰自由经常与人权问题联系在一起;(3)宗教经常与原教旨主义、恐怖主义联系在一起;(4)宗教经常与国家的政局、民族的分裂或统一联系在一起;(5)宗教的认同往往跨越了国家和民族的界限。所以,我们必须注意研究宗教问题。这段论述充分地阐明了世界宗教研究之于外交与内政的双重必要性与重要性。

钱其琛外长发表那场重要讲演时,兼任北京大学国际关系学院院长,他所提出的上述见地,再次推动了这座百年最高学府的世界宗教研究。北京大学素有宗教研究的深厚传统,我国近现代思想史上学识渊博、涉猎宗教研究的诸多名家,几乎都在这里任教或求学过,如蔡元培、熊十力、胡适、汤用彤、梁漱溟、朱谦之、牟宗三、季羡林、任继愈、吕大吉、方立天等等。1982年,北京大学哲学系首创了中国大学的宗教学专业;1989年,成立了北京大学宗教研究所;1995年,创建了全国高校的第一个宗教学系;2009年,又组建了北京大学宗教文化研究院。北京大学宗教文化研究院,作为一种新的科研体制尝试、一个跨院系、多学科的科研平台,致力于继承"思想自由、兼容并包"的优良学统,发挥最高学府学科专业齐全的综合优势,关注国内外宗教研究领域的重大现实与理论课题,倾心为国家发展战略,为中外学术交流,为世界和平事业,做出应尽的积极贡献。所以,创办一种"北大版的世界宗教评论",早已列入我们的科研规划。历经几年认真筹备,第一辑终与读者见面了。它就像一棵

小树，既有活力又显稚嫩，我们盼着大家一起来扶植呵护，使其早日硕果
累累。

       张志刚 金 勋

    2014 年初秋记于燕园人文学苑

目　录

特

稿

探求合乎东亚文化传统的
宗教学研究理论

楼宇烈

宗教是一种重要的社会文化现象,在整个人类文化的发展过程中,在世界各民族传统文化的各个方面,我们都可以看到宗教文化广泛而深刻的影响。许多民族的文化甚至是以宗教文化为核心的。同时,宗教文化的发展也是离不开一定的整体文化环境的。在不同文化环境下(包括不同地域、不同民族、不同历史时期)发展起来的宗教文化,也就各自具有不同的特性。每一种文化都集中地凝聚着一个民族、一个地区或一个国家的价值观念、思维方式、生活样式和信仰习俗。宗教作为文化的一个重要组成部分,也包含了它的价值观念、思维方式、生活样式以及信仰习俗等等,同时又都是跟整个文化的这些观念紧密联系在一起的。所以,我们研究一个民族、一个地区或者一个历史时期的宗教文化时,就不能脱离它所赖以存在的整体文化环境,否则将不可能准确揭示这一宗教文化的特点。这也就是说,当我们在研究某一特定民族、地区或历史时期的宗教文化时,必须要从该民族、地区的整体文化特点入手去分析其宗教文化的特点,并由此归纳出合乎本土宗教发生、发展、变迁等相关的宗教理论来指导本土宗教文化的研究。而不应当简单地套用根据其他民族、地区文化传统和宗教文化特点下归纳出来的宗教理论来研究它。

因此,我们现在需要积极开展深入的宗教学研究,需要根据东方宗教的特点,提出我们自己的富有个性的宗教学理论来,而不能只停留在完全搬用西方宗教学理论来解释东方的宗教文化现象。这是当前一个非常迫切的任务。在这个过程中,宗教比较研究是不可避免的,而且是极为必要的,因为只有通过比较研究才可能看到不同文化背景下不同宗教的各自特点,也才会认识到对不同文化背景下的宗教文化现象,应当用不同的宗教学理论和方法去研究它。

由于我对韩国、日本的传统文化和宗教没有深入的研究,所以这里主要结合中国传统文化和宗教为例来分析。不过,由于中、日、韩三国在传统文化方面有许多共同之处,在近代宗教文化研究方面也有不少相同的学术路向,我想中国宗教研究中所面临的问题和困惑,对韩、日两国的宗教研究也会有一定的启发。

在中国近代历史上,由于受各种对宗教认识上的误解或偏见的影响,长期以来宗教研究十分滞后。从宗教研究的理论与方法来说,至今我们基本上还停留在借鉴西方宗教学研究理论和方法的层次上,尚未形成具有自己独立见解的宗教学理论和方法体系。然而,当我们用西方宗教学理论和方法去分析中国宗教文化现象时,又常常感到许多矛盾和说不通的地方。有的甚至削足适履,把中国宗教的情况改造成适合于西方宗教的理论,沦为论证西方宗教理论的一些例证。

中国的文化背景与西方不一样,中国宗教的理念、教义等也和西方不一样,因此,我们对中国宗教的研究一定要抓住中国文化的特点,抓住中国宗教自己的特点。而由于长期以来我们对宗教研究的落后状态,我们对宗教不仅没有现状的调查、田野的考察,更没有一套比较成系统的理论的指导。所以很多年以前,我就提出中国的宗教研究如果要赶上去,就必须要提出中国自己的宗教研究理论来。但这种观点提出后,也有很多人不理解,认为中国不可能提出什么宗教理论。但我认为,只要我们能够认清中国文化的特点,那么我们也一定能够把握到中国宗教的一些特点的。如果我们了解了这样一些特点,就可以为我们建构自己的宗教学理论打下一个基础。所以今天我不敢讲一个什么样的中国宗教学的理论构架,而只能谈一些特点,以供大家参考。根据这样一些特点决定我们研究中国宗教应该用一些什么样的中国宗教的理论,而不再是削足适履地套用西方理论来研究中国宗教。

以下我想结合中国整体文化的特点,来谈一谈中国人的宗教观和中国宗教的一些特点。

首先,在中国三代(夏、商、周)以来,"溥天之下,莫非王土,率土之滨,莫非王臣"(《诗经·小雅·谷风之什》)观念的主导下,中国从来没有出现过神权凌驾于王权之上的现象。在中国历史上,神权永远从属于王权,而在西方中世纪有上千年的历史是神权高于王权的。佛教从它的教义和仪式上来讲,出家后就不用服从世俗的礼节的约束了,所以见了君主或父母也不用跪拜。因此当佛教刚传入中国时,是不是要拜王者、拜父母就成了礼仪上争论的非常重要的一个问题。从整个的情况发展看,这些出家人很快地看到"不依国主,法事难立",佛教的推广一定要借助王权的力量。所以历代的许多帝王都是佛教的大护法,有了这样的大护法,佛教才可以得到推广。这是跟西方很不同的一个特点。

第二,中国历史上从来没有出现过一个一神的信仰,也没有绝对意义上的天的观念,而是一种多神的信仰。所以中国宗教中虽有各种各样名称的至上神,比如:帝、上帝、天、太一等,但始终是一种多神崇拜的状况。在一般的民众中,也没有说只能够信这个神,而不能信那个神,所以在老百姓中往往是见庙就烧香,见神就磕头。这跟西方只能拜上帝,上帝是至高无上的、全知全能的观点完全不一样,中国人对神的理解并没有这样一种神圣性,你灵就信你,不灵就不信,甚至于还骂你,这跟西方有很大的不同。中国人所信仰的神也没有像西方"造物主"那样的概念。中国人所信仰的神里面大部分是自然神,山有山神,河有河伯,门有门神,灶有灶王爷,房间里面四个角落也都有神,而并不是造物主。

第三,祖先的崇拜。中国的神常常是祖先,比如上面讲到的帝、上帝等在甲骨文中主要是指这个部落的祖先。对这个部落做出贡献的英雄人物,死后就变成了帝、上帝等,他会保佑和监视他下方的子孙,在某种意义上也可以说是一种英雄崇拜、圣贤崇拜。而即使是这样一种想法,到周代也开始发生变化了,那就是这些祖先神或圣贤神也不是盲目地来保佑他的子孙的,而是要看这些子孙是否值得保护,不值得保护的是不肖子孙,只能换一个有德的人。所以周代出现了这样一种思想,叫做"皇天无亲,惟德是辅"(《尚书·蔡仲之命》)。到后来这种思想更是进一步发展,春秋时讲"天听自我民听,天视自我民视","民,神之主也",所以西周以后,逐渐形成了中国这样一种文化,我们称之为以人为本的人文精神的文化。神是要看人的行为来发生他的作用的。

第四,在人神关系上,人并不唯神命为听,不相信神有绝对的权力,在处理人神关系上,就如同人际关系一样。中国近代著名思想家章太炎先生在一篇文章中就讲到这样一种情况,他说:中国的"国民常性,所察在政事日用,所务在工商耕稼,志尽于有生,语绝于无验,人思自尊,而不欲守死事神,以为真宰,此华夏之民所以为达"(《驳建立孔教义》)。我认为他这种分析很有道理。另一位著名学者唐君毅先生在《中西哲学思想之比较研究集》中也讲到:"世界其他有宗教的民族,无不把神人关系看得比人人关系重,主张爱上帝的心应当超过于爱人的心,即使是爱人也是为了上帝而去爱人。然而在中国,则从来不曾有主张爱神应该超过爱人以及爱人应当本于爱神的学说,所以在中国没有与人隔绝的高高在上的绝对权力的神的观念。于是就把神视作人一样,因而以人与人交往之态度对神。"我认为这些都是中国宗教里面跟西方宗教大不相同的地方。孔子说:"未能事人,焉能事鬼?"(《论语·先进》)又说:"务民之义,敬鬼神而远之,可谓知矣。"(《论语·雍也》)对此,中国近代著名思想家康有为曾分析说,西方的宗教可称之为"神道"的宗教,而中国的宗教可称之为"人道"的宗教。也就是说，在中国文化中对人伦关系的关注，远过于神人关系。

第五，中国人的宗教信仰具有很强的现世性和功利性，而缺乏神圣性。中国佛教禅宗强调佛与凡夫的差别就在于，佛是觉者，凡夫是迷者。而要获得觉悟，是不能离开现实世间的。诚如《坛经》中说的："佛法在世间，不离世间觉，离世觅菩提（觉悟），恰如求兔角（兔子是没有角的，比喻求不到的）。"费孝通先生在他的《美国与美国人》一书中就讲过，我们中国人对鬼神是非常实际的，"供奉他们为的是风调雨顺，为的是免灾逃祸。我们的祭祀很有点像请客、疏通、贿赂。我们祈祷是许愿、哀乞。鬼神对我们是权力，不是理想；是财源，不是公道。"中国宗教信仰的功利性也是不同于西方的。

第六，中国宗教的信仰带有比较浓厚的理性色彩，而并非完全感情化的东西。宗教从总的来讲是一种感情的东西，但中国的宗教里带有相当的理性的成分。所以到近代许多人一直对像佛教是宗教还是哲学的问题争论不休。有的人说佛教是宗教，有的人说佛教不是宗教而是哲学，有的人说佛教既是宗教也是哲学，也有人说佛教既不是宗教也不是哲学，那是什么呢？他们说佛教是佛法，是一种方法。之所以有这样的争论，就是因为佛教里面有相当丰富的理论思维的东西，佛教是最富有辩证思维的，这一点，包括马克思、恩格斯都反复地讲过。从另一个角度来讲，佛教又是一种无神的宗教。佛教以其"缘起"、"业报"等理论，否定神创造世界和生命的说法，主张在事物的内部来找它的根本原因，讲"自作自受"。

第七，中国的宗教信仰强调个人内在的自我超越。儒家文化从某一层面讲也可说是一种"修身"的文化，即通过"修身"来提升自我，超越自我。在这样的文化氛围中，中国佛教中最主要的一个宗派——禅宗，就最充分地张扬了佛教自我解脱精神的人文精神，强调自性自度、明心见性、见性成佛。强调了自觉自悟,自力解脱。中国近代高僧太虚法师就说过:"人圆佛即成",意思是人自己圆满了就成佛了,无须借助于外力。这种注重伦理的心性修养是中国宗教的特色。不只佛教如此,道教也是如此。道教以道家思想为其主要的理论依据。道家尊重自然,归根结蒂,是尊重人的主体性、主动性。自然无为,是要最大限度地发挥每个个体的能动性。道家这种思想到郭象那里,发挥得最为充分。他强调的"适性",是道家思想的重要表述。每个个体之间是有差异的,所以,一是要互相尊重各自的差异,二是要能把握自己的个性,个体之间随意的相互比较,就有可能伤害自己,所以,郭象说,"适性"就是逍遥。道教的内丹就是通过性命双修(修养身心),来达到"适性""逍遥"长生久视而成仙。

第八,中国的宗教缺乏强烈的传教精神。它们吸引信徒基本上是靠信徒的自愿。这也跟中国文化传统有很大关系。儒家就是这样的典型,《礼记》中有这样一句话,叫做"礼闻来学,未闻往教"。所以是姜太公钓鱼——愿者上钩。佛教、道教也是这样,佛教是佛度有缘人,它也不是强求别人来信仰。而西方传教士哪会有这种现象?西方宗教的传教具有进攻性,而中国的则具有保守性。

第九,在中国历史上王权对于整个宗教来讲是比较宽容的,允许不同宗教的并存。这也可能正好是因为神权依附于王权才有可能,如果是神权占到统一地位,那就会像欧洲一样只有基督教才是正教,其他的一切都是邪教,都要排斥。而中国恰恰是王权占主导地位,所以他要调和,让各种宗教互相竞争,互相利用,来稳固他的政权,所以王权整体上讲对宗教是采取一种比较宽容的、利用的态度。于是也就形成了中国宗教在教义上、理论上以及实践的仪式上面的频繁的互相交流,形成了中国宗教里面你中有我、我中有你的局面,但同时又是你是你,我是我,保持了自己的特色。

第十，中国是一个多民族国家，所以有大量的民族宗教的问题。当然民族宗教中有很多宗教跟前面讲到的宗教有共同的地方，但也有很多不同。很多即使是共同的到那里也会有不同，比如同样是佛教，藏传佛教和云南一带的南传佛教就跟汉地的佛教不一样，这些佛教跟当地的民族文化结合在一起，甚至已经完全变成了这个民族的整体文化的象征，所以现在藏族以及云南的傣族、白族等他们的文化都和他们的佛教结合在一起。这样，多民族形成了我们宗教的多样化，特别是一些民族宗教有这样一些特征：第一，常常是全民族的信教；第二，民族的文化和宗教的文化完全融合为一；第三，民族宗教的社会作用大大超过我们的想象，宗教的号召可能远超过政治号召。

以上择要罗列中国宗教十个方面的特点，并不完全，但如果我们能根据这些特点去跟西方宗教作一个比较，应该会体悟出很多关于中国宗教应该怎样去研究的道理。

我很不赞成比附，但认为比较是必需的。在比较过程中，最重要的是互相理解，而不是判别是非高低。应该保持客观的态度，用以了解另一种文化中的思维方式和信仰感情。我想大可不必用中国宗教去说明西方宗教，反过来也不应当用西方宗教来说明中国宗教。我希望二者各自保持自己的特点，能够达到相互沟通和了解就可以了。

（作者为北京大学教授）

中国宗教理解的难度与希望

卓新平

导　论

　　随着 1949 年中华人民共和国的成立,宗教在中国的处境和地位发生了一些重要变化,这些变化直接影响到宗教与中国社会的关系和宗教在中国社会中的存在形态。可以说,中国宗教与社会发展之互动关系上在 20 世纪出现了两大前所未有的变化,而且这种变化只能用"巨变"来界定。一大巨变是 1911 年"辛亥革命"及与之相关的"新文化运动"带来的中国社会与中国宗教在认知和相互关系上的根本变化。"辛亥革命"对封建王朝的推翻使上千年来曾"以教化力量巩固"封建王朝之中央集权统治形式的儒教不仅失去其"国教"身份,而且遭到灭顶之灾,作为官方意识形态和国家建构体制性宗教的儒教不复存在;而"新文化运动"则使中国知识精英乃至众多国民对"宗教"的基本认知也发生了根本变化,不仅传统的"敬天、法祖"之核心信仰观念被淡化,甚至基本的宗教观念都被动摇、消解,"中国无宗教"、"中国人不需要宗教"成为"新文化运动"以来的时髦话语。尽管 1911 年以后各宗教的发展在中国社会仍得以保留,但中国人的宗教观以及与之相关联的宗教社会作用观和社会发展观却形成负面影响。不过,当时中国社会所经历的对外抗战和政治内战的混乱局面,使人们更多关注的是"救亡"而顾不上文化意义上的"启蒙"更新,宗教在乱世的空间则形成其复杂发展和不同的社会政治依属。

　　另一大巨变则是 1949 年中华人民共和国的成立,使中国宗教在中国社会的处境更加政治化,同样也就更加边缘化。从此,一个引人注目的变化是,中国大陆现代政府的领导人不再有任何宗教归属或其背景。在 1949 年之前,中国历代政权的政治领袖都有一定的宗教信仰,一般会为某种宗教徒,尽管其信仰和宗教依属在其一生的不同阶段可能会发生变化,而其宗教性及其归属却仍然得以保留。20 世纪上半叶国民党执政时期的政权领导人孙中山、蒋介石也都是基督徒。1949 年以后中国大陆对宗教的认识趋于政治化,但宗教的政治处境则被淡化和边缘化。传统中国宗教因为"反封建"的意识而被社会弱化,外来宗教尤其是基督教则因"反帝"即反对外强侵略、渗透而被社会孤立、遭受冷遇。随之而来的基督教差会撤离和教会大学被关闭或收归国有,使中国大陆的基督教会只能以"中国化"、"本土化"来适应中国社会,由此而得以继续生存及发展。

　　在宗教成为问题、其社会发展滞后、其客观研讨被悬置近 30 年之后,中国大陆在 20 世纪 70 年代末开始的全面改革开放使中国社会再次出现了空前的变革和转型,而宗教在中国社会的存在处境和理解状况也相应地发生了重要改进。但宗教因其复杂的社会政治关联和意识形态敏感的延续而使之社会生存及理解尚未出现根本好转,不少根本性的理论问题和认知问题仍然没有得到澄清和说明。也就是说,在今天的中国社会发展中,宗教仍是一个敏感话题。

　　其实,当代中国社会已经有了许多新的发展,人们所言的"社会主义初级阶段"就是在描述这种尚不能说清、讲明的社会状况时的模糊表述,因为中国社会结构发生的变化,社会阶层出现的重组,社会文化产生的转型,社会精神形成的嬗变,已使我们的当今社会多元复杂、多层共构,似乎是封建主义、资本主义、社会主义的因素同聚,前现代、现代、后现代社会的矛盾共存。"社会主义"在各国的实践中颇为不同,与其原来的理论构设也有差距。其在中国的实践也仍在摸索、探讨之中,故而有着"摸着石头过河"的形象比喻。虽然同为"初级阶段",中国今天的现实状况已比30多年前有了巨大变化:社会人群、阶层前所未有的分化使多种新的社会细胞、元素得以滋生,各种社会团体、组织悄然诞生,不同社会处境的人们在生活、追求、精神和心态上也与以往有着明显的不同。而且,中国已不再封闭和孤立,其开放之姿使其必然融入国际社会、卷入国际事务,而且会起到越来越大的作用。这种向古今中外的敞开之门已不可能关闭,自己的传统在不断回归,外来的影响已迅速扩大。实际上,目前中国已在跟着世界转、且在带动世界转。恰如当今世界的复杂发展和多元变化,我们的变化也说明整个世界都已处于一个人类社会历史的转型时期。于此,我们在政治、经济、社会、科学、文化、思想、精神、信仰等领域所面对的新情况、新问题,逼迫我们要发掘、要创新、要走出一条与以往不同之路。而对中国宗教问题的创新思维及其探索之路,正是这一整体探究的重要构建,其思想理论和社会实践上的摸索势必会给我们带来富有意义的启迪和前瞻。

尽管用以往我们似已习惯的理论、学说和推断模式已不能从根本上说明、解决当前的宗教认知问题,而人们仍在习惯性、机械性地套用传统理论学说,其给出的解释自然会让人感到隔靴搔痒,不得要领。我们这一时代显然迫切需要新的理论学说、思想方法,也就是说我们在思想学术领域应该出新言、创新论了,我们切不可囿于传统思维模式而贻误这一大好时机,不要再次错过宝贵的历史机遇。就我们研究的中国宗教与中国社会关系而言,宗教如果不能"脱敏",则会直接影响到中国目前致力争取的和谐社会的构建。当然,随着改革开放的深入发展,我们已经遇到"水深流急"、"摸不到石头"的景况。当前形势及境遇都需要我们在宗教问题上由"跟着说"转向我们自己发展性、创造性的"接着说"了。那么,中国宗教理解的难度究竟何在?这种理解得以真正"脱敏"的可能希望在哪儿？这就是大家当下所非常关注的。这里,我想以"接着说"的勇气和胆量从如下几个方面来探讨中国宗教理解的难度与希望。

一、中国宗教理解的难度

毋庸讳言,宗教问题在当代中国仍然处于敏感区域,可谓水深不见底、雷多难绕行。其不必要的过于敏感也直接对中国宗教学的发展产生了负面影响。本来,解决宗教问题并不难,因为在我们 1911 年之前的传统理解中不存在这一问题,在国外其他民族中也基本上不触及这一问题。所以,我们对宗教的"脱敏"实际上应是一种返璞归真、回归正常。不过,由于中国自 1840 年以来的曲折经历,中华民族和中国社会实质上体会到了一种从里到外的"被另类",其真正恢复始于 20 世纪 70 年代末的改革开放,而这一过程也尚未终结,所以我们的"恢复传统"或找回自我的"文化意识",以及"与国际接轨"或形成人类共同体的"社会共识",都必须继续走完这段历程;而其行进的时间长短、行进中的难易程度,则与其过程中的内外互动有着直接、密切的关联。过去历史中的"被压抑"、"被封闭",使中国在重新打开国门、与外交往时格外警惕,非常敏感,对于任何批评、指责、干涉和敌意都会加以防范、抵制、反驳,并由此产生反感和不满。在这种曾被欺侮而迄今仍未建立起信任关系的处境中,中国在其内部尚未解决视宗教为传统发展的糟粕和外来干涉的工具的认知问题,而在对外关系上则对境外拿宗教来指责中国、说长道短极为反感,进而对宗教本身也加深了怀疑、防范、排拒和不信任的态度;尤其在与西方国家的交往中,彼此政治上的不信任和意识形态及价值观上的冲突往往会使宗教被动地卷入到相互对抗、博弈的风口浪尖上。这样,宗教在中国的处境比在任何一个国家、一种文化中都要更为复杂。本来是一个较为普通的问题,却因为这些古今中外的复杂交织而成为一个具有特殊敏感性的问题。宗教理解问题由此而处于传统与现代之区别或关联、中国与外国之矛盾或友好的焦点地位,中国社会对宗教的理解及态度也因此而留下了一条复杂的曲线。但在中国融入国际社会的进程中,宗教在中国究竟应如何理解已经与"宗教在中国社会会如何生存及发展"密切联系起来,因此也需要对之能有一个比较理想的解决。大致来看,我们至少要面对中国宗教理解上的如下一些难题,而且其解决的难度也极大;只有妥善解决这些绕不过去的难题,中国宗教的"脱敏"之路才可能真正畅通。

(一)"中国无宗教"的心结增加宗教理解的难度

认为中国历史中没有宗教、中国文化不需要宗教的观点仍然存在,并仍为相当比重的人群所接受。自 20 世纪初与"新文化运动"相关联的"中国无宗教"论迄今仍大有市场,而且挑战着宗教乃"人类学常数"之说。持这种看法的人认为,人类形成的早期并无宗教,宗教是人类历史进程中的产物,而且宗教恰如历史中的其它事物一样会有生有灭,不可能永远存在;此外,世界上也有很多人不信宗教,故此难将宗教视为"人类学常数"。这里所涉及的问题包括对"人类"的理解,即何为人性或人的本性? 对原始文化和原始宗教的界定,即最初的人类文化是什么性质的文化? 对宗教的心理及社会表述的理解,即何为宗教、其社会表现为何? 以及对人类未来的展望和猜测,即人类最后的终结是否有宗教相伴? 但这最后一个问题已超出理性探究的范围,其预设已经具有信仰把握的意义。

虽然 20 世纪初梁启超等人在宣称中国乃"非宗教的国家"、中华民族是"非宗教的民族"之后仍转向了佛教等宗教,其观点却流传下来,被人反复运用和论证。在这种观点之后,则藏有对宗教的否定性、消极性理解,即认为中华民族乃是高于宗教的思想文化体系。梁启超关于宗教贵信、哲学贵疑的区分，以及中华文化的"哲学"性质之断言，形成了中国知识阶层中轻蔑宗教的习性，甚至一些肯定儒家的学者也不认为此乃宗教，而强调儒教作为社会人格的教化是"属世间法"的，与"出世间法"的宗教有明显而根本的区别。过去学界宣称儒教是宗教，其实质乃基于对儒教的贬低或否定。基于这种认知积淀，儒教作为传统中华文化的象征标志并没有得到"正名"，对孔子形象的褒贬、儒学作用的质疑，使今天的儒家复兴步履维艰、遥遥无期。其它宗教在一定程度上也成为社会下层的精神需求，不被人看好或看重；不少人会把宗教视为社会上"有问题"人群的信仰。所以说，"中国无宗教"的断言实际上乃基于认为宗教"不好"的价值判断。其问题的解决，则会回到对宗教的本质、宗教的价值的判断问题。在这一问题上，当今中国社会已经有了很大的变化，对宗教正面或中性的评判也越来越多，但整个社会对宗教的认知氛围并没有出现质的改变，仍缺少对宗教较为正常或平常的认识。所以说，这种对宗教积极认知的量之积累，还不足以使之产生质的突破。

（二）宗教被视为"落后文化"
增加了其参与社会文化建设的难度

关于宗教是"文化"的讨论，曾经标志着中国大陆在宗教问题上拨乱反正的一个分水岭。从宗教是"鸦片"到宗教是"文化"的认知，代表着 20 世纪中国宗教认知上的一个突破或飞跃。"鸦片论"对宗教基本上是否定性的价值判断，而"文化论"则对宗教至少是一种相对中性、比较客观的判断和认可，因为文化中既有精华也有糟粕，对之可以吸纳、继承和扬弃，而不再是简单的否定和抛弃。在此，不仅有着对宗教价值判断上的肯定，而且也自然引出了对宗教社会功能的相对肯定。不过，仍有人认为，宗教纵令可被归入人类文化的范畴，但宗教文化也只不过是落后文化、守旧文化，因其保守性而只能是对过去传统的回忆，不可与先进文化同日而语。在今天中国所倡导的文化建设、文化发展和文化繁荣中,宗教文化的定位故颇为模糊,其作用似乎亦语焉不详。

不少人仍不太主张突出宗教的文化性质及文化功能,而坚持其为一种虚幻、唯心的信仰。由于宗教文化的"唯心"性质,遂被认为很难跟上社会文化的朝前发展;特别是当社会文化从宗教文化转向世俗文化之后,宗教文化则被视为是被社会发展所淘汰、难以与时俱进的落后文化。按照这种认知模式,似乎宗教文化不能归入先进文化,更与社会发展、变革的革命文化无缘。在中国文化传统中,至少有两种不同的文化态度在涉及中国社会发展时发生了纠结、冲突,一种为激进的文化态度,另一种则乃中庸的文化态度。激进的文化观主张社会变革、更新,而且多在改朝换代的实践中在社会上得以实现。必须承认,这种文化态度在中国文化发展中颇得人心,大有市场,但也经常容易转变为偏激,成为社会动荡、变革中的重要价值取向。推动中国社会发展和政权变动的,多为这种文化观使然。因此,中国社会舆情比较倾向具有革命意向的文化,主张不破不立,易于接受斗争哲学。那些愤世嫉俗、桀骜不驯、特立独行、敢于批判社会的人士往往会受到社会的青睐或同情,从屈原到鲁迅,我们可以找寻出这一发展的历史踪迹。甚至在当代社会,这一传统仍以不同方式、在不同程度上被保留下来。与此同时,中国社会也顽强地传承中庸文化的传统,保持住中庸、平和、稳健、共融的特色,这在今天构建"和谐"社会、倡导"和合"精神的努力中同样可见一斑。

这种强调社会稳定、国家一统的文化观在历史上则多被看做相对保守、温和的文化价值取向,其特点之一是不再突出个我,而是为社会整体、民族和睦、国家统一、公共利益而牺牲自我、委曲求全。中国的宗教文化就多属于这种突出主张和谐中庸、集体整合的文化观,从而长期以来被统治者所认可、容忍,并得以吸纳、应用。

今天中国的社会文化正明显地处在一种失衡状况之中,因而尚未找到或找回中华文化的本真。一方面，按照历史发展的惯性，人们仍在肯定、赞颂那种革命、造反的"新"文化态度，甚至包括执政者本身也在无意识地推崇、支持这种文化；但另一方面，社会又希望国家的稳定和长治久安，为了共同的利益而中庸、团结，舍小我为大我；这实质上却需要的是中庸文化，其中就包括宗教文化。从新政权的建立，已有60余年告别革命而执政管理的经历，但革命文化的精神仍不断体现，直至到"文化大革命"而登峰造极。为了国家的统一和稳定，社会已不应该再有以前那种夺取政权的激烈革命，而其"革命"之潜意识的留存却使之仍然不能宣称或支持"告别革命"的表白；社会需要"维稳"的举措，但缺乏一种能从根本上解决问题的"维稳文化"，以往曾在维系社会稳定、政权稳固中起过作用的传统文化仍被归入"封建文化"或"落后文化"而继续锁在历史的冷宫。人们对"文化保守主义"的防范甚至会超过防范"极左思潮"的程度。在这种现实文化窘境中，宗教文化的处境及地位自然亦相当尴尬。

（三）宗教被"政治化"增加了
其适应当今中国社会政治的难度

毋庸置疑，宗教与政治有着密切而复杂的关联；但宗教毕竟不是政治，也不应该被归入政治范畴。不过，当今中国社会看待宗教的眼光仍旧以政治眼光为主，强调对待宗教必须要"讲政治"，具有政治警惕性。不过，令人遗憾的是，宗教的这种被政治化在一定程度上并不是积极意义的，对其政治防范的意识要强于"积极引导"的观念。过去推翻剥削阶级统治时对宗教的那种理解仍然保留，即认为宗教是为剥削阶级、统治阶级的政治服务的，其所起的政治作用也是维护统治阶级的政权及其利益、对其臣民加以安抚、消解其反抗意识的。这在当时革命党推翻旧政治体制时对宗教的政治评价却在革命党夺得政权后仍然延续下来，今天的执政党中仍有不少人认为,宗教与政治的必然关联使宗教主要是作为与当今中国政治主流相对立、相抗衡和相抵触的力量来存在,是当今执政者必须警惕、防范而不是可以信赖、利用的力量。按照这种认知,宗教也好像与今天的政治不相适应、水土不服,故而只能被动地"被引导",且需要引导者下大气力来"积极引导"。

这种对宗教的政治审视自然就带来了给中国宗教机构及相关人士的政治定位和政治"安排",其中也就有着政治与宗教的混杂和交织。托克维尔在《论美国的民主》中根据他对宗教在美国社会之处境的调研而指出"宗教是一种政治设施"。其实,宗教在当代中国从某种角度来看也是一种"政治设施";在此,对宗教的理解必须服从对政治的理解,从而使当今中国宗教在很大程度上乃为"政治宗教",有其政治责任和使命,也让人担心其政治风险和危机;而执政者也必须对宗教加以掌控,深感绝不能"失控"。由于对宗教在政治层面相对负面的定位,以及宗教信仰与政治信仰被位于同一层面而形成非此即彼的对立,不少人在政治观上遂坚持今天我们这个社会的主流政治不能"利用"宗教,甚至也不能动用其行政力量或政策举措而帮助宗教顺利发展。这种政教关系的理解因而很难理顺对宗教管理上的强化和观念上的疏远之矛盾关系。

(四)对宗教"有神"论的贬低增加了
消解其与主流意识形态之张力的难度

当代中国社会对宗教的一个基本认识即宗教乃"有神论",相信鬼、神、超然存在和彼岸世界,从而与坚持"无神论"的执政党及其主流意识形态格格不入。尽管人类社会自近代,尤其是 20 世纪下半叶以来已经进入了不同宗教对话,以及宗教与其它意识形态、政治思想的对话时代,人们强调的是认识论层面有神与无神观念的对比和对话,却仍有人坚持有神与无神的争论不可能停止,双方根本无法对话。甚至在这种探讨中对宗教知识的描述、介绍和学术研究也被视为是"学术宣教"而遭到指责。于是，对宗教有神论的态度似乎只剩下无神论的批判和"战斗"，其余则属多余或会被质疑。按照这种思维模式，客观、中立、学术性地研究宗教的"宗教学"实质上也被斥为宗教范围内的"宣教学"，而对宗教文化的强调也会惹上"文化传教"的嫌疑。一旦涉及宗教的观念、信仰和价值体系，就有可能遭到"媚教"、"宣教"的指责和对宗教充满敌意或怀疑的批评。

从当前中国对待宗教的主流政治观念来看，社会"和谐论"只是具有"社会"意义，而并不具有思想和意识形态上的意义，因此对宗教也只能是"社会表层和谐"而必须保留"思想深层区分"，在思想、精神、价值观上则根本没有二者的"和谐"可言。这种观点强调，共产主义思想意识不可能与宗教有神论唯心思想体系有任何关联，因为马克思主义世界观的辩证唯物主义性质与宗教世界观无一例外的唯心主义性质乃格格不入的，其分野是根本性的，故而无法调和与兼容；这样，共产主义与宗教之间从一开始就有了明确界限，无产阶级为了求得解放则必须从宗教中解放出来，共产主义则直接从无神论开始。所以，执政党在指导思想上的"无神论"性质使宗教有神论与中国当今主流意识形态上的对立及张力不会消失、不可克服。尽管经典马克思主义强调存在决定意识，经济基础决定上层建筑，尽管今天的中国宗教徒绝大多数乃"生在红旗下"，在"社会主义制度"中成长，但其宗教信仰却仍会被视为"旧社会的残留"、是一种反映"旧制度"的存在，而社会主义的思想教育由此而论同样也没能使宗教徒在世界观、认识论上脱离唯心主义。也就是说，中国宗教在这种框架中是被理解为存在与意识相脱节、其经济基础与上层建筑相分离的。正是在这种认知中，对宗教价值、积极因素的肯定似乎就会伤及我们的主流意识形态，而宗教在价值观、伦理观上对群众的正面、积极影响也仍会被看做是与社会的主流意识形态争夺群众。其结果,对宗教的负面意义必须加以批判,而对宗教的正面意义也不得不势必加以否定。但它还带来了另一后果,也就是我们对自己所在的当今社会同样会感到说不清、道不明了,很难言述"神州"无"神"该为"何州"。

(五)把宗教与敌对势力的关联增加了
宗教与当今社会和谐共处的难度

在中国仍有不少人认为,以"敌情"观念来看宗教有其一定道理,因为宗教与敌对势力、境外反华势力的直接关联乃不争的事实。中西"冷战"关系的延续,境外一直不停地以宗教形式的渗透,仍在加深这种看法。从宗教层面上,当今中国谈论较多的是基督教代表西方精神对中国社会及其文化精神的挑战。大卫·艾克曼在《耶稣在北京》中关于"基督的羔羊"终将战胜"中国龙"之说,就像警钟长鸣那样在当代中国人的脑际回荡。而在政治层面上,美中关系实质上的未达和解也使中国人尤为担心。精通中国语言的前任美国驻华大使洪博培是美国摩门教的重要人物,他曾作为美国共和党 2012 年美国总统参选人之一而在(据2011 年 11 月 20 日报道,CBS)电视辩论中公开表示中美之间是此消彼长、此起彼伏的关系,二者不可能有"双赢",只有使中国弱化,美国才可能重新强盛;为此,他甚至公开主张要联合中国国内 5 亿互联网用户和8 千万博主(其中主要是年轻人)来"扳倒中国"(take China down)。洪博培是具有宗教背景,且对中国比较了解和友好的美国政治家,虽然他是为了竞选而"煽情",也很难说就代表了任何社团或势力,但他的这种舆论导向本身及其在美国社会的反应,自然在当前中国会引起密切关注和某种担忧。西方政治界和宗教界(特别是基督教界)这类针对中国的言论,以及在中国国内揭露出来的来自境外宗教及具有政治内容的渗透,使中国人很容易感到宗教好像是敌对势力、境外反华势力的天然联盟,觉得宗教可能常会扮演被这些势力所操纵的渗透、分裂、破坏和颠覆中国的角色。很显然,在这种民众心境和社会舆论的影响下,宗教不可能得到可靠的信任,故而对宗教多为提防心态,涉及宗教的种种考虑也易于与维稳、防渗透和反分裂之需联系起来。

在中国改革开放 30 多年的发展中,宗教在中国的社会处境已经得到很大的改善,宗教的发展也相当迅猛。应该说,宗教信仰自由的国策在整体上得到了很好的贯彻落实,中国政府的宗教工作也取得了巨大成效,现实生活中的宗教似乎已不再那么敏感。但在深层次的认知、理解和评价上,在涉及一些核心观念的对比下,仍有许多现实问题令人感到困扰、仍有不少思想障碍并没有得到根本克服,社会仍在以颇为敏感的神经、过多负面否定的心境来观察、对待宗教。由于宗教"脱敏"的难度太大,故使宗教的正常化颇为不易,人们也很难达到看待及对待宗教的"平常心"。尽管中国宗教理解的难度如此巨大,中国当代社会的宗教却仍然非常活跃,取得了很大规模的发展;对宗教的科学研究、中肯评价也颇有声势。这就充分说明当今中国的确在发生着重要的变化,历史的发展在稳步朝前。巨大、丰富的中国社会实际上以这些矛盾、分歧而展示出其多元及潜在的发展态势。跟其政治、经济、文化的发展处境一样,当今中国的宗教理解同样也是充满着积极的希望。

二、中国宗教理解的希望

中国当代的改革开放是前所未有的,其所取得的成就也令世人瞩目。这种开放的一个重要思路,就是解放思想、大胆创新、与时俱进,从而得以突破过去的窠臼和束缚,获得真正的思想解放和自由。当代中国的创新,一是在突破国外的模式。中国近现代发展中受国外各种模式的影响太大,在宗教理解上也多顺着这些模式来看待中国的宗教及其发展,结果在很多问题上如宗教存在的模式、政教关系的模式等看不明、说不透。这在一定程度上甚至已经束缚了改革开放以来我们本应活跃起来、可以获得解放的思想。为了找寻突破,中国当代社会在宗教理解的理论和实践上都另辟蹊径,尝试走出一条新路,如在中国宗教存在形态上开始更多地从"弥散"形态来分析、探究宗教,抓住中国宗教个我性、流散性和人文性特点,从而跳出以往按"亚伯拉罕宗教"模式重点从"建构性"、"组织性"、"制度性"来看宗教的基本框架约束,从而克服以这种模式来套用在中国却找不到"中国宗教"并得出"中国无宗教"这类错误结论的认知障碍;在政教关系上则更多从政教互渗、政教主次来剖析、对比中外政教关系的异同,抓住中国政教关系中"政主教从"、"以教辅政"的实际来界说中国政教结合或关联的特点,从而不再局限于"政教合一"或"政教分离"这种简单的合分观来解说中国政教关系,并澄清其古今发展。二是正在突破传统的模式,在处理、对待自我的文化、政治传统时亦讲究辩证思维,做到张弛有度、弃扬适当,并始终持有开放、进取心态。中国社会在过去60年的经历中曾对自己的传统采取了两种极端态度,一种极端是彻底打破传统、全盘否定自我的文化传承,以历史虚无主义来对待我们的传统,从而失去自我,找不到我们的文化本真、本源和本色,故而缺乏文化自知、自觉和自强意识;另一种极端则是完全守成,不允许对传统说东道西,加以改动,以一种文化或政治保守主义的封闭态度来面对今天日新月异的发展。这两种极端倾向也包括在对待我们执政党的"革命"传统上,如"全盘西化"和"两个凡是"就是其典型表述。而今天的中国则已经清醒地认识到,只有在参考并超越这两种模式的前提下,我们在宗教理解和体悟中国特色上才能真正有所创新,走上与时俱进的新路。

(一)从认识宗教在中国历史上的确存而 带来克服"中国无宗教"心态的希望

改革开放使人们可以对中国传统中的宗教加以重新认识。客观而论,儒、释、道就是以宗教形式及其宗教精神而实实在在地存在于中国传统文化之中,其"三教"并立之"教"既有"教化"意义,更有"宗教"意蕴,它们的宗教性甚至在今天中国社会中仍得以保留和延续。除了佛教最初是从印度文化范围传入之外,儒、道及许多相关的中国民间宗教或信仰都是在中国土生土长,典型的"中国制造"。而佛教也在中国形成其与印度本土根本不同的中国特色,"化"为中国宗教。因此,中国传统文化并非与宗教无缘,而是密不可分。宗教在中国传统文化中占有重要比重,是中国传统社会具有关键意义的精神支撑;而且,中国传统文化及精神生活若离开了儒、释、道三教,则几乎无所依靠。儒、释、道与中国众多民间信仰共构起中国宗教的存在形态和涉世特征,已经成为中国本土文化的重要构成。而伊斯兰教、基督教等外来宗教也很早就传入了中国,在上千年的历史中也在一定程度上有了中国特色,形成其中国化的发展。所以说,中国社会及文化并非与宗教无缘,我们也决不能以历史虚无主义的态度来对待中国古今的宗教存在。

其实,若冷静思考,则不难看到,在"新文化运动"之前的中国社会及知识阶层中,认识并承认宗教的存在乃不争的事实。就是在"新文化运动"之中,不承认宗教在中国存在的知识分子也不是其全部,甚至强调"中国无宗教"这种观点的那些最有影响的学者代表,也大多在很短时间内放弃或修改了自己的见解,而主张并肯定宗教应在中国存在,觉得中国人应该享有宗教信仰。随着今天中国改革开放的深入发展和人们对世界各民族的加深认识,已有越来越多的当代中国人承认中国历史上确有宗教的普遍存在,因而今天社会存有宗教现象也理应正常。人们越来越靠近这一共识,即中国传统文化不可能从根本上离开宗教,意识到中国人在整个人类发展中也绝非"无宗教"的另类。而且,不少人还认识到,中国人对其宗教的自我意识实际上也关涉到中国人的文化自知和自觉,是一种真真切切的中华文化意识。当然,对宗教普遍存在的认识并不是指宗教的普泛性、全民性信仰,而是承认持有神与无神观念、有宗教皈依和无宗教依属的人乃同存共在,在此不应有任何极端的认知。从中国的历史文化传统来看,宗教存在的形式亦多种多样,而那种"弥散性"、"人文性"、"流变性"的宗教存在方式可能比"组织性"、"建构性"、"制度性"的宗教更为普遍。由于中国传统宗教更加强调现实关切、对神人之间也不加以绝对划界,承认由人而圣、而仙、而神的变化或升华,故而在主张神人绝对分离、不可相混的宗教类型看来似乎就不像宗教,并进而推断出中国本身没有宗教之论。例如,"儒教不是宗教"之说在"新文化运动"中是主张"中国无宗教"之论的代表们经常所强调的,然而这一观点的本源并不是来自中国学者,其最初却是西方宗教人士所提出,并且得到认可。意大利天主教来华传教士利玛窦在明末清初的"耶儒对话"过程中就已提出了"儒教不是宗教"的看法,因为他根据天主教的模式来看儒教就觉得儒教不像宗教,没有他们所认可的宗教认知及宗教建构。中国一些学者同意儒教非宗教之说,至少在潜意识上是接受了利玛窦的观点。儒教到底具不具备宗教性、是不是一种宗教,这在认识中国人的宗教及宗教性上极为关键。儒教的精神已经深深融化在中国人的气质及性格中,迄今在中国社会文化中仍起着润物无声、潜移默化的作用。如果肯定儒教的宗教性,那么可以说大多数中国人都至少具有宗教气质、受到宗教影响;如果认为儒教根本就不是宗教,那么或许很多中国人就与宗教无缘,对儒教及宗教本质都需要有中肯且令人信服的解读。不过,儒教是否为宗教这一争论、辨析本身,也说明中国传统的主流价值观其实并非与宗教相距甚远,二者至少有许多相似性和接近之处;即使从否定儒教为教的立论来看,能够把"不是宗教"的儒教看做宗教,就意味着二者之间也不存在那种不可逾越的鸿沟。中国传统上三教并立之儒、佛、道,只有儒教的宗教身份被质疑,这在人类宗教理解上都是非常有趣的事情。其区分在很大程度上都不是因为其存在实际,而乃观念分歧。事实上，这三教对中国人的生活影响是相同的、类似的，并无本质区别。所以说，对宗教的理解不能局限于其观念，而应从人的生活、尤其是人的精神生活本身来把握；许多在观念上说不清的宗教现象，若深入生活来把握则十分清楚、简单。

（二）从对中国传统文化宗教性的
理解而带来肯定宗教文化的希望

一般而言，人们通常都会对文化作出比较肯定的评价，因为人们往往会把文化视为其相关民族之魂，作为其社会共构的精神支柱。而目前中国所面临的深层次问题之一，则正是在其文化自知上出现了障碍，其关键就在于究竟应如何认识并评价中国传统文化。如果不从根本上解决这一问题，那么中国的优秀文化传统就难以真正被继承并弘扬。而中国文化与宗教的关联，以及能否从文化性质上对宗教加以评价，则更有其敏感和分歧。中华文化之"道"有无宗教精神，是否包括宗教内容？这在20世纪初"新文化运动"中已被质疑或遭到否定，由此方有对宗教与中华文化关系的另类解读，从而出现与整个世界文化之宗教理解的巨大差异。自中国实行改革开放以来，人们对此在两个方面出现了突破。一是肯定宗教是文化，指出，"在人类的文化知识活动领域中，宗教一直是重要的组成部分。"[1]尤其在中国当代改革开放的初期，当某些人仍以"宗教是鸦片"的观点为主时，"宗教是文化"的提出在宗教认知上具有拨乱反正的巨大"解放作用"。二是承认文化中包含着宗教这一重要内容，并以"一个民族的宗教是构成其民族文化的重要内容"的认识来看待中国文化与宗教的关系，主张"社会主义精神文明建设的内容中，应当包括宗教"（钱学森语）。尽管人们仍在争论宗教文化的性质和宗教

---

[1] 罗竹风、黄心川："宗教"，见《中国大百科全书·宗教》，北京：中国大百科全书出版社，1988年，第5页。

在中国文化中的地位与作用,但从文化本身来看待宗教就已经颇具肯定宗教文化的希望。

这样,就有了对中国传统文化中宗教存在的重新认识及其肯定评价。大家承认,儒、释、道就是以宗教的形式参与了中国传统文化的构建,其宗教性在中国社会文化发展中保留和延续下来,而其宗教精神也已融入中华民族精神之中;因此,中国传统文化并非与宗教无缘,宗教在中国传统文化中占有重要比重。尽管仍有人坚持宗教文化并不是中国传统文化的整体或其主导部分,却也必须在一定程度上思考,离开了儒、释、道三教,中国传统文化的内容还剩下多少,会不会变得空洞,还能以什么来作为其主导或主要部分。就是在今天,当中华文化走向世界时,宗教文化仍然可以发挥其不可替代的重要作用,有着被世人容易接受的奇特影响。现在已有越来越多的人意识到中华文化的博大精深、源远流长乃与宗教文化密切关联,如果将宗教文化从中国传统文化中剥离掉,中国传统文化则会失去其深厚底蕴和主要内容。因此,中华传统文化的继承与弘扬实质上与宗教文化直接相关,中国先进文化的构建不能离开中国优秀传统文化的土壤,因此也不可从根本上排拒宗教文化。

中国当前正面临着强调文化建设、文化繁荣的新机遇,这使得人们重新反思中国文化及其精神资源,特别是宗教文化资源。今天的文化发展及文化繁荣,其核心应是弘扬文化精神,突出精神文化,关键在于找回中华文化之魂。这里,"我们可以从中庸和谐的精神、稳健含蓄的风度、海纳百川的包容、永无止境的探索、自强不息的持守上来体悟中国文化精神,找回中华民族之魂"。在这些文化精神因素中,显然有着宗教文化重要而积极的构建。中国现代精神文化的重构,同样需要宗教智慧的积极参加。

要想符合我们国情及历史地制定中国的文化战略,就不能不考虑中国宗教文化在其中的意义及作用。不少人已经意识到,中国文化软实力的构建不可能缺少宗教文化的内容。宗教文化本身所特有的社会及信仰感染力和影响力，是其他文化层面所难以取代的。这种文化战略中对宗教文化的考量一方面是希望以此来防止或消减宗教纷争，促成宗教和谐，另一方面则是希望以宗教文化来促成整个社会的和谐、民族的团结。所以说，我们完全可以从促成宗教和谐的角度来探究我们的社会和谐、文化和谐，将宗教和谐的问题与我们的文化和谐、共融之努力有机关联。

（三）从政治上对宗教界的团结合作而带来积极、妥当理顺政教关系的希望

在当代中国，不少人已经注意到宗教在古今中外实际上可与多种政治相关联、相适应，不同的政治也曾出于不同目的及需求而"利用"或"结合"过宗教。正确的政治应是积极扩大同盟者、减少敌对者的"统战"政治。这就是中国统战工作中常说的，"政治上团结合作，信仰上相互尊重"。从某种意义而言，宗教的存在及发展是否正常已成为当今中国政治的晴雨表之一，让宗教在其社会是成为"动荡"或"动乱"因素，还是起"稳定"、"凝聚"作用，这正考验着中国执政党的执政能力和智慧。在一个和谐的社会中，宗教应该起到的是"向心"作用而不是"离心"作用，宗教在历史上曾发挥过的"辅政"功能，在当代社会仍然颇为有用。中国今天的执政党也在起相似的"统治"或"统领"作用，同样也会需要宗教的"帮助"和"维护"。

从政治意义上来看中国的社会特点和宗教特点，则必须注意到中国社会独特、持久的整体性和一统性传统及其发展惯性。中国社会体制在世界政治史范围中乃是一个极为典型的超稳态、持久型的"大一统"社会。中国传统所强调的"大一统"政治文化延续数千年，迄今仍是中国政治的主导思想。其旺盛生命力，源于中国社会所持守的"海纳百川"、"多元通和"的圆融、共构精神，这为今天社会政体所倡导的"和谐文化"

奠定了基础。当中国突出并实践"斗争"哲学时,社会则基本处于混乱、动荡的状况之中,其结果是人人自危,就连其倡导、实践者本身也不例外。而"大一统"政治及文化理念的持守,既需要求同存异,也允许和而不同。多元共在方为和谐。在当前越来越强烈地意识到中国已进入多元社会的氛围中,人们希望一种多元并存的局面。虽然主流意识形态的指导地位不可否认,但主流并不等于整体,主旋律意味着有其它旋律的存在,在社会合唱的和弦中,主声部、主旋律主要是起着引领、主导和主流作用,而不是以己代全、包打天下。如果主旋律想把自己变为单音独唱,强求万马齐喑,则会自我孤立、成为"绝唱"。

与这种共识相呼应、相协调的,则是中国政治对宗教的包容性,甚至可有政治对话的互通性探讨。宗教中有政治,政治也不可能排拒宗教。中国政体在历史上已与传统宗教如儒、佛、道等有过交织存在,且不断相互渗透。中国的政治文化并不是纯为"世俗文化",其中包括有宗教政治的内容。虽然不应该将宗教完全政治化,却不能否认当今中国政治考量、决策中对宗教的关注占有很大比重。在今天"和谐中国"的大好形势下,对宗教力量轻轻一拉就可以使之成为我们主流政治的基本力量,让宗教信徒成为我们可以信赖的基层群众。虽有缺乏政治远见的人仍在拼命、使劲地把宗教往外推,硬要让宗教成为我们的对立面、化为我们的敌人,在我们的社会却为此而有"如果硬把宗教当做敌人,则有可能成为我们的敌人"之警言和警告。在中国这种政治大一统的格局中,对宗教的政治管理应该是"拉进来管",即作为我们社会肌体的有机共构来管理;而不是"推出去乱",使之出现社会异化的乱象、乱局。中国政治层面在对待宗教的管理上大致有着上中下三策的可能性选择,上策是理顺关系,对宗教在信仰上尊重,政治上包容,社会上管理,纳入自己的社会整体体制,使之不要有异化、分化。这样可使我们言行一致,理论与实践统一。中策是先不表态,灵活掌握、多观察、多接触、多思考,积累经验,选择良方,等待时机。下策则是突出与宗教在意识形态上的水火不容,人为地将之推为异己力量。对宗教的负面评价和意识形态意义上的否定,很容易使宗教信仰者产生抵触情绪和离心走向。为此,已有越来越多的人认识到,中国社会"合"则能长治久安,"分"则会被肢解,进入多事之秋。而要在当今的多元处境中保持这种"合",维系社会之"稳",难度也已经越来越大。在中国对宗教的积极引导和团结合作,则可以让宗教充分发挥其政治"维稳"的作用,成为构建我们"和谐"社会的重要力量。以这种视野来审视宗教,对宗教问题"讲政治",也就有了能真正理顺中国政教关系、防止宗教在政治上"异化"的希望。

(四)从当今宗教在中国的社会存在
来理解其社会意识带来了消解其张力的希望

目前中国大陆已有人在探讨,能否从社会存在决定社会意识的认知角度,来扬弃中国宗教与执政党在意识形态上的传统分歧。纵令这种分歧仍被不少人所坚持,认为二者各有不同、不可相混,它们也可以有对话而不只是对抗或对立。其实,有神、无神乃认知层面而并非存在层面的问题;政治的此岸性与宗教的彼岸性各有其追求的不同层面,政治信仰与宗教信仰有别而没有必要相混或相等同。中央 1982 年 19 号文件明确指出,共产党员不得信仰宗教。执政党的先进性使之在引领群众时也必须联系群众、扎根于群众,8000 万党员在近 14 亿中国人口中仍然是少数,即使作为社会的"先进分子"也没必要、更不值得脱离近 4 亿信教群众。在执政党掌握社会全局的形势下,不要人为地突出或强化其社会体制内部在意识形态、价值观上的不同及分歧。

宗教并不纯为有神、信神的信仰观念,而更是人们鲜活的生活;这种生活既有传统的积淀,也有当今的体验。中国已是共产党执政 60 多年的社会,中华人民共和国成立后我们社会、政治上的变化实际上告诉我们对宗教的批判"已经结束"。马克思主义经典作家的宗教批判在根本上立足于社会批判、政治批判，而不是宗教批判本身，因为是当时的社会存在决定了其作为社会意识的宗教，宗教是对当时社会存在的反映，这是马克思主义认识宗教这种社会意识的基本立足点。如果今天仍强调中国的宗教"不好"、"落后"，则实际上是在指责我们当今社会"不好"、认为是社会"出了大问题"，其实质则是要破坏、重组这个"有问题"的社会。这种对宗教的批判、指责，实质上是"自毁长城"的自我批判和自我指责，因为今天的中国宗教是今天中国社会的反映，其作为意识形态也是反映我们自己社会存在的，是我们自己社会的意识形态、上层建筑，而不是 60 多年前中国剥削阶级社会、更不是一百多年前西方资本主义社会的反映。我们今天的中国宗教建构是在这 60 年内发展起来的，尤其是改革开放 30 年来它与整个社会的发展乃"与时俱进"。我们宗教信众的绝大多数也都是"生在新社会，长在红旗下"，故而没有理由将之归为境外或敌对势力。即使认为宗教中出现了不好现象，有着各种问题，按照马克思主义的基本观点也应该是反思我们的社会，反省我们自己的执政工作，对我们的工作加以改善，对我们的社会加以完善，而不是将矛头指向宗教，使其成为"替罪羊"。马克思早在一百多年前就宣布在资本主义的德国对宗教的批判已经结束，共产党的批判武器应转向社会批判、政治批判和法的批判，而如果我们在一百多年后的社会主义中国仍要继续坚持对宗教的批判，则无疑是一种政治愚蠢和意识形态荒唐。我们今天的宗教评价，包括其政治评价和意识形态评价，都是为了呵护、建设我们自己的和谐社会，是使我们的执政党有尽可能多的朋友和同盟军，而不是制造分歧、挑起矛盾，让社会陷入内乱。我们的立足点应是尽可能让我们自己的社会和谐，政治稳定，并消解意识形态上的张力。

在意识形态方面会涉及对"信仰"的理解。信仰是人类精神文化所共有的重要现象，但信仰有着不同层面，包括政治信仰、文化信仰、民族信仰、宗教信仰等，它们彼此有关联却不能完全等同。1982年中央19号文件指出，共产党员不得信仰宗教。中国执政党所持有的共产主义理想就是一种政治信仰，是共产党作为社会政党的信仰。有些人认为共产党员不要有信仰，这实际上是把共产党人的精神持守、理想追求都否定了。但有更多的人坚持共产党人应该有信仰、中华民族应该有信仰；如果没了信仰，我们的执政党、我们的民族也就没了希望，失去了目标。信仰是人类求知的产物，其"信"而"仰"之，是对"未知"、"未来"的一种具有模糊性、神秘性、神圣性、整体性的把握，体现出信仰者对"未然"之"必然"的憧憬、向往和崇敬。在哲学理解上，信仰是世人超出其理性认知而对时、空整体的一种独特的思想精神层面的把握，是人在意识到却尚未真正认识到这种时空整体存在、包括对无限时空的推测，以及意识到人之自我和这种自我有限性时的一种人生追求和自我超越。这种信仰把握在目的上具有绝对性，而其实现则仅有相对性。其信仰的言述基于其信之绝对性，但其言述本身也只有相对性。在此，"信"是一种前瞻、一种托付、一种投身、一种冒险，因为"信"本身即是对某种尚未实现、并非可以确切证实的观念、理想、预设的追求、持守和忠诚。人生构设的这类目的实际上就是人的信仰，虽然在其人生中这种目的不能真正实现，人却会对其信之、仰之，甚至可为其牺牲。所以，信仰关涉未来学、预测学，是人的精神所具有的独特功能。对尚未实现的目的之信仰，反映出政治、文化、民族、宗教等信仰层面的共性，而政治信仰和宗教信仰在目的上的区别，则是在于政治信仰相信其目的在此岸（此世）的未来会实现，而宗教信仰则相信其目的只能在未来的彼岸（来世）得以实现，但这种彼岸信仰仍会影响、制约其信奉者的此岸人生，"神"与"圣"也会关联和转换。有神、无神所共同论及之"神"在认识论上很值得探讨和商榷，却没有必要纠缠其存在论和社会论上的不确定性。其实，在信仰追求中，过程才是一种真正的、真实的实现，所以我们必须重视、把握、欣赏或警惕这一过程,把研究、解决信仰问题的重点也放在这一现实过程之中,尤其在政治及意识形态层面而不能将之放在说不清、纠缠不完的未来或彼岸上。信仰所问的问题"人是什么","人从何来","人往何去",其实很难找到一个真实、准确的答案。实际上,"人从何来",不知道,也不需要或可能弄清楚;"人往何去"即归宿去何处,也不知道,同样也不需要或可能说明白。而人在来去之间的过程则可以知道,这才是在社会、政治意义上真正重要而且非常重要的;只有从其来与去之间的过程才能回答、解释"人是什么"的问题。所以说,我们关注信仰、关注宗教信仰问题,关键就在于对信仰者的人生经历及社会参与的关注、研究、重视,要关联的是其今生今世而不是什么"彼岸"之"神"。探讨有"神"、无"神",弄清"唯心"、"唯物",实际上是哲学认识论问题,而并非社会存在论问题。"神"之有无,或"心"、"物"之所"唯",恰如一个硬币上的两面会同时存在,相辅相成,这在认识论上未解,在存在论上则无解,故而会长期为人类之问,且答案多元。从纯学术层面可以继续不断地探究这一问题,但在社会政治层面则可以对之扬弃、超越,不必过度纠缠;因为争论不休、让彼此生出异心反而会影响到社会和谐发展、安定团结的大局。基于这类思考,宗教在今日中国社会可以是意识形态对话的话题,而不可再为意识形态斗争的焦点。

(五)中国的继续改革开放带来了宗教问题最终会"脱敏"的希望

绝大多数中国人都认为改革开放是中国当前发展的成功之道,因此不能走回头路而必须继续对外开放;中国社会过去60多年的历史可分为两大时期,前面不足30年是以"斗争"为主的时期,社会经济发展不快,在"文革"期间甚至几近崩溃;后面30多年则为中国社会突飞猛进的快速发展时期,尤其是中国加入世界贸易组织等国际合作机构、融入国际政治、经济和文化发展的大社会之后,产生了令世界瞩目的巨变。中国仍会保持对国际社会的开放,仍会与世界各界人士密切合作,这就需要我们认清世界宗教的现状,与各国宗教信仰者打交道、交朋友;在这种情况下,中国社会不应该只是消极地抵制外来影响,而必须融入国际大社会,在世界扩大中国的影响;因此不能把宗教当做堵塞外来影响的挡板,而应使之成为走向世界、沟通国际社会的桥梁。全世界绝大多数国家的宗教与其文化、价值观及意识形态都是相协调、相吻合、相统一的,中国要想实现其社会的和谐及与整个世界的和谐,也理应朝这种状况发展,使宗教在中国社会真正"脱敏",成为社会正常发展的现象。

当然,在目前复杂的国际环境中,中国也的确应该提高警惕。当前国际形势并不很乐观,虽然中国致力于推动世界和谐,但现实的世界并不是一团和气,利益集团之间的争夺、冲突在加剧。不同区域、国家、民族、集团的政治、经济、社会、文化现状出现了此消彼长、我强你弱的变动局面。因为世界金融危机、资源争夺、领土纷争,也影响到中国的发展,当下对华的外部压力在增大,对我的分化、攻击也在加强。不同势力为了对付中国正在形成合力,潜在的反华联盟悄然出现,这也是不争的事实。在一个开放的社会中,中国不可能不受外界的影响,因此,我们的社会公共领域已经出现了复杂的变化,隐藏着严重的问题。究竟是激化矛盾还是化解冲突,这正考验着我们中国的执政能力和政治智慧。从政治学的意义来看,没有永远的朋友,也没有永远的敌人,这种变动中的敌我在一定程度上也取决于我们自己的实力和策略。在全球经济低迷、美国和欧洲发展受挫的处境中,会有人希望中国能站出来"救市",拉欧美一把;自然也会有人希望以压倒中国、搞垮中国来振兴、恢复他们自己的传统实力和引领地位。如此观之,国际关系中的"冷战"现实依存,不可抱有"一团和气"的幻想。不过,中国应对国际上复杂、严峻的形势,首先必须自我强身,巩固我们自己的内部,拧成一股绳,形成凝聚力。因此,我们如果不希望内斗、自乱,其中对宗教的态度就非常关键。如果以和谐为立意来看待宗教,则应主要用对话、沟通的方法。诚然,宗教中也有不和谐的因素,宗教之间的冲突、纷争乃不争的事实,而且宗教也与境外有着千丝万缕的联系,不能否认其中也包含着外界渗透的意向和实践,但我们处理这些问题却不是为了扩大矛盾,增加纷争,激化冲突,把宗教推向对立面,而应尽量化解矛盾、消除纷争,平息冲突,理顺关系,使宗教界保持为我们的基本群众,对我们为向心力量。我们应以包括宗教在内的有机整合体系来面对国际社会,走向世界发展。所以,作为中国执政党的重要任务之一,是在稳定自己社会大局这一前提下,睿智地在政治、社会、思想、文化各方面都把宗教纳入我们自己的体系,使之成为我们社会构建、思想文化的内在组成部分,即让宗教作为我们自己的力量、我们的文化软实力来发挥作用。其实,在当前国际交往和较量中,我们的宗教软实力并没有得到很好的发掘和应用,在这一领域仍大有潜力可挖。中国宗教文化的健全和主动走出去会起到"四两拨千斤"的效果,发挥我们动用大量人力和金钱都不可能达到的巨大作用,它会极其自然地为我们的外在压力减压,不费任何口舌而让人心服口服,以无形的方式为我们的国际形象加分,非常巧妙地化解潜在的危机。因此,我们理应将宗教看做我们自己的有机构成、必要部分。如果不是促成我们自己机体的良性循环、健康成长,却人为地将自身某一部分加以分割、摈弃,视为异类或他体的植入,我们的躯体则难保健全和健康,就会产生本不应该出现的疾病。正是在这一意义上,我们今天对宗教应该"同化"而不是"异化",是亲和而不是敌对,是求和谐而不是搞斗争。我们可以让世界了解中国的姿态来让我们自己的宗教"走出去",让其影响世界、感动世界。盛唐时期"丝绸之路"的四方通达,各种宗教的汇聚长安,这种壮观场面在我们今天中国的盛世照样可以再现,由此也可显示我们的开放、坦荡和自信。

宗教已被许多国家或民族作为其文化战略的构成而所用，但我们迄今对这一意义仍认识不足。宗教在我们今天的发展中若主动用之则能起积极作用，若被动放弃则有可能变成消极因素，因此乃事在人为，需要我们因势利导。其实，我们可以高度重视和发挥宗教在当今社会的维稳作用，对相关群众的精神抚慰作用，对公益事业的积极参与作用，对中华文化的深化和弘扬作用，以及对海外世界的感染和影响作用。综观当今天下，社会政治的活跃地区也多能看到宗教的身影，宗教会以自己的方式在社会文化发展中起到显在或隐蔽的作用。对待宗教，不同的社会及政治力量都会有想法，也都会对之加以运用。对之是争取还是放弃，是拉还是推，会有不同的作用，产生不同的结果。宗教对我们的文化战略意义，简单而言，就是争取其对内起稳定和谐作用，对外起扩大中国文化影响、抵制负面干涉的作用，在世界不同文化中起对话、沟通作用，这样就能使我们自己越来越强大、稳固，而境外存有的敌对势力及不利因素也会越来越弱化、分化。

在世界近现代历史进程中，许多国家在经历其从中古、近代到现代社会的转型时都没有根本抛弃和否定其文化传统中的宗教，而是将之有机结合进新的社会结构之中，成为其文化传承和社会的重要精神支撑，为普通民众提供心理保障的底线，为其对外扩展准备必要的软实力。法国大革命时期虽然曾一度放弃其传统信奉的天主教，一些革命者甚至曾人为地新造一种"革命宗教"，却都因其缺乏群众基础、脱离实际而不得不放弃，最终仍然恢复了传统天主教在其社会的存在地位。对于这些经验，作为大国崛起的中国，在面临国内外问题和自己的选择与决策时，都应该认真研究和有所借鉴。必须承认，我们在对待宗教的态度、处理宗教问题的方法、应用宗教文化软实力来强健自我、感染他人上，与这些曾经在政治、经济、文化上崛起、迄今仍保持着精神和物质实力的国度相比，还存在着一定差距，仍有待观念上的更新。我们不必走人家的老路，但洞观历史、温故知新则是我们走自己之路的必要条件和有利准备。目前世界社会正处于一个全新的政治、经济、文化转型时期，当代政治、经济、法律，甚至文化等发展都在走向一种国际大社会和人类共同体，已不可能闭关自守、与世隔绝，这种不可避免的"共在"因而既给我们带来了很大的机遇，也使我们面对着严峻的挑战。机会难得，时不我待，当代中国要有清醒的头脑，抓住这极为难得的机遇，特别是应在对待宗教的问题上加以及时调整，以一种大智慧、大手笔来充实、完善我们的宗教理论及政策，在我们的文化战略中有宗教文化的定位，促进宗教软实力的参与，借此理顺我们社会文化与宗教的关系，消除以往的张力和对峙，使宗教真正成为我们社会文化的有机构成，与我们的社会政治和谐相融，在我们的社会建构中清晰自然，共同塑造我们的文化自我，形成我们的文化自知和自觉。我们在这一关键的转型时期应该有我们的时代敏锐感，要有高屋建瓴的远见和胆识。如果在这一时机能及时、自然地调整好我们社会的宗教关系，使宗教真正能与我们的社会建构及政治体制有机共构，那么我们的文化发展就有可能迎来一个长治久安、长期繁荣昌盛的理想时期，避免现今世界许多国家和地区所陷入的动乱及分裂，巧妙地躲过目前国际社会出现的危机和困境，避免其社会发展的低迷或恶化，从而顺利进入我们中华民族再次崛起、复兴的盛世。以这种大世界、大国际的视域来看待宗教与中国的关系、中国与世界的关系，则可以相对乐观地预言，宗教在中国当代社会生存的氛围会得到更好的改进，中国社会各界会更好的善待宗教，而中国宗教理解也会充满更加公正、公平、客观、科学、中肯、积极发展的希望。

（作者为中国社会科学院世界宗教研究所所长）

世界宗教与当代国际关系[①]

徐以骅

在当今的国际关系中,宗教的作用越来越从隐性转为显性,并且日益成为跨地区和跨国界现象,被称为"全球宗教复兴"和"宗教的政治觉醒",而全球化的趋势更放大了宗教对国际关系和各国政治的影响。自冷战结束以来,世界上几乎所有的重大事件如巴以冲突、"9·11"事件、国际反恐、科索沃冲突等,或多或少均有宗教的背景和动因。宗教被宣称从"威斯特伐利亚的放逐"回归国际关系的中心舞台,以至有国际关系学者断言,如不重视宗教就无法理解国际关系。宗教不仅被认为是政治的另一种形式的延续,而且还成为国际舞台上各方争抢的资源。宗教全球复兴对国际关系理论的挑战堪比冷战结束或全球化初现所引起的理论挑战。[②]

本节从以下三方面来论述宗教对当代国际关系的影响:一、宗教对当代国际关系的影响;二、宗教对国家安全的影响;三、宗教非政府组织及其在国际事务中的作用。

[①] 本文原为有关部门牵头集体编撰的未刊宗教学教材中的一节,采用教材体例,撰于2012年初。本次发表作了部分修订。

[②] 参阅徐以骅:《全球化时代的宗教与国际关系》,载《世界经济与政治》2011年第9期,第5页有关注解。

一、宗教对当代国际关系的影响

（一）当前国际关系的"宗教回归"

研究宗教与国际关系的学者斯科特·M.托马斯（Scott M. Thomas）曾对"全球宗教复兴"现象作了以下界定："全球宗教复兴指宗教日益具有显要性和说服力,如在个人和公共生活中日见重要的宗教信念、实践和话语,宗教或与宗教有关的人物、非国家团体、政党、社区和组织在国内政治中日益增长的作用,以及这一复兴正以对国际政治具有重大影响的方式发生。"[①]20世纪70年代尤其是冷战结束以来宗教的全球复兴正在从多方面改变全球宗教布局乃至国际关系的面貌,并且对现行国际关系结构以及人们关于宗教的传统观念形成了挑战:[②]

首先,宗教的全球复兴挑战了传统世俗化理论。长期以来,宗教被认为将随着现代化和经济发展而衰退,然而实际情况却似乎与之相反,宗教在现代化和经济发展的冲击之下不降反升,于是乎"世界的复魅"、"宗教跨国与国家式微"、"宗教民族主义对抗世俗国家"、"宗教冲突取代意识形态冲突的新冷战"等等说法不胫而走,开始充斥于世界各地的新闻报道和学术出版物,几乎完全取代了50年前曾风靡一时的"基督教王国衰退"、"上帝已死"、"后基督教甚至后宗教时代的来临"等话语而成为时代的标签,各种"非世俗化"、"反世俗化"、"后世俗化"和"神圣化"理论纷纷出台,俨然成为各国学界宗教研究的流行范式。

其次,全球宗教复兴挑战了威斯特伐利亚国际关系体系。作为结束

---

① Scott M. Thomas, *The Global Resurgence of Religion and the Transformation of International Relations: Struggle for the Soul of the Twenty - First Century* (New York: Palgrave MaCmillan, 2005), pp. 28 - 32.

② 此部分主要参阅徐以骅:《全球化时代的宗教与国际关系》,第5 - 11页。

欧洲三十年战争的产物,威斯特伐利亚条约以及通过近两个世纪才确立之遗产(或称威斯特伐利亚共识)以主权至上来取代神权至上,承认和确立了国家权威以取代跨国宗教权威,不再把宗教作为外交政策基础以及国际冲突的合法性来源。以威斯特伐利亚条约为基础的现代国际制度的核心,就是通过建立一整套国际规章制度来确保国家主权准则,并且不承认挑战国家主权的跨国意识形态。然而宗教的全球复兴和"政治觉醒"一方面挑战当前由西方世俗价值观主导的国际关系准则及规章制度;另一方面也挑战作为国际社会基本政治单位的世俗民族国家。在所谓人权和宗教自由问题上,"新冷战"的锋芒更是主要指向非西方国家。20世纪末以来,西方所倡导的国际社会基于所谓人道主义原则具有干预主权国家内部事务的"人权至上论"、"人道主义干预论"、"保护责任论"、"宗教自由和平论"等论调开始流行,各种宗教组织自然而然地成为这些"新国际规范"的积极实践者。①

再次,全球宗教人口重心的转移挑战世界宗教的传统布局。全球化带来了全球人口、产业和宗教大转移,而此三大转移之间又有极为密切的联系。随工业革命而起的欧洲人口的国际化或所谓"欧洲大迁移"不仅以对欧洲有利的方式重新划分了世界贸易的格局和国际政治的版图,而且在全球扩张了基督宗教的势力范围。而从20世纪下半叶开始的所谓"反向大转移"即亚非拉国家向欧美地区的大规模移民也改变了全球文化和宗教的流向,在使基督宗教具有越来越多的非西方形式和表述的同时,上述地区的各种传统宗教也渐次成为西方国家的宗教。西方主导宗教(基督宗教、摩门教等)的南下和东方主导宗教(伊斯兰教、佛教、巴哈伊教、印度教、道教、若干新兴宗教等)的北上互相交叉,改写并扩充

---

① 参阅徐以骅:《宗教与2012年美国大选和当前中美关系》,载《世界宗教研究》2013年第6期,第29-30页;徐以骅等著:《宗教与当代国际关系》,上海:上海人民出版社,2013年。

了世界性宗教的花名册。① 非西方国家的"第三教会"的崛起以及由其主导的新传教运动在较大程度上颠覆了传教运动和传教士的传统形象，基督教传统中心与边缘发生易位；移民潮和国际散居社会的形成则把东方宗教与民族冲突嵌入西方世界的腹地，使"恐伊（斯兰教）症"成为欧洲各国的普遍现象，并且对英、法、德等国的传统宗教和民族融合模式产生冲击。基督教和伊斯兰教的全球扩张和信众结构的变化使两教关系、宗教冲突、宗教自由和宗教多元主义等日益成为 21 世纪国际政治的重要议题。

第四，宗教政治化趋势挑战宗教在国际关系中的传统定位。伴随全球宗教复兴而来的，是全球性宗教政治化或政治宗教化的倾向，这在较大程度上颠覆了宗教的寂静、消极和非政治化的传统形象。世界范围的宗教政治化有着种种不同的表现，如宗教极端主义和基要主义的普世化、宗教团体的"政治觉醒"及其大规模介入各国政治尤其是外交政策领域、由宗教团体支持的政党或宗教政党在各国选举中获胜、以信仰为基础的非政府组织在国际政治舞台上扮演日益重要的角色、跨国宗教倡议网络和宗教国际人权机制的形成，以及"国际恐怖主义第四次浪潮"及其所引发的国际宗教问题安全化趋势等。拉美解放神学、政治伊斯兰、美国宗教右翼以及伊朗革命、波兰和东欧剧变、"9·11"事件等宗教思潮和与宗教密切相关或受宗教驱动的事件成为 20 世纪下半叶以来宗教政治化及极端化的显著标志。

第五，宗教互联网挑战宗教传播的传统方式。如果说全球化助推了宗教的跨国流动，那么互联网则造成自宗教改革时期以来媒体与宗教的另一次具有重大意义的结合，甚至被认为引发了"第二次宗教改革"。网络宗教（或称"电脑宗教"、"虚拟宗教"）对各种宗教的传播均有"放

---

① 徐以骅：《当代国际传教运动研究的"四个跨越"》，载《世界宗教文化》2010 年第 1 期，第 65 页。

大效应"，而网络"世界性"与宗教"普世性"的契合，使网络宗教具有比以往任何传教方式更有力的穿越疆域国界的能力，也提高了它们社会基层动员、影响政治议程和参与全球事务的能力，并且可使世界各地的任何宗教问题迅速透明化、国际性和政治化。网络宗教无论作为新型传教主体，还是作为传统传教组织的新型工具，在当代传教运动中都已显示出巨大的潜力。

然而，传统世俗化理论并未销声匿迹，而在同样具有大量实证和长时段研究支撑的"新世俗化"、"精英世俗化"、"长期世俗化"和"富国世俗化"等理论中得到重新表述；民族国家仍在国际社会中占据支配地位并且制定跨国行为体必须遵循的基本规则；全球基督教的神学、机构和经济资源的重心仍在"全球北部"，基督教人口重心南移并未撼动西方对基督宗教的掌控；宗教的"和平"、"寂静"和非政治化的基本属性并未因"国际认同战争"而有所削弱；而网络宗教目前也并未触发堪与16至17世纪宗教改革相提并论的涉及教义教制、政治变迁、经济方式、思想文化和民族国家等的全方位变革；宗教内部的分歧和分裂以及宗教之间的敌视和冲突使宗教作为跨国行为体受到很大的限制。全球宗教复兴对传统的宗教观念、国际秩序以及传播方式确实具有"挑战性"，并已引起深刻变革，但目前尚未具有全球范围和整体上的"颠覆性"。

（二）宗教影响国际关系的途径

关于宗教在当前国际关系中的作用，有关学者尤其是国际关系学者的理解和分析虽不尽相同但大致接近。宗教与国际关系的关联性通常归结于宗教所具有的世界观、身份认同、合法性来源以及作为民众运动和正式组织机构等属性。

宗教以及宗教团体主要是通过以下路径来影响国际关系的：①

首先,宗教观念和信仰通过影响决策者、普通民众和社会舆论作用于外交政策,这是宗教影响国际关系和国际制度的最重要的方式,同时也说明民族国家仍是当前国际关系的主要行为体。

其次,宗教是可被国际体制内各种行为体利用的合法性来源,如"选民论"和被狭隘理解的"圣战观"可使战争行为和暴力手段合法化,当代"正义战争"观念以及上述"人道主义干预论"和"保护责任论"均具有宗教和神学渊源,同时宗教也是国际和平主义主要的思想和实践来源。目前宗教仍是国际关系中最主要的规范性力量之一。

第三,与国家有关或受国家支持的宗教行为体(如伊斯兰会议组织和梵蒂冈)以及非国家宗教行为体直接或间接地介入国际事务,与此同时,一些宗教领袖凭借其所代表的团体、所倡导的主张、所体现的道德权威以及个人影响力在国际政治舞台上发挥着重要作用。

第四,宗教是冷战结束以来国际关系中跨国群体认同和个人身份建构的最主要方式之一,也是人们区分敌友的决定性因素之一。在许多情况下,宗教认同比种族、政治、阶级、性别、地区等认同涵盖面更广,排他性更强烈且更为重要,成为社会群体国际政治参与以及国际冲突的主要驱动力。

第五,宗教是国际关系中与军事和经济力量等"硬实力"相对应的

---

① 此部分主要参阅 Jonathan Fox and Shmuel Sandler, *Bringing Religion into International Relations* (New York: Palgrave MacMillan, 2004) pp. 3,163 – 168; Scott Thomas, "Religion and International Conflict," K. R. Dark, ed., *Religion and International Relations* (Bashingstoke, Hampshire: Palgrave, 2000), pp. 4 – 14; Jonathan Fox, "Religion as an Overlooked Element of International Relations," *International Studies Review*, vol. 3, no. 3 (Autumn 2001), pp. 59 – 67;徐以骅:《当前国际关系中的"宗教回归"》,徐以骅主编:《宗教与美国社会——宗教与国际关系》(第四辑),北京:时事出版社,2007年,第 17 – 20 页;徐以骅:《宗教与当代国际关系》,《国际问题研究》2010 年第 2 期,第 46 – 47 页;徐以骅:《宗教与当代国际关系:挑战、影响路径和地缘宗教》;载徐以骅、涂怡超、刘骞主编:《宗教与美国社会——宗教与美国对外关系》(第七辑),北京:时事出版社,2012 年,第 435 – 449 页。

"软实力"，学界有人甚至用约翰·洛克（John Locke）"思想者强于利益者百倍"的名言来力证宗教作为软实力的"不战而胜"的能量，而运用道义力量和软实力也是宗教团体影响所在国外交政策的最重要的方式之一。

第六，宗教通过跨国、跨界的现象、运动和议题，如宗教冲突、传教运动、基要主义、政治伊斯兰、网络宗教、宗教恐怖主义以及人权、民族、人口增长和堕胎等与宗教有关的议题，作用于国际关系和国际安全。

宗教作为影响当前国际关系日益重要的因素具有以下特点 [1]：

首先，与现实生活中一样，宗教在国际关系中亦具有互相抵触的正反两面性或多面性。从一方面看，宗教与当前的地区和种族冲突如影随形，与形形色色的恐怖主义相伴相生。从另一方面来看，宗教又是"和平的使者"，各种宗教和宗教组织在世界范围内扶贫济困、在国际和地区冲突中折冲樽俎、在多轨外交中斡旋调停，在国际论坛上发出道德倡议，这些都显示了宗教对国际和平事业的贡献。目前，宗教已被国际社会视为防止和解决国际冲突的有效途径之一。

其次，宗教不仅具有多面性的"变脸"特征，它同时也是国际行为体中少数"软硬兼施"的力量，即宗教既是"软实力"同时又是"硬实力"。宗教和宗教信仰在政治中的运用与世俗政治意识形态不同，因为来自宗教信仰、实践和机构的道德奉献和政策选择通常与宗教的"终极性"和"绝对性"有关，这便意味着宗教信仰和价值观对人们具有更大的控制力。社团性和机构性也是宗教的基本属性。宗教社团和机构的规模大小、活动范围、组织严密性上有很大差异。

再次，宗教在国际舞台上兼具"配角"和"主角"的双重身份。就"配角"而言，无论其作用或功能是正还是负，宗教在各种冲突中从来就不

---

① 关于宗教影响当代国际关系的多重性，如多面性、扩张性、虚实性、依附性和交互性等，参阅徐以骅、邹磊：《地缘宗教与中国对外战略》，载《国际问题研究》2013 年第 1 期，第 31 − 34 页。

是单独起作用的,它往往与领土、政治、经济、社会争端和冲突以及种族、文化和语言分裂等相互交织,通常起到了引发和加剧紧张局势和暴力事件的作用。一般来说,宗教在国际冲突更多发挥着推波助澜的"放大器"或"加速器"作用。不过在某种条件下和某些时间节点上,宗教团体和宗教议题却是国际政治和冲突中名副其实的"主角",而且此种宗教扮演"主角"的情形在 21 世纪的国际关系中不是在减少而是在增多。

(三)地缘宗教和地缘宗教学

地缘政治是政治地理学中的一个主要流派,它把地理因素视为影响乃至决定国家政治行为的一个基本因素,并根据各种地理要素和政治格局的地域形式来分析和预测地区或世界范围的战略形势和有关国家的政治行为。可以说,在 20 世纪的许多时间里,地缘政治曾经是各国制订安全和对外政策的一项重要依据。

然而时过境迁,当代经济全球化的发展对地缘政治理论提出了挑战,冷战结束以来,信息革命和经济全球化的迅速发展、各国间经济竞争不断加剧、区域合作日益加深,地缘经济开始超越地缘政治而成为国际关系中最活跃的因素。对许多国家来说,经济实力、资源、手段和关系的较量对本国、本地区乃至整个世界的战略格局具有决定性的影响,研究各国间和国际经济竞争行为的地缘经济学于是应运而生。

然而,当前地缘经济或地缘经济学仍不能反映全球宗教复兴、宗教性地区冲突和"认同战争"频发的世界格局。因此,在"地缘政治"和"地缘经济"的基础上,描述目前业已成为国家安全和对外政策考量和国际地缘战略博弈的跨国、跨地区宗教因素,就成为"地缘宗教"概念及相应的"地缘宗教学"的主要任务。这主要基于以下几点理由:

1.自冷战结束以来,宗教冲突或与宗教有关的冲突已取代意识形态冲突而成为当前国际冲突的主因,与宗教基要主义增长有着密切关系的宗教恐怖主义业已成为当前国际体系中具有主导性的恐怖主义。在世纪之交,国际社会显然已从主要作为地缘政治的世纪进入了地缘政治与地缘经济和地缘宗教并存交织的世纪。

2.跨国宗教与传统地缘政治如领土争端紧密相连:各国信仰版图与政治版图的重叠、宗教边界与领土边界的交错、跨界宗教与跨界民族问题的纠结、宗教圣地归属主张的冲突,都增加了地区乃至国际冲突的可能性和强度,"国内宗教问题外溢"和"弱国强宗教"等现象已经成为许多发展中国家的特征和国际关系的新景观。与此同时,地缘宗教因素也与地缘经济因素互相交织,比如作为全球基督教传教重点地区的北纬10－40之间以及作为全球伊斯兰核心区域的所谓伊斯兰弧形地带或大中东地区(亦称"文化中东")不仅在地理上与全球主要产油区高度重合,而且是国际恐怖主义滋生和频发的高危地区,因此成为当前国际战略博弈的重点地区之一。地缘政治、经济和宗教因素的盘根错节、高度互动,是 21 世纪地缘学的主要特点。

3.地缘宗教因素紧密嵌入在国际政治经济的权力结构中。就当前的国际关系而言,各主要大国纵横捭阖的力量交汇点是中东尤其是叙利亚和伊朗,而中东的局势恰恰是与国际政治、经济、安全的既有架构(具体而言是美国霸权)紧密相连的。事实上,美国霸权的根基即在于将美元与最重要的战略资源石油进行捆绑的石油美元体制。从这个角度看,作为中东地区安全架构前提的以色列与伊斯兰世界的对立(数次的中东战争以及巴勒斯坦问题)、长期导致伊斯兰世界分裂的什叶派与逊尼派的对立(两伊战争、叙利亚危机等),正是与这一关乎国际体系未来走向的政治、安全、经济架构紧紧缠绕的。如果仔细考察可以发现,这些对立关系的根源还是在于宗教。伊朗与美国的长期对峙,恰恰是源于1979 年伊朗伊斯兰革命这一具有鲜明宗教色彩的标志性事件;伊朗与海湾逊尼派君主国的对立,也正是源于 1979 年后伊朗"输出革命"这一试图扩大其"信仰版图"的努力。基于以上的分析人们可以发现,宗教因素在中东地区是被深深嵌入在一系列错综复杂却又具有根本性的国际政治经济结构中的。

因此,如果说追逐更大权力和战略优势是地缘政治的要义,最大限度地获取经济资源和市场是地缘经济的主旨,那么在 21 世纪的今天争取道德制高点、话语权、说服力和民众思想则是地缘宗教的核心。有学者甚至称"争夺新世界秩序灵魂的斗争已经发生,并且认真看待文化和宗教多元主义目前已成为 21 世纪最重要的外交政策挑战之一"①。宗教与人类生存以及国家生存的地缘环境息息相关,而国家的"宗教属性"和地缘宗教位置又深刻作用于并在某种程度上界定了国家的安全战略和对外政策。基于此我们有理由认为,把宗教研究局限在单一国家和社会或单一议题(如传教运动)的时代已成为过去,通过地缘学的视角并运用国际政治经济学的方法来研究宗教与国际政治、经济、社会以及各国对外战略的互动关系,应成为该领域研究的一个长远方向。

二、宗教对国家安全的影响

(一)宗教与国家安全的关联性

在后冷战时代,国际社会面临着更为复杂的安全挑战,人们的安全观念亦逐渐发生改变。传统以国家为中心、以军事为重点的安全研究也逐渐变得多元化和复合化,关注点渐次扩展到经济、社会、宗教、环境、能源等诸领域。全球宗教复兴对国家安全日益显著的影响不断促进安全

---

① Scott M. Thomas, *The Global Resurgence of Religion and the Transformation of International Relations: Struggle for the Soul of the Twenty – First Century* (New York: Palgrave Macmillan, 2005) p. 16.

研究向宗教领域延伸。①

国际关系学中的"安全化"理论，对我们理解这一问题提供了很好的启示。"安全化"是由巴里·布赞（Barry Buzan）与奥利·维夫（Ole Waever）为代表的哥本哈根学派最先提出的，旨在解释某些公共性问题被上升为安全问题，从而需要通过非常规手段加以处理的状况。②与传统安全研究将安全问题局限于军事领域不同，哥本哈根学派认为，现实中并不存在既定的安全。安全问题的出现，只是人们将某些问题理解为"安全"问题、置于安全议程中而已。国家可以借由这种认识来要求获得某种特殊权力，从而集中力量以优先于其他问题的方式来应对某一被视为事关安全的问题。这就是所谓"安全化"的过程。

冷战结束尤其是"9·11"事件以后，宗教问题已在很大程度上被"安全化"了。"宗教安全"不仅被塞进很多国家的外交和安全议程，而且被列入国际学界的学术议程。然而，对各国而言，基于不同的国情，"安全化"的实际程度却各不相同。具体而言，宗教问题如何被"安全化"，受到国内外因素的制约。国家传统文化、政治意识形态、国内的威胁判断、宗教地缘因素、国际宗教运动、国际关系等都会影响到国家是否将宗教视为安全议题，以及宗教议题威胁国家安全的严重性，从而影响国家将宗教问题"安全化"的程度。我国的意识形态和政教关系结构与西方国家有较大差异，这便使中国和其他发展中国家与西方国家在宗教与国家安全问题上的认知和应对实践有显著不同。③在西方，宗教问题被界定为"非传统安全"问题或被"安全化"是相当晚近的事，"9·11"事

---

① 此部分主要参阅徐以骅、刘骞：《宗教对国际安全的影响及其对中国的启示》，载金泽、邱永辉主编：《中国宗教报告（2008）》，北京：社会科学文献出版社，2008年，第208－221页。

② Barry Buzan, Ole Waever and Jaap De Wild, Security: *A New Framework for Analysis* (Boulder, Colo.: Lynne Rienner Pub, 1998), pp. 21－29.

③ 徐以骅：《当代中国宗教和国家安全》，载晏可佳主编：《中国宗教与宗教学》，上海：上海人民出版社，2010年，第178－179页。

件是相当关键的触发点;在我国,宗教问题则长期以来就一直被视为具有高度敏感性,并且涉及国家主权的传统安全问题,事实上长期以来安全和统战是我国宗教政策的两条主线。[①]

(二)宗教影响国家安全的路径与范式

"安全化"理论有助于我们在全球宗教复兴的背景下理解国际关系和国家安全的宗教面向,而对宗教影响国家安全的路径与范式的讨论[②],则有助于更加全面而深入地揭示宗教与国家安全之间的互动关系。

1. 宗教作用国家安全的路径

一般来说,宗教具有观念、情感、组织以及制度等基本要素。宗教既无形(宗教价值观)又有形(宗教团体),据此宗教影响国家安全的路径可概括为无形的和有形的两个维度:一方面,宗教以无形的观念/意识形态维度潜移默化地影响个人、群体乃至国家的世界观和价值观;另一方面,宗教依托组织机构和宗教行为从具体而有形的社会存在维度直接或间接地作用于国家安全。

无形意识形态维度主要体现为:(1)宗教的类型差异影响国家安全。一般来说,在倡导政教合一的宗教,其内部冲突较易外化为政治或军事冲突;而在倡导政教分离的宗教,宗教政治化和导致武力冲突的可能性相对较小,因此对国家安全的影响也较前者为弱。(2)神学教义和思想冲突影响国家安全。宗教冲突不仅是权力之争,也常常伴随着教义和思想之争,这在信奉宗教原教旨主义的派别中尤为明显。(3)信众的特质差异影响国家安全。信徒对信仰的虔诚程度、对教义的理解及其活

---

① 参阅徐以骅、刘骞:《安全与统战——新中国宗教政策的双重解读》,载《世界宗教研究》2011 年第 6 期,第 1 – 8 页;徐以骅:《全球化背景下的宗教与中国国家安全研究》,载徐以骅主编:《宗教与变化中的美国和世界》,北京:时事出版社,2013 年,第 386 – 407 页。

② 此部分主要参阅徐以骅、章远:《试论宗教影响中国国家安全的路径和范式》,载《复旦学报(社会科学版)》2009 年第 4 期,第 109 – 116 页。

动的能量大小，都有可能减少或增加宗教的攻击性。

有形组织及运动维度主要体现为教会、宗教社团、宗教政党、宗教慈善团体、宗教非政府组织等。这些机构主要从以下五个方面作用于国家安全：（1）目标。以宗教非政府组织为例，若以所谓宗教人权目标凌驾于国家主权之上，就有可能对某些国家造成安全威胁。（2）规模。宗教组织规模的差异常常决定了宗教对国家安全作用的大小，但亦非绝对，"9·11"事件就是例证。（3）技术。新兴技术如互联网大大增强了宗教组织的动员能力，从而对国家安全的影响更为直接。（4）成员。无论是掌握大量资源的宗教领袖，还是一无所有的下层成员，其极端行为都有可能对社会乃至国家造成安全威胁。（5）文化。宗教组织文化中宗教组织对自身和外部社会之间关系的解释相当关键，其中对抗性的解释便有可能造成安全威胁。

2. 宗教影响国家安全的范式

宗教通过多种途径影响国家安全。概括而言，宗教对国家安全的影响形成认同安全、利益安全和合法性三重范式。

一是宗教与认同安全。按照建构主义国际关系理论的观点，身份认知决定国家利益，意指对国家利益的判断取决于人们的认同结构。宗教对民众多重认同结构的影响表现在：（1）宗教影响国家认同。事实上，宗教既可能损害国家性的身份认同，也可能促进民众对主权国家的忠诚。（2）宗教影响政治认同。宗教有时对世俗政治层面的认同造成冲击，有时也能跨越政治制度认同的差异，促进各方交流和理解。（3）宗教影响民族认同。宗教认同与民族认同重合往往加强两种认同的排他性，而同一民族中的不同宗教认同，或同一宗教中的不同民族认同则既可促进宗教和民族间的沟通，也可造成相互间的冲突。（4）宗教影响文化认同。通常来说，宗教与文化之间存在着对抗、从属、高于、并列和改造等五种关系。

二是宗教与利益安全。国家利益是国家制定外交政策、选择外交手段及行动的根本动因和依据,是国家参与复杂的国际政治事务时所遵循的基本原则。以美国而言,民主、安全和繁荣构成其国家利益的三重维度。对中国而言,中国的核心利益已被明确界定为国家主权、国家安全、领土完整、国家统一、中国宪法确立的国家政治制度和社会大局稳定,以及经济社会可持续发展的基本保障。① 这些核心国家利益无不与宗教有着紧密的联系。由此可见,宗教与各国对自身核心国家利益的确定和维护息息相关。

三是宗教与合法性。在当前国际关系中,宗教合法性是多功能的、双刃剑式的工具,既可以用来为民族和解服务,也被认为是种族清洗和恐怖主义的通常依据。宗教合法性与国家安全最直接的关系体现在:(1)宗教与暴力合法化。宗教自古以来就与各种战争有着不解之缘,宗教意识形态与恐怖主义亦有密切关系。当然,宗教也可能依据教义提供的道德准则反对暴力行为,使其丧失合法性。(2)宗教与分裂合法化。由于跨国宗教在许多情况下是对国家主权的挑战,是以民族国家为基础的国际秩序的对立面,因此宗教有可能为分裂主权国家的行径提供合法性依据。(3)宗教与干涉合法化。某些外部宗教和政治势力常以保护所谓宗教信仰自由及人权高于主权为由,利用宗教问题干涉他国内政。

(三)宗教与当前我国国家安全

中国作为一个多民族、多宗教的大国,无论是过去还是现在,都始终面临着处理宗教问题以维护国家统一和领土完整的考验,宗教作为社会运转的子系统,与中国国家安全息息相关。②

---

① 参阅中国国务院新闻办公室:《中国和平发展》白皮书,2011 年 9 月 6 日,第三节。
② 此部分主要参阅徐以骅、章远:《试论宗教影响中国国家安全的路径和范式》,第 114 - 116 页。

　　当前我国面临的外部宗教环境是绝大多数人具有宗教信仰,宗教生活是国际社会的常态。虽然国内信教人数逐渐增加,对宗教的理解和宽容度也逐渐提高,但宗教毕竟不是我国的主流价值观,而宗教群体亦非我国社会的主流群体。同时,多元宗教和主流文化非宗教性的格局,决定了宗教作为影响中国国家安全的变量具有民族性、区域性和外在性,即除少数民族聚居区以及涉及该地区的暴力恐怖主义事件外,宗教对我国国家安全的影响和干扰主要来自外部和外来势力。

　　若将这些差异置于前述宗教影响国家安全的路径与范式中进行考察,则能更好地把握宗教与当前我国国家安全的互动关系。

　　第一,宗教通过有形和无形两个维度作用于国家安全,这是宗教与各国国家安全的具有共性的关系。但与其他国家不同,中国的政治意识形态和"强国弱宗教"的社会现实,使得宗教难以实际介入我国的高层政治决策。

　　第二,就国内外环境与国家宗教安全的互动关系而言,中国独特的政教格局决定了宗教作为影响国家安全的变量具有民族性、区域性和外在性的特点,因此宗教对我国国家安全的重要性既不能缩小,也不能扩大。

　　第三,从宗教影响中国国家安全三重范式来看,这些范式尤其是认同安全和利益安全内部也存在着错综复杂的关系,如国家、政治、民族、宗教、文化认同之间就可能存在此消彼长或相互补充的关系,过于强调宗教或民族认同有可能冲淡其他认同,而推动中华文化和中华民族认同则有可能促进国家认同;又如国家利益是考量宗教与国家安全关系的最基本的出发点和最重要的目标。当前我国国家利益的排序已发生变化并且日益多元化,宗教作为我国国家安全利益的重要性已相对下降。然而,在中国和平发展的进程中,宗教塑造中国国际形象的作用却在不断提升。

　　总之,就当前中国而言,大规模宗教冲突难以发生,因此宗教冲突国际化的安全压力较小,但国外宗教和政治势力仍可利用中国国内的涉教事件制造反面舆论。西方国家尤其是美国对中国宗教问题的"政治化"手法(如所谓"中国宗教自由问题")以及政治(主权)问题的"宗教化"和"国际化"运作(如西藏问题),不仅形成对中国的国家主权与安全的挑战,也强化了国际社会对我国的"制度偏见"。因此,正确处理宗教问题,重视宗教的社会地位和群众基础,开辟宗教团体服务社会的管道,抑制国内宗教问题外溢和外来宗教问题内渗,均有助于营造有利于我国国家安全的宗教环境和宗教安全的政治环境。

三、宗教非政府组织与国际关系

(一)宗教非政府组织的概念及特征

　　随着全球化的深入发展,越来越多的非国家行为体开始参与到世界事务中,它们通过各种方式与途径对当代国际关系产生影响,并已成为当代国际关系中的"第三者"。在这些非国家行为体中,宗教非政府组织(Religious Non-Governmental Organization)的规模越来越大,数量也越来越多,在当代国际关系中扮演着越来越重要的角色。因此,了解宗教非政府组织的概念、特征、类型及其在国际关系中的作用十分必要。①

　　1.非政府组织、宗教非政府组织、国际宗教非政府组织

　　非政府组织(Non-Governmental Organization)已然成为当今国际社会中的重要行为体之一,但究竟何为非政府组织至今尚无一个被普遍认可的定义。我们在这里给出的定义是:"宗教非政府组织是指那些宣称或实际显示其身份和使命是建立在一种或多种宗教或灵性传统之上,以

_____

　　① 此部分参阅徐以骅、秦倩:《如何界定宗教非政府组织》,载徐以骅等主编:《宗教与美国社会——宗教非政府组织》(第五辑),北京:时事出版社,2008年,第1-22页。

期在国内或国际层面推进公共福利或事业,且不直接以传教为目的之非政府、非营利和志愿性组织。"①较宽定义的非政府组织甚至可包括那些主要关注宗教议题的世俗非政府组织。国际宗教非政府组织(International Religious Non - Governmental Organization)当然指主要在国际层面运作的宗教非政府组织,也有人称之为以信仰为基础的国际非政府组织(Faith - based International Non - Governmental Organization)。

2. 国际宗教非政府组织的特征

虽然国际宗教非政府组织数量很多,功能各异,但它们一般都具有下列特征:

第一,组织性。国际宗教非政府组织作为非政府组织的一种类型,都具备正式组织的一些基本要素,如有较为明确的组织宗旨及规章制度、等级体系、交往体系以及较为固定的成员结构等等。

第二,非政府性。国际宗教非政府组织的"非政府性"体现为其是不属于政府体系且不履行政府职能的社会组织,具有民间性和自主性;在组织目标上不是为了取得政权,而在于促进社会目标的实现。当然此种"非政府性"并不意味着"非政治性"。国际宗教非政府组织虽非以政治选举为目的,但有其政治立场以及政治倡导和游说的功能,并具备实际影响甚至发动大规模政治运动的能量。鉴于目前许多非政府组织(包括宗教非政府组织)与政府有着千丝万缕的联系,并且得到来自政府的各种资助,它们的非政府性往往大打折扣。

第三,公益性。这一特点主要来自国际宗教非政府组织提供公共服务的性质,即国际宗教非政府组织所追求的是"公共利益"或"公共福利",其服务对象是所有需要援助的民众,而不论他们的国籍和宗教信仰。

第四,宗教性。这是国际宗教非政府组织有别于世俗非政府组织的

---

① 此部分参阅徐以骅、秦倩:《如何界定宗教非政府组织》,载徐以骅等主编:《宗教与美国社会——宗教非政府组织》(第五辑),北京:时事出版社,2008 年,第 21 页。

关键特征,但它不等同于宗教组织,当其进入公共领域时,不以直接的宗教活动如劝人归信为主要目的。而宗教组织则主要是致力于宗教的传播、教育、灵性培养和教会发展。

第五,国际性。在国际社团联合会的规定中,国际非政府组织至少需具来自三个国家以上的提供经费并有完全投票权的个人和集体成员,并至少在三个以上国家开展活动。如救饥会(Food for Hungry)在全球26 个国家和地区开展服务项目,世界宣明会(World Vision)在全球的服务区域则多达97 个国家,而天主教救济服务会(Catholic Relief Services)在世界各地拥有5300 名雇员。

(二)国际宗教非政府组织的类型

依照不同的标准,对国际宗教非政府组织可进行以下分类 ①。

1. 从国际宗教非政府组织构成的地域分布和活动范围来看,我们可将之分为洲内性、洲际性以及全球性三种。

洲内性的国际宗教非政府组织主要致力于在某一大洲内活动;洲际性的国际宗教非政府组织的活动范围分布于几个大洲;全球性的国际宗教非政府组织在开展活动时没有地域限制,项目遍布全球,而这类组织构成了国际宗教非政府组织的主体。

2. 从地缘政治和经济的视角来划分,国际宗教非政府组织也可分为北方背景的国际宗教非政府组织和南方背景的国际宗教非政府组织两类。

北方背景的国际宗教非政府组织以发达国家为基地,它们往往均有

---

① 李峰、李毅:《国际政治中的国际宗教非政府组织》,载徐以骅主编:《宗教与美国社会——宗教与国际关系》,北京:时事出版社,2008 年,第 264－285 页;李峰:《国际宗教非政府组织与跨国倡议网络》,载徐以骅、秦倩、范丽珠主编:《宗教与美国社会——宗教非政府组织》(第五辑),北京:时事出版社,2008 年,第 124－153 页;李峰:《国际社会中的国际非政府组织》,上海:上海人民出版社,2013 年。

雄厚的资金、丰沛的人脉和较高的声誉而在国际舞台上纵横捭阖。南方背景的国际宗教非政府组织则以发展中国家为基地,因受限于其所在国的资源和国际地位,它们的活动范围和影响力相对较弱,在资金上还严重依赖于北方背景的国际宗教非政府组织甚至西方政府。

3.从其活动的性质可将国际宗教非政府组织分为操作型、倡议型、混合型三类。操作型国际宗教非政府组织致力于在国际社会开展发展和灾难援助。倡议型国际宗教非政府组织不直接从事具体发展和救援等事务,而是主要通过倡议途径来影响相关国家和国际行为体。混合型国际宗教非政府组织既通过宣传其理念来影响国际社会和各国政策,也从事具体的事工。

4.从宗教背景来看,现有的国际宗教非政府组织又可分为单一宗教型和跨宗教型两类。单一宗教型的国际宗教非政府组织是以某一宗教或某一宗教内的某一教派为信仰基础的组织,这在有基督教背景的组织中尤为普遍。

5.宗教性的强弱是考查(国际)非政府组织宗教属性的重要指标。美国学者罗纳德·塞德(Ronald Sider)和海蒂·恩鲁(Heidi Rolland Unruh)根据宗教非政府组织的目标与宗旨、组织成员与管理者的遴选、财政支持的来源等多项指标,确定了各种组织与宗教的关联程度,并由强到弱将其划分为六个等级,即信仰充满的、以信仰为中心的、隶属于某一信仰的、以信仰为背景的、圣俗合作的以及世俗的组织。如采用较宽泛的界定,前五个等级的组织都可被称为宗教非政府组织、以信仰基础的组织或与信仰有关的组织。

6.从内部的组织和权力结构来看,还可将国际宗教非政府组织分为单一的垂直管理式、联邦式和邦联式三类:单一的垂直管理式的国际宗教非政府组织只有一个核心权力机构,这一机构既制定政策,又监督和实施具体的项目。联邦式的国际宗教非政府组织如同联邦制国家,是各国成员基于某种或某些共同信念和原则组成一个伙伴型的"联合的组织",其国际总部与各成员之间的关系仅是指导而非指令,是协调而非强制。邦联式的国际宗教非政府组织则是"组织的联合",多半由具有较强独立性的宗教非政府组织以团体会员的身份联合而成,在这种"伞型组织结构"内存在着多个权力中心。

(三)国际宗教非政府组织在国际关系中的作用

宗教的"两面性"也显著地体现在国际宗教非政府组织对国际关系的影响上。一方面,它们跨越地区、种族、肤色、文化界限,在加强国际交流与沟通、调解冲突与促进和平、开展国际人道主义救援、推动经济发展和社会改革、参与全球治理等方面发挥着相当重要的作用;另一方面,它们也常常借所谓的人权和宗教自由等议题干涉发展中国家的内部事务,对这些国家的主权和安全构成某种挑战。①

国际宗教非政府组织对上述领域的参与在许多情况下与政府或政府间组织以及世俗非政府组织有动机、规模、侧重、对象和方式上的区别,并且相互之间在社会服务功能上往往具有较高的互补性。比如非政府组织以及大型慈善基金会在美国政府实施对外援助中就发挥着"游说者"、"咨询者"、"试水者"、"合作者"、"辅助者"、"监督者"和"批评者"等作用。与其他非政府组织一样,宗教非政府组织也利用信息政治、象征政治、杠杆政治、责任政治和全球运动网络等影响力资源来动员公众舆论、社会精英和外交决策者以实现其政策目标。宗教非政府组织因其较高办事效率、较少官僚作风、较熟悉当地社区和文化、较注重与当地政府和非政府机构的合作、拥有较广泛的教会网络以及特殊的信仰和人道主义关怀等,在国际事务领域有其独特的贡献。尤其在那些经济和

---

① 此部分参阅徐以骅:《宗教与冷战后美国外交政策——以美国宗教团体的"苏丹运动"为例》,载《中国社会科学》2011 年第 5 期,第 199 – 218 页。

社会发展落后的国家和地区，宗教非政府组织往往成为当地包括教育和医疗在内的社会公共产品的唯一或主要提供者。

国际宗教非政府组织的宗教属性也使其向来关注所谓人权和宗教自由等议题。许多基督教背景的国际宗教非政府组织就常常利用国际平台，参与国际人权标准的制定，以使其反映西方的宗教自由标准。国际宗教非政府组织对发展中国家的所谓违反人权和宗教自由的指责正在变成西方某些国家对他国进行各种干涉的"合法性依据"。形形色色的国际宗教人权运动和宗教非政府组织通常不具暴力性，但其在西方社会享有较高的"声誉"和较广泛的群众性，并且有助推"颜色革命"的能量，因此那些主要关注所谓人权和宗教自由议题的宗教非政府组织往往成为一些非西方和发展中国家的安全威胁。

国际宗教非政府组织介入国际事务领域具有明显的局限性，并呈现出一系列悖论。首先，与其他非政府行为体一样，国际宗教非政府组织在基层政治动员和博取公众关注方面具有"使复杂问题简单化和口号化"和"为达目的不择手段"等明显倾向，这是其发动全社会乃至国际性运动的主要动员和"营销"手段，从而取得设置西方国家外交议程的影响力。然而在国际事务中此种建立"简单因果链"的动员方式反而会使问题复杂化，甚至产生南辕北辙的结果；其次，国际宗教非政府组织虽被认为是国际政治和全球治理中的某种民主力量，但它们本身并不一定由民主程序产生，有的甚至还具有寡头政治的倾向，通常不具备民族国家所享有的传统合法性资源，也无需为其国际介入和参与行为接受传统国际行为体所需承担的同样的国际责任和义务的约束；第三，国际宗教非政府组织并不具备军事力量等国际政治中的"硬通货"，但它们可通过诉诸经济制裁以及"人道主义干预"等手段来实现其超越国家主权的"保护责任"，不仅为"人权至上论"提供了慈善面纱，而且把"公民抗命"原则运用到国际层面而成为当今国际关系的颠覆者。然而，恰恰是上述这些禀性使所谓人权类宗教非政府组织能够成为某些西方国家尤其是美国外交政策的非正式执行者,从而在当前西方国家外交政策的制定和实施过程中发挥着越来越显著的作用。①

（作者为复旦大学国际政治系教授）

---

① 此部分参阅徐以骅:《宗教与冷战后美国外交政策——以美国宗教团体的"苏丹运动"为例》,载《中国社会科学》2011 年第 5 期,第 281 页。

当代宗教冲突与宗教对话研究①

张志刚

  "宗教冲突"与"宗教对话"均是国际宗教学界所关注的重大课题。德国著名学者汉斯·昆（Hans Küng）强调：没有宗教之间的和平，就没有民族、国家乃至文明之间的和平；没有宗教之间的对话，就没有宗教之间的和平。关于这个重大课题，本文将分上、下篇展开深入探讨：一是"宗教因素与宗教冲突"，在这部分讨论中，我们力求通过分析"地区冲突中的宗教因素"来认识当代宗教冲突的错综复杂性，并进而深思宗教因素及其影响；二是"宗教对话与世界和谐"，在这部分讨论中，我们通过考察宗教对话的理论难题和三种立场，致力于发掘"共建和谐世界的中国文化资源"。

上篇：宗教因素与宗教冲突

一、地区冲突中的宗教因素

  冷战结束后，尤其是亨廷顿提出"文明冲突论"以来，"宗教冲突"不但成为国际媒体上的一个热门话题，而且成为国内外理论界的一个重大课题。我们认为，研讨这个重大课题时，首先有必要明确界定"宗教冲突"概念，否则不但难以把握问题实质，展开深入思考，反而易于人云

---

  ① 本文为马克思主义理论研究和建设工程《宗教学》教材的第五章第四节，标题和文字略有改动。

亦云,因夸大"宗教冲突"而流于"文明冲突论"的偏颇思路。

严格说来,所谓的"宗教冲突"是指主要由宗教的原因所引发的冲突现象,主要表现为不同的宗教或教派之间的战争或暴力事件。就此严格定义而言,近些年来,国内外新闻界和理论界所关注的宗教冲突问题,主要不是指"直接的或单纯的宗教冲突现象",而是意指当今世界上的诸多地区冲突或国际热点问题几乎都有不可忽视的宗教因素或宗教背景。下述典型的地区冲突或热点问题,可证实这一点。

1. 阿以冲突中的宗教因素

"阿以冲突"是指阿拉伯国家与以色列之间的武装冲突,被研究者们看做"当今世界上持续时间最长、引发战事最多、波及国家最广、调停难度最大的地区冲突"。自 1948 年以色列建国以来,它与阿拉伯国家频发激烈的武装冲突,主要包括四次中东战争(1948、1956、1967、1973年)、两次黎巴嫩战争(1982、2006 年)、两次巴勒斯坦起义(1987 - 1993年、2000 - 2003 年),以及哈马斯与以色列的两次武装冲突(2006、2008 - 2009 年)。"阿以冲突"纷繁复杂,其冲突原因也十分复杂,主要有阿拉伯国家与以色列的领土之争、阿拉伯人与犹太人的民族矛盾、世界大国和地区强国的政治、军事和经济利益的干预等,而所有这些冲突原因又深受宗教因素或宗教背景的影响,即犹太教与伊斯兰教之间的历史恩怨与矛盾冲突。这在"巴以冲突"中反映得尤为明显。

"巴以冲突"可谓整个"阿以冲突"的核心与症结。巴以冲突的直接起因是领土问题,特别是耶路撒冷的归属问题。这场领土之争关系到巴以各自民族与国家的生存和发展,所以整个牵动着冲突双方的诸种利益,像政治的、军事的、安全的、经济的和文化的等。但更为复杂的是,这是一场在宗教背景下发生并持续的领土之争,绝大多数巴勒斯坦人是穆斯林,以色列人则几乎全是犹太教徒,而耶路撒冷在冲突双方的心目中都是决不可丧失的圣地。1980 年 7 月,以色列通过法案,认定"耶路撒冷是永恒的、不可分割的首都"。巴勒斯坦随即于 1988 年 11 月宣布，成立"以耶路撒冷为首都的巴基斯坦国"。由此可见，宗教因素在巴以冲突中并非单独浮现并发挥局部作用的，而是构成了"整个冲突的特定氛围"，以致其他诸多冲突因素，像领土问题、民族矛盾、经济利益、政治分歧等，都难免深受宗教因素的影响。

2. 印巴冲突中的宗教因素

"印巴冲突"主要是指印度与巴基斯坦围绕领土问题而发生的武装冲突。这场冲突可以说是英国殖民统治留下的"恶果"。英国自 1757 年开始对印度实行殖民统治，当时在政治和经济上占主导地位的是穆斯林社群，而英国当局采取了"以扶植印度教徒来制衡穆斯林"的统治策略。这不仅逐步改变了穆斯林与印度教徒的政治、经济和社会地位，而且日渐激化了穆斯林与印度教徒之间的种种矛盾，致使双方自 19 世纪末以来便因为法庭官方语言、宗教生活习俗、教派政治倾向、立法会议席位等分歧而不断发生冲突。1947 年 6 月，英国被迫放弃殖民统治，出台印巴分治的《蒙巴顿方案》。该方案的问题不仅在于，根据两大宗教信仰背景来划分自治领土，即"印度教徒的印度联邦"和"伊斯兰教徒的巴基斯坦"，而且让 565 个土邦自由选择归属。因而，该方案公布后引发了多达千万人的移民潮，散居于次大陆的穆斯林与印度教徒争相迁往巴基斯坦或印度，以致这场充满恐慌与仇恨的移民潮伴随着骚乱、抢劫和流血冲突，演变为震惊全球的种族与教派仇杀。据粗略估计，短短的几个月里，冲突双方约有 60 多万人被杀害，无家可归的难民多达 1400 多万。与此同时，为争夺最后一个悬而未决的土邦——克什米尔，印巴爆发军事冲突，这便是第一次印巴战争（1947 年 10 月至 1949 年 1 月）。此后，印巴双方又因领土问题爆发了第二、三次印巴战争（1965 年、1971 年）。

印度和巴基斯坦是南亚地区的两个大国，而印度教和伊斯兰教又是该地区占主导地位的两大宗教。所以，深受宗教因素制约的印巴冲突，不但令这两个地区大国至今关系紧张,严重威胁着整个地区的安全局势,而且直接或间接地影响着南亚地区的宗教关系乃至国家关系。据最近一次统计(2009年),南亚地区约有印度教徒9亿人,穆斯林5亿人,二者相加约占该地区总人口的93%。在南亚七国,政教关系都十分密切,印度和尼泊尔被视为"印度教国家",巴基斯坦、孟加拉国和马尔代夫被称为"伊斯兰教国家",斯里兰卡和不丹则被视为"佛教国家"。

3. 巴尔干地区冲突中的宗教因素

巴尔干半岛是欧、亚、非三大洲的交通要冲,战略地位显要,第一、二次世界大战都是在此爆发的,故被称为"世界火药桶"。冷战结束后,南斯拉夫解体,波黑战争和科索沃危机相继爆发,使这一地区的军事冲突再次成为全球关注的焦点问题。

波黑战争是指当地的三个主要民族,塞尔维亚人、克罗地亚人和穆斯林,围绕波黑的政治制度和领土划分等问题而发生的武装冲突。这场战争是第二次世界大战后在欧洲爆发的规模最大、损失最大的一次地区冲突。从1992年4月到1995年12月,波黑430多万人口中,约有27.8万人死亡,200万人沦为难民,大部分重要设施遭到破坏,直接经济损失450多亿美元。研究者们大多认为,波黑战争是多种内因与外因相互作用的结果,如当地三个主要民族不同的政治诉求、经济利益和领土纷争等,西方强国和伊斯兰国家对于冲突三方的不同立场,以美国为首的北约集团的东欧战略和军事干预等。但同时不可忽视的是,冲突三方的不同宗教信仰背景,即塞尔维亚人所信仰的东正教、克罗地亚人所信仰的天主教和穆斯林所信奉的伊斯兰教,不仅直接影响了他们各自的民族认同和民族利益,而且在相当大的程度上影响着诸种外部势力的不同态度,如美国、德国、奥地利和梵蒂冈等支持克罗地亚人,俄罗斯和希腊等国支持塞尔维亚人,伊朗、沙特、土耳其、利比亚等则站在穆斯林一边。

科索沃危机主要起因于当地的阿尔巴尼亚族要求建立"科索沃共

和国"。科索沃原是南联盟塞尔维亚共和国的一个自治区，人口约200万，阿尔巴尼亚族约占90%，其余为塞尔维亚族、黑山族和马其顿族等。南斯拉夫解体后，科索沃的阿族便要求独立建国，而在塞族人的心目中，这块土地不但是其民族文化的摇篮，更是其崇拜的东正教圣地，岂能容信奉伊斯兰教的阿族独占。于是，阿塞两族互不相让，武装冲突愈演愈烈。1998年2月，为避免分裂，出身塞族的南联盟总统米洛舍维奇派兵进驻阿族控制区，此举不但未能掌控局势，反倒使战火扩大，冲突升级；同年底，北约集团借口"维护人权、防止种族大屠杀"而开始干预这场危机，先后主持两次和谈未果。1999年3月15日，北约发起了代号为"决断力量"的空中打击行动，南联盟连遭78天的狂轰滥炸，我国使馆也遭炸毁。

4.北爱尔兰冲突中的宗教因素

北爱尔兰冲突爆发于19世纪60年代末，主要是因当地信仰天主教的爱尔兰人社群长期不满于族群歧视而发起民权运动，与信仰新教的英格兰和苏格兰人群体发生激烈冲突。几十年间，冲突双方战火不断，直到1998年签订《北爱尔兰和平协议》才暂告缓和。

北爱冲突之所以如此激烈，难以调和，有其复杂的历史根源和现实问题。就历史原因来看，这场冲突源于英爱关系问题。爱尔兰的建立，是12世纪英王亨利二世武力征服凯尔特人的结果。此后，数代英王为使爱尔兰人效忠大英帝国，一方面力图使主要信仰天主教的当地人改信作为国教的新教，另一方面则实行殖民政策，鼓励大批新教徒移民爱尔兰，再加上1964年的土地没收政策、1690年的波伊恩战争和1916年的复活节起义等重大历史事件，使当地信仰天主教的社群深感自己遭到歧视与迫害。就现实问题而言，北爱冲突涉及诸多矛盾，像政治、经济和社会地位不平等、族裔文化差异、社会安全问题，乃至整个北爱尔兰的归属或独立问题等。显然，北爱冲突双方对于所有这些问题或矛盾的立场和态度,难免深受各自宗教信仰背景的影响。据最近一次人口普查(2001年),北爱人口约为168.9万,其中天主教徒占40.26%,诸派新教徒占45.57%,其他人则称不信教或未注明宗教信仰。

尽管限于篇幅在此不能多举例证,但通过分析上述4个典型,再来反思其他诸多地区冲突或国际热点问题,像黎巴嫩战争、阿富汗战争、两伊战争、车臣战争,以及2010年底以来发生的中东、北非地区的动荡与剧变等,我们可以发现,这些重大的地区冲突或国际热点问题大多具有不可忽视的宗教因素或宗教背景。回顾冷战前后国际局势的剧变过程,正如许多国内外专家指出的那样,宗教问题现已成为影响国际政治、地区稳定和国家安全的重要因素。

(二)宗教冲突的形式与原因

为什么宗教因素或宗教背景会对当今世界上的诸多地区冲突或国际热点问题产生广泛而重要的影响呢?早在“9·11”事件发生的前一年,钱其琛副总理就指出,冷战后,宗教、民族问题突出起来了,许多国际热点问题差不多都与宗教、民族问题分不开。冷战后的宗教问题有这样几个值得关注的特点:(a)宗教经常与民族问题联系在一起;(b)宗教自由经常与人权问题联系在一起;(c)宗教经常与原教旨主义、恐怖主义联系在一起;(d)宗教经常与国家的政局、民族的分裂或统一联系在一起;(e)宗教的认同往往跨越了国家和民族的界限。所以,我们必须注意研究宗教问题。①

以上分析判断表明,宗教问题在冷战后不仅愈发突出而且愈发复杂化了;正因如此,宗教冲突在当今世界上的表现形式及其原因也必定是错综复杂的。首先,从冲突形式来看,所谓的宗教冲突大多是与形形色

---

① 参见钱其琛:《当前国际关系研究中的若干重点问题》,《世界经济与政治》,2000年第9期。

色的冲突相交织的,例如,民族或种族冲突、社群或阶层冲突、党派、宗派联盟或国际组织冲突等。其次,从冲突原因来看,所谓的宗教冲突又是与方方面面的利益或矛盾相联系的,譬如,经济或物质利益、政治和军事利益、民族或种族利益、国家和地区利益等;又如,领土或资源争端、民族或种族矛盾、政治或意识形态分歧、文化或文明差异等。

因此,无论从冲突形式还是冲突原因来看,显然都不能像亨廷顿等人那样用"文明冲突论"来解释冷战后的国际地缘政治格局,简单地把"宗教认同"作为划分不同文明形态的价值标准,把诸多重大的地区冲突或国际热点问题一概归结为"宗教冲突"。即使对于那些表面看来发生于不同的宗教或教派之间的冲突事例,如印度教徒与穆斯林的阿约迪亚寺庙之争,印度国内锡克教徒、穆斯林与印度教徒的冲突,北爱尔兰的天主教徒与新教徒的冲突,伊斯兰教的什叶派与逊尼派在伊朗、伊拉克、沙特阿拉伯、科威特、巴林等国的冲突等,恐怕也不能简单地定性为"宗教冲突"或"教派冲突",而应该坚持实事求是的研究原则。

那么,如何对错综复杂的宗教冲突进行实事求是的深入研究呢？马克思所创建的历史唯物主义的宗教观,为我们留下了丰富而深刻的学术启发,譬如,要从现实的社会或国家出发来解释宗教现象及其问题;要把宗教问题转化为社会问题,要用历史来说明宗教;要以经验条件来解释宗教现象及其本质,因为宗教意识形式总是与特定的国家形式、社会形式相联系的,并由特定的社会关系和生产关系所决定的……①至于怎么运用上述一系列方法论原则来探讨具体且复杂的宗教现象及其问题,马克思在其早期名著《论犹太人问题》里提出的研究思路,至今依然发人深省。马克思指出:"我们不要把世俗问题化为神学问题,我们要把神学问题化为世俗问题";"我们不是到犹太人的宗教里去寻找犹太人的

---

① 参见《〈黑格尔法哲学批判〉导言》、《德意志意识形态》等马克思、恩格斯原著。

秘密,而是到现实的犹太人里去寻找犹太教的秘密。"①

同样的道理,面对目前诸多重大的地区冲突或国际热点问题,尽管它们大多具有不可忽视的宗教因素或宗教背景,甚至直接表现为两大教派或多种宗教之间的冲突,我们也不应该把这些错综复杂的冲突现象简单地理解成"宗教问题"或"宗教冲突",而是要透过现象来抓住本质,着眼于现实的历史、社会、民族、国家、地区或国际关系等,从现实的政治、经济和文化矛盾,尤其是冲突各方的社会关系与利益关系入手,力求具体而深入地揭示形形色色的冲突现象的实质与症结所在。正如我国专家应用上述马克思主义宗教观的方法论原则,通过综合分析诸多所谓的宗教冲突现象指出的那样:宗教作为一种社会意识形态,不过是社会政治、经济矛盾的反映。因而,宗教问题或宗教冲突的背后还有政治问题、经济问题。当今世界上那些因为宗教问题而引起的重大冲突,其背后都是经济利益、政治利益的冲突。"文明冲突论"其实是利益冲突的幌子,宗教问题往往是复杂的利益矛盾、文化冲突的"宗教表现"。宗教与政治、经济和文化有着密切的关联,是其发展的重要反映和"晴雨表"。②

(三)宗教因素及其影响深析

我们在前一小节探讨了正确认识宗教冲突现象及其本质的方法论原则。大家熟知,历史唯物主义一方面强调,社会存在决定社会意识,另一方面则认为,社会意识对社会存在具有能动的反作用。我们接着就以这个原理为指导来深入分析宗教因素及其影响的错综复杂性,下述前两点分析是立足历史与现实的,后两点则着重说明宗教因素的反作用。

1.宗教因素及其影响的积淀性

冷战结束后,诸多地区冲突或国际热点问题越来越深受宗教因素的

---

① 马克思:《论犹太人问题》,《马克思恩格斯全集》,第 1 卷,第 425 页,第 446 页。
② 参见叶小文:《宗教七日谈》,宗教文化出版社、中共中央党校出版社,2007 年,第 252 页。

影响,这是一个新形势下出现的新问题,但我们首先要意识到,宗教是古老而普遍的社会和文化现象。正因为宗教与人类社会或文化活动有着悠久的关系,文化史或文明史研究十分重视探讨宗教传统的社会作用或文化功能。综合这方面的研究成果,可得到如下几点理论启发:

首先,如果说只有放眼于人类历史或文化的演变过程,而并非某个特定的历史阶段或文化时期,才有可能全面而深刻地揭示宗教传统的社会作用或文化功能,那么,现存于人类社会或文化活动的宗教因素便应该看成是一种历史积淀的结果了。其次,作为一种历史积淀的结果,宗教因素及其影响并非表面化的,而主要是沉积于人类社会或文化活动的深层次的,即主要通过文化传统、社会习俗、文化心理或集体潜意识等途径,更多地是以潜移默化的方式而产生影响的。再次,尽管"潜移默化"可理解为宗教因素及其影响的常态,但正如古今中外的历史关头,人们总是通过这样或那样的方式来回顾与反省各自的历史或文化传统,以重新确立"民族、国家或文化认同",应对历史巨变或时代挑战;值此历史关头,以往积淀的宗教因素也大多会凸显出来,强烈地影响着各宗教信仰者的身份认同、价值取向和行为方式等。这一历史特点可使我们理解,为什么宗教因素及其影响会在冷战后国际政治与经济格局重组的新形势下明显增强。

2. 宗教因素及其影响的弥漫性

前述积淀性主要是从历史角度来分析的。当我们的研究目光转回现实,宗教因素及其影响的弥漫性则可谓另一个不可忽视的特征。据概略统计,世界上的信教人数约占世界人口的80%。这个庞大的数字概念醒示我们:如此广泛的宗教现象并非虚幻的,而是如实地反映了世界上大多数人的信仰状况和生存方式;尽管各类宗教的信仰对象都是"超验的、神圣性的甚至神秘化的",但所有的信徒却是根据此类信念来解释"人生的终极意义",并规定"现世的生活准则"的。宗教社会学开创者杜尔凯姆(Emile Durkheim)指出:一种宗教就是一个统一的体系,它把与神圣事物相关的信念和实践统一起来了;英格尔(J. Milton Yinger)接着强调:宗教可定义为一种信念与实践的体系,是某个群体用来与人类生活中的那些终极问题相拼搏的。① 这些观点表明,诸种宗教信仰不但是广大信众的世界观、人生观和价值观,而且就是他们所信奉的生活方式。因此,我们应该认识到,所谓的宗教因素是弥漫于并影响着各类宗教信徒的精神活动和物质生活的。

关于宗教现象的广泛性所导致的宗教因素的弥漫性,我们的认识还可以着眼于宗教与民族的关系。大致说来,世界上现有 2000 多个大大小小的民族,分布在 200 多个国家和地区,迄今尚未发现哪个民族和国家是没有宗教现象的。大多数民族的宗教信仰是多种多样的,但有些民族则几乎全民信奉某种宗教传统,例如,犹太人大多是犹太教徒,阿拉伯人大多是穆斯林,印度人大多是印度教徒等。我们据此也可以做出判断:宗教因素是弥漫于并影响着所有的民族、国家和地区的,特别是在那些大多数人口信教的民族、国家或地区,其宗教氛围十分浓厚,宗教因素的社会影响或文化功能尤为不可忽视。譬如,所谓的"基督教世界"和"伊斯兰世界"便是如此。

3. 宗教因素及其影响的渗透性

前述"弥漫性"意味着宗教因素具有很强的"渗透性",即能够渗透于人类社会活动的几大主要因素,像政治、经济和文化等,这就使作为世界观、人生观和价值观的宗教信仰与政治、经济和文化等因素融为一体,难分难解,一起发挥作用或产生影响。关于这一复杂特征,前面引证的诸多地区冲突或国际热点问题已给我们留下印象,下面再举一例予以分

---

① 参见杜尔凯姆:《宗教生活的基本形式》(*The Elementary Forms of the Religious Life*, New York: The Free Press, 1965),第 62 页;英格尔:《关于宗教的科学研究》(*The Scientific Study of Religion*, New York: The Macmillan Company, 1970),第 7 页。

析。

恐怖主义与霸权主义是目前颇受国际社会关注的"一对冲突原因"，这二者与宗教因素的关联是有待我们深思的。关于恐怖主义与宗教现象的联系，国内外理论界已有较为一致的看法，即认为恐怖主义是与原教旨主义、特别是宗教极端势力相联系的，是一种打着"圣战旗号"、凭借"宗教狂热"、以营造恐怖气氛为目的的暴力主张及其行径。然而，冷战后以美国外交政策为典型的霸权主义或单边主义是否也渗透着宗教因素呢？让我们来看两位西方政要所做的思考和解释。

美国是否像布什宣称的那样，赋有一种来自上帝的特殊使命——向全世界传播自由与民主呢？这是美国前国务卿奥尔布莱特所要反省的问题。通过多方面的考察，像宗教传统对"美国观点"的影响，基督教右翼势力对美国政策的影响，美国政府应对"9·11"事件的成败，以及伊斯兰世界的重要性等，奥尔布莱特以为，美国的决策者不能不理解"宗教在激发别人、渲染美国行动的可接受性等方面的重要作用"，宗教与政治不但是不可分离的，而且二者的结合可成为"一种正义与和平的力量"①。

德国前总理施罗德回忆道，"9·11"事件后，他与布什的多次会晤中，布什一再称自己是虔诚的信徒，只服从最高的权威——上帝的旨意。布什在 2002 年 1 月 29 日的讲话里，几乎是用《圣经》语言来宣称，伊拉克、伊朗和朝鲜是"邪恶的轴心国"，是美国的下一个军事打击目标。施罗德指出，如果一个虔诚的信徒通过祷告来决定个人的行为，这是可以理解的；但像布什总统声称的那样，其政治决策的合法性来自上帝的旨意，那就太成问题了，因为这是不允许别人批评的，更不可能通过与别人交流意见而有所改变。现在看来，欧盟国家领导人大都低估了美国的宗

---

① 参见奥尔布莱特：《强国与全能的上帝——美国、上帝和世界事务沉思》(*The Mighty & the Almighty*：*Reflections on American*，*God and World Affairs*，New York：Harper Collins Publishers，2006)。

教及其道德说教的作用,而实际上,基督教基要主义者对美国政治和总统具有强大的影响。①

尽管上述两位西方政要的立场和观点不同,但他们却印证了同一个事实,美国现行的以霸权主义或单边主义为特征的外交政策的确渗透着宗教因素的强烈影响。目前,中外学者已越来越清楚地认识到,美国外交政策所奉行的霸权主义或单边主义并不仅仅是强权政治现象,而且是一种对国际事务和他国内政横加干涉的"道德价值主张及其实践",其宗教根源就在于所谓的"盎格鲁-新教文化传统"。

4.宗教因素及其影响的深层性

如前所述,宗教信仰作为一种社会意识形态,不过是现实社会中的政治、经济和文化矛盾的反映。这里所分析的"深层性"则想表明,宗教信仰不但不是远离现实社会生活的,而且能从深层次发挥强烈的反作用。这也就是说,正因为宗教因素是宗教信仰的社会体现或现实反映,深含着诸种宗教对整个世界和社会生活的根本看法及其价值导向,所以此类因素能从深层次上影响着人们的政治、经济和文化活动,尤其是对那些具有深厚宗教传统或处于浓厚信仰氛围的社会性行为主体,诸如社团、党派、种族、民族、国家、国际联盟或国际组织等,产生不可忽视的重要影响。

上述"深层性",不仅有助于我们理解前三种特性,即宗教因素及其影响何以会具有积淀性、弥漫性和渗透性,还可促使我们更深入地探究宗教因素所能发挥的巨大反作用。我们不能不认识到,作为现实社会中的政治、经济和文化矛盾的反映或体现,宗教因素对于当今诸多地区冲突或国际热点问题的广泛影响是具有两重性的,即一方面具有激化矛盾、扩大冲突的消极功能,另一方面又能发挥缓和矛盾、倡导和谐的积极

---

① 参见施罗德:《抉择:我的政治生涯》,徐静华、李越译,译林出版社,2007 年。

功能。正如国内外专家学者所指出,一切冲突的背后其实都是世俗利益的冲突,一旦以"宗教的名义"而被"神圣化",冲突便被强化、扩大化了。在"后9·11世界"的地区冲突和国际关系中,恐怖主义分子和帝国主义者都巧借宗教名义来为各自的邪恶行为辩护,利用宗教来助长文明冲突,这就使宗教成了一个全球性问题;然而,宗教信仰无疑应当推动文明之间的对话与合作,因为世界上的各类宗教人士若能信守其经典教诲,都不会不认可这样一个方针:宗教信仰必须有助于人类和平,而决不能沦为暴力冲突的思想资源。①

下篇:宗教对话与世界和谐

(一)宗教对话的根本问题

宗教冲突呼唤宗教对话。从理论上看,宗教对话之所以能引起广泛关注并形成严肃氛围,就是因为我们可依据"不争的事实"而向诸种宗教发难,提出一个根本的问题,即"相互冲突的宗教真理观"。当代宗教哲学家希克(John Hick)指出:直到最近,世界上现存的任何一种宗教几乎都是在不了解其他宗教的情况下发展的。只是这一百多年以来,关于宗教的学术研究才为如实地理解"他人的信仰"提供了可能性。当代宗教学的比较研究成果,促使越来越多的人意识到这样一个事实:各种宗教传统无不"自称为真",可问题在于,所有这些宗教传统关于真理的说法,不仅是不同的而且是冲突的;这样一来,如何解释各种宗教在真理问题上的诸多相冲突或相矛盾的主张,便成了一个不可回避的根本问题。

譬如,神或上帝到底是"有人格的"还是"非人格的"呢? 神或上帝

---

① 参见叶小文:《宗教七日谈》,宗教文化出版社、中共中央党校出版社,2007年,第219页;尼特:《宗教对话模式》,中国人民大学出版社,2004年,"作者致中国读者",第2-3页。

能否"道成肉身"或"降临尘世"呢？人生有无"来世"或"轮回"呢？神或上帝的话究竟记载于何处，《圣经》还是《古兰经》或者《薄伽梵歌》呢……面对诸如此类的疑问，如果有人以为基督教的答案是真的，能否说印度教的回答是假的呢？假如有人相信伊斯兰教的回答是正确的，能否说佛教的答案是错误的呢？显然，在这样一些基本问题上，站在任何一方的立场或偏袒任何一方的观点，轻易地做出某种判断甚至裁决，都是没有多少道理的。①

上述理论分析的确发人深省。首先，不论某人信奉哪种宗教传统，只要他热爱真理并"自称为真"，那就不能不意识到，别人也追求真理也"自称为真"；其次，现存的各大宗教传统都扎根于某种或几种古老的文化土壤，都是世世代代的信仰者探索智慧或寻找真理的结果，但问题就在于，诸种宗教的真理观不但是多元化或多样性的，甚至是相冲突或相矛盾的；再次，只要一个信徒或一个宗派敢于正视以上事实，那就不能如井底之蛙，孤陋寡闻，自以为是，而理应放弃成见，开放观念，与其他宗教的信仰者相交往相对话，以求通过多角度或各方面的认识、理解、比较、甄别来寻求真理问题的正确答案。这可以说是历史（现实）与逻辑（理论）的双重客观要求。

近 150 多年来，交通与信息的发达，经济与政治的全球化等因素，使整个世界变成了"地球村"，这就打破了以往人类孤立生存的局面，迫使人们进行交往、对话与合作。两次世界大战留下的惨痛教训是，缺乏友好交往和相互理解，难免导致无知、偏见、敌视、矛盾和冲突等。因此，对地球村的所有成员来说，交流、对话与合作不但是自我生存的需要，也是和平相处、共同发展的正确途径。

---

① 上述理论分析，参见希克：《宗教哲学》(*Philosophy of Religion*, third edition, Englewood Cliffs, NJ: Prentice – Hall, INC., 1983)，第 108 – 109 页。

（二）宗教对话的三种立场

国内外理论界一般认为,在宗教对话问题上主要有三种基本立场,即宗教排他论、宗教兼并论和宗教多元论。下面,我们先来梳理这三种基本立场,随后联系新近研究动向来加以评论。

1.三种基本立场

宗教排他论认为,信仰意义上的真理是绝对的、唯一的,因此,现存的诸多宗教只可能有一种传统是绝对真实的,只有委身于该种宗教传统,才能找到终极真理,达到信仰目的。显而易见,宗教排他论者在真理问题上坚持一种绝对化的观点。但值得强调的是,这种绝对化的真理观却出于宗教信仰的本性;换言之,假若某种宗教不自以为拥有绝对的、唯一的真理,那就不值得信仰了。因而,宗教排他论可以说是各大宗教传统、特别是一神论传统所共有的正统立场。关于这种普遍性和正统性,可从几大一神论宗教传统的经典和教义那里得到印证。

所谓的宗教兼并论主要基于如下判断:世界上的宗教信仰是多种多样的,这表明神圣启示具有普世性;然而,诸多宗教在真理问题上却有真与假、绝对与相对之分。所以,与传统的宗教排他论相同,兼并论者首先坚持只有一种宗教是绝对真实的,但同时认为,神或上帝是无所不在、无所不能的,所以绝对真理可以通过不同的宗教信仰而以多种方式显现出来。这种观念一般被看做天主教神哲学家自梵蒂冈第二届公会议(1959－1965)后采取的一种宗教对话立场。

按照宗教多元论观点,既然世界上的宗教传统是多种多样的,而诸种宗教无不相信其信仰对象是"神圣的"、"无限的"和"超验的",那么,我们应该承认这种宗教多元化的现实,不妨把诸种信仰对象归结为"终极实在",把各大宗教传统理解为,人们在不同的文化和历史背景下对于终极实在的不同感知和表达方式。这种多元论观点大致形成于上世纪六七十年代,一般被看做是东西方宗教哲学家为尊重不同的信仰,克服排他论和兼并论立场的封闭性或偏颇性,倡导宗教对话而提出的一种理论假设。

2. 新近研究动向评论

宗教对话起初是作为比较宗教研究的一种深化趋势而受到重视的,主要探讨的是由各种宗教信仰的明显差异所产生的诸多理论难题,像诸种不同的信仰对象是否相冲突或相矛盾?某个或各种宗教能否拥有唯一的或绝对的真理?"绝对真理"或"终极实在"到底指什么、能否被人们所认识并加以描述?显然,诸如此类的思辨难题非但难以达成共识,恐怕根本就没有绝对的答案。这就使以往的宗教对话步履维艰。随着研究的不断展开,越来越多的专家学者认识到,要想真正推动各宗教间的交流、理解与合作,不能像多元论那样停留于理论假设,而应该面对全球化时代的重大现实问题,把宗教对话引向道德建设和社会实践。

正是基于上述认识,1993 年召开的"世界宗教议会"上通过了《全球伦理宣言》。近些年来则有学者进一步强调:无论哪种宗教传统,都必须面对人类现实生活;无论拯救、觉悟或解脱意味着什么,都必须回应人类生存困境;无论印度教徒、基督教徒、犹太教徒、穆斯林和佛教徒等,假如他们的信条可作为漠视人类现实生活及其生存困境的理由,那么,此类信念便丧失其可信性了。① 这也就是说,面对全球化背景下的诸多难题、困境或危机,特别是民族宗教冲突、地区军事冲突、全球生态危机、国际金融危机、贫富分化问题等,各个宗教若不携起手来,共担责任,多干实事,有所作为,那么,宗教对话便是没有意义的。

上述宗教对话动向,对于我们处理好中国宗教关系是有启发的。改革开放以来的 30 多年,可以说是中国历史上的"宗教政策的黄金时

---

① 参见尼特:《一个地球,多种宗教——信仰对话与全球责任》(*One Earth Many Religions: Multifaith Dialogue & Global Responsibility*, Maryknoll, New York: Orbis Books, 1996),第 15 – 17 页。

期"。回顾一下,我们可看到下述越来越开放、越来越积极的方针和政策:要积极引导宗教与社会主义社会相适应;要充分发挥宗教在构建社会主义和谐社会中的积极作用;要充分发挥宗教界人士和信教群众在促进经济和社会发展中的积极作用;宗教关系是当前政治和社会生活中必须处理好的五大关系之一;要充分发挥宗教界人士和信教群众在促进文化繁荣发展中的积极作用。由此可见,要妥善处理好宗教关系,就要站在国家发展战略和中华民族利益的高度,积极引导各宗教的广大群众投身于中华民族崛起、致力构建和谐社会与和谐世界的伟大实践,这样才能真正增进相互理解,达成团结共识,实现各宗教之间、信教群众与不信教群众,以及各个宗教与整个社会的和睦相处。

(三)共建和谐的中国资源

鉴于宗教对话的紧迫性和重要性,国内外学术界近十几年来越来越注重反思东西方宗教文化传统,以发掘有助于促进宗教对话、化解文明冲突、共建和谐世界的历史经验和思想资源。我国学者就此重大课题主要做了两方面的理论探索,一是关于中国宗教文化优良传统的概括总结,一是中国文化传统可为促进宗教对话、化解文明冲突、共建和谐世界提供的思想资源。

1. 中国宗教文化的优良传统

综合现有研究成果,中国宗教文化的优良传统主要体现在如下 5 方面:

(1)相互包容的优良传统。中国宗教史表明,各宗教之间虽有对立的一面,但也有融合的一面,例如,佛教与道教就从冲突走向融合,道教与民间宗教也长期处于融合状态。中国现有的诸种宗教并没有因为信仰价值的差异而导致长期冲突,更没有发生过大规模的、激烈的宗教战争,相反是在长期的和睦共处中各得其所。

(2)注重道德的优良传统。例如,佛教的"平等慈悲,容忍布施"理念,道教的"齐同慈爱,异骨成亲"思想,基督教和伊斯兰教的"爱人仁慈,慈善公益"主张,都有助于人与他人、人与社会的和谐相处。南北朝时期有儒、佛、道三教之争,最后达成共识,同归于劝善。所谓"三教",实质是指三种道德教化之道。由此可见,中国传统宗教的本质特征是道德宗教。

(3)爱国爱教的优良传统。历史与现实都表明,中国各大宗教都主张把爱教与爱国统一起来,积极维护国家的主权、独立、荣誉和根本利益。例如,佛教倡导的"庄严国土,利乐有情",道教提出的"弘扬道教,即所以救国";伊斯兰教主张的"国家兴亡,穆民有责"等,都体现了中国宗教文化传统的爱国、护国的崇高精神。

(4)关爱自然的优良传统。例如,佛教的缘起共生论,道教的天地人整体观,都十分尊重自然,主张善待万物,提倡人与自然的和谐。在晚近国际学术界关于生态保护与宗教传统的研讨中,道教的自然观尤为受到重视。

(5)繁荣文化的优良传统。例如,佛、道二教各有博大丰厚的文化体系,对于中国的哲学、道德、文学、艺术、科技、民俗和中外文化交流等产生了广泛而深远的影响,成为中国优秀文化的重要组成部分。

关于此项研究的理论价值和现实意义,牟钟鉴先生指出,若用跨文化的眼光和比较宗教学的视野来回顾和观察中国宗教文化的历程,我们就会发现,中国宗教文化有着与西方宗教文化很不相同的轨迹和特点,它的传统在许多方面都是很可贵的。尤其是在当今国际上民族宗教冲突日益加剧,以基督教为背景的美国与以伊斯兰教为背景的阿拉伯国家之间的对抗日趋激烈的今天,中国宗教文化的优良传统更显示出它特有的价值和长处,既值得我们自豪,更需要我们认真去继承发扬,这对于推动中国社会的稳定和繁荣,对于促进世界的和平与发展,都是非常重要的。[①]

2.中国文化传统的思想资源

前述中国宗教文化的优良传统,无疑是植根于中国文化的深厚土壤的。这便意味着,只有深刻揭示中国文化传统的基本哲学精神,才能真正理解这些优良传统。那么,中国文化传统的基本哲学精神何在呢? 在近些年的研究中,我国专家学者大都认为,中国传统文化的精髓就是"天人合一",就是"和谐"。

"和谐"在中国哲学传统里是一个辩证范畴。张岱年先生解释:"对待(对立统一)不唯相冲突,更常有与冲突相对待之现象,是谓和谐。和谐非同一,相和谐者不必相类;和谐亦非统一,相和谐者虽相联结而为一体,然和谐乃指一体外之另一种关系。和谐包括四方面:一相异,即非绝对同一;二不相毁灭,即不相否定;三相成而相济,即相互维持;四相互之间有一种均衡。"[②]通俗些说,饱含中国哲学精神的"和谐"就是指"和而不同"。"和"与"同"不一样。"同"不能容"异";"和"不但能容"异",而且必须有"异",才能称得上"和"。所以,和谐的本质就是事物发展中矛盾的相对统一,也就是不同的事物互不毁灭,相成相济,平衡发展。

上述和谐观念,并不仅仅代表我国学者对于中国文化传统的基本哲学精神的价值认同,国外饱学之士也有同感,也认此理。譬如,宗教对话和全球伦理的倡导者汉斯·昆,向西方电视观众介绍中国文化传统时讲解道:在整个中国哲学传统中,一以贯之的就是寻求天地间的和谐一致;时至今日,中国人民依然寻求天地间的和谐:人与自然、天与人间的和谐,社会以及人自身的和谐。他把这种中国哲学传统誉为"大和谐精

---

① 参见牟钟鉴:《继承和发扬中国宗教文化的优良传统》,《探索宗教》,宗教文化出版社,2008 年。

② 张岱年:《哲学思维论——天人五论之一》,《张岱年全集》,第三卷,河北人民出版社,1996年,第 35 页。

神"，并相信此种精神不但对中国的未来有重要意义，而且对构建世界伦理有重大贡献。[①]

关于人类社会和世界文化的发展前景，费孝通先生有句名言："各美其美，美人之美，美美与共，天下大同"。如此饱满"和谐精神"的美言美意，无疑可为促进宗教对话、化解文明冲突、共建和谐世界提供"富有古老智慧的中国文化经验"。

（作者为北京大学宗教文化研究院院长）

---

① 参见汉斯·昆：《世界宗教寻踪》，杨煦生等译，北京：三联书店，2007 年，第 180 页。

世界宗教评论

专

题

近代国家与佛教

［日］末木文美士

序　言

在近代日本,宗教特别是佛教往往被认为是无条件地从属于强大的国家权力之下的。然而,虽说最后屈服于国家权力了,但近代日本的佛教者们在努力追求"何谓宗教"这个问题的过程中,不断地探究宗教与国家的关系,甚至曾拥有过能够改变国家政策制定的影响力。本文将以与国家的关系为中心,来探讨近代的佛教思想是如何形成的,存在着哪些问题。

一、近代国家的形成与佛教——岛地默雷

与明治维新的巨大原动力——神道国家主义相关联的尊王攘夷运动对佛教采取排挤态度。当初采取复古主义政策的明治政府发布神佛分离令,试图使神社从佛教的支配下独立出来,但此举引发了民间的废佛毁释运动,佛教蒙受了巨大的打击。佛教首先必须从这种打击中重新站起来。

然而,由于复活神祇官、采取神道国教化政策的政府一方面认为此举与时代不符,与近代国家的精神也是相违背的,另一方面又不能完全无视拥有巨大势力的佛教教团,因此将神祇官降格为神祇省,在此基础上最终废除了神祇省,在明治五年(1872)变为了教部省。教部省的政策是一边拉拢佛教,一边试图将宗教置于国家的统制下,并设立大教院,

神官和僧侣都作为教导职得到了国家公认。可以说其目标在于建立一种新形式的神佛习合的国家宗教。其中,"体敬神爱国之旨"、"明天理人道"、"奉戴皇上,遵守朝旨"这三条教则被规定为所有宗教的根本原理。然而,这个教部省的政策遭到了由岛地默雷领导的净土真宗的反对,净土真宗各派脱离大教院,政策归于失败,至此宗教的自由得以确立。结果,最后大日本帝国宪法对信教自由做出了明文规定。

从这些经历来看,佛教绝没有唯唯诺诺地屈从于国家。三条教则将极度充满国家主义色彩的神道式内容强加给了以佛教为首的所有宗教者。岛地默雷断然拒绝,通过利用净土真宗的力量坚持抗争,最后赢得了信教的自由。这件事确立了近代的政教分离,非常值得关注。

然而另一方面,也必须注意到佛教一方的这种胜利是非常局限的。宪法中保障的信教自由,如"只要日本臣民不妨碍安宁秩序,不违背作为臣民的义务,便拥有信教的自由"(第二十八条)所示,这种自由是被严格限制的,前提是应优先履行"作为臣民的义务"。并且神社神道被排除在宗教之外,被置于了信教自由的范畴之外。由此,岛地领导的明治初期的佛教一方面确实取得了限定范围内的胜利,一方面又包含着承认比这种范围更大的国家控制的矛盾。

以下再更加详细地看看这一点。岛地的政教关系论在"政教不同,本不该混淆。政,人事也,只制形,而局限于邦域也。教,神为也,制心,而通万国。是以政不管他事,专于利己。教不然,毫不顾己,唯望有益于他人"(三条教则批判建白书)中有明确的规定。由此,对政教关系可以进行如下的对比。

$$\left[\begin{array}{l}-政(政治)——人事——制形——局限于邦域——专于利己 \\ -教(宗教)——神为——制心——通万国——益他\end{array}\right.$$

两者的关系非常明白,宗教是关乎内心的东西,比政治更带有普遍性,不以利己为目的,而是重视他人的利益。因此,可以说宗教是比政治层次更高的东西。在这个限定下，可以认为关乎个人内心问题的宗教不允许政治的介入，是一种高声讴歌精神自由的理想主义的宣言。

然而，与"形"相分离的"心"是无法自己展开活动的。现实的人是在"形"的世界中生存的。既然如此，现实的人就不得不遵循政治的原则。正如"夫在其国顺其国法乃国人一般之通务也"（《三条辩疑》）所说，由于政教分离，在世俗层面上遵奉国法被视为是义务。按照"不可改变的东西就是不可改变"这个逻辑，宗教的真理和世俗政治被区别开来，反而阻碍了宗教在现实社会中的活动。并且，在世俗层面上宣扬"本邦尤以重视皇室为国风"（《三条辩疑》），重视皇室被认为是理所当然的。

另外重要的一点是，通过将宗教限定为"心"的问题，从而摒弃了无法还原的宗教的各种侧面。佛教有仪式、民俗等各种侧面，尤其是在江户时代，寺请制度还担负有行政基层的作用。将宗教归结为"心"的问题的岛地的宗教观通过将宗教纯粹化，从而摒弃了佛教历来所担负的多面性。

尤其是在寺檀制度下确立的名为葬式佛教的佛教形态在摆脱束缚后存续了下来，通过管理墓地、主持葬礼和法会，持续扮演着生者与死者之间的沟通者角色。虽然之后不断地变换形态，但一直作为佛教这片草地的根基，直至今日。从寺院和教团经营的方面来看，也成为了经济基础的最中心。但是，将佛教局限为心的问题的话，葬式佛教这个侧面就被完全丢弃了。葬式佛教被视为了日本佛教的羞处，被掩盖了起来。

葬式佛教确实长期具有"家的宗教"这种性质，在这里宗教绝不是由个人自己自由选择的，而是个人生长在佛教的制度中。因此，在宗教的近代化中葬式佛教被掩盖起来也不无道理。但是，虽说如此，却存在着一个两难境地，即如果没有葬式佛教在经济上的支撑，教团本身就无法存续，作为"心的探求"的佛教也会土崩瓦解。因此，要求废除葬式佛教的呼声没有在任何地方响起。也就是说,民俗化了的葬式佛教的侧面被作为"心的探求"的宗教的佛教所掩盖,而在"草根"级别上得到了补充。

不仅是葬式佛教的要素,另外一个重要的方面也被掩盖了,就是神佛关系。如果说宗教是心中的信念,那么信奉多个对象的命题是不成立的。就如"宗教犹如女人事一夫,不应有其二。安心立命,托死生之所,岂可有二物"(《三条辩疑》)所说,必须"将死生托付"给唯一的信仰对象。如果是这样,就无法认同神佛习合。在这一点上岛地肯定了神佛分离。不仅如此,岛地还曾提到"若让人敬奉天神、地祇、水火、草木即八百万神,此欧洲儿童尚且贱笑之处,草荒、未开,莫有比此程度更甚者"(《三条教则批判建白书》),将敬仰八百万神的神道轻蔑地视为原始宗教。

但是,岛地又话锋一转。如果把神道看做宗教,它确实层次比较低,但它绝非"信敬利我现当,救我灵魂的神"(《三条辩疑》)的宗教。日本的众神是"或为吾辈各自之祖先,祭祀对国家有功之名臣德士者"(同),所以敬神不属于宗教领域。这样一来,"在神道之事上,虽说臣未能悉知其事,但却知其绝非宗教"(《建言》)。这种神道非宗教论便得以成立。既然是非宗教,神道与佛教就不存在竞争,而是可以共存的。并且,因为神道不是宗教,即使强加给"臣民",他们也不会有怨言。实际上,国家神道正是依靠这种逻辑而成立的。从这一点来看,岛地的主张确实具有作为引导国家神道先驱的一面。

由此,岛地将佛教作为近代的宗教加以确立,并赢得了信教的自由。但是,背后却带来了重大的问题。这个问题很大程度上束缚了近代佛教之后的发展。

二、"教育与宗教的冲突"论争和佛教界

明治二十二年(1889)宪法颁布,由此日本完善了作为近代型国民

国家的形态。但是，同时也确立了以"神圣不可侵犯"的天皇为顶点的天皇制国家体制。这种政治体制依靠明治二十三年（1890）制定的教育敕语得到了进一步补充。教育敕语通过从初等教育开始灌输以天皇为顶点的国家道德，将天皇制体系从政治层面扩展到了伦理道德层面，并扎根下来。对其采取批判的行为，如明治二十四年（1891）的内村鉴三事件（拒绝对教育敕语行礼的行为遭到批判，辞去第一高等中学校教授职务）和同年的久米邦武事件（论文《神道是祭天的古俗》遭到右翼的攻击，久米因而辞去东京帝国大学教授职务）所示，都是极其困难的。

以内村的不敬事件为契机，东京帝国大学的哲学教授井上哲次郎（1855－1944）挑起"教育与宗教的冲突"论争，大肆宣扬对基督教的批判。井上站在教育敕语的国家主义道德立场上，认为基督教在以下四点上与日本的国家体制不符合，从而进行了批判（井上《教育与宗教的冲突》，1893）。

第一，不以国家为主。

第二，不重视忠孝。

第三，重出世，轻入世。

第四，其博爱犹如墨子的兼爱，是无差别的爱。

对于井上的基督教批判，当时的佛教一方起初采取赞同态度，但不久就意识到他提出的问题也适用于作为宗教的佛教。如果像井上所主张的那样，将国家主义的世俗理论置于宗教之上的话，佛教也会从属于国家主义的道德。察觉了这一点之后，佛教者开始认真思考起佛教的存在方式来，这种思考集中在甲午战争（1894－1895）到日俄战争（1904－1905）之间的约 10 年时间内。

这个时期是之前的政治活动受到制约，知识分子转向个人内心的问题并对宗教开始表示出深度关心的时代。"教育与宗教的冲突"论争以后，代之被视为危险思想而难以开展积极言论活动的基督教、佛教在一定程度上开始受到关注。同时,相对于之前的欧化主义,日本主义、国粹主义抬头,传统文化被重新审视,因此对传统佛教进行重新审视的要求也不应被忽视。

这种佛教内心主义的动向并没有对政治和国家的问题采取不关心的态度。毋宁说,对于井上主张的教育敕语的国家主义道德的强制措施,既然面临着从宗教的立场应怎样应对的课题,那么避开国家和宗教这个重要问题的话是行不通的。当时,也有对社会问题展开积极发言和行动的新佛教徒同志会的运动,但从内心主义的立场一边推进岛地的"作为近代宗教的佛教",一边试图从与国家主义道德不同的层面上确立宗教的是清泽满之。

三、佛教与国家道德——清泽满之

沿着岛地所阐释的"心的宗教"这个方向追寻下去,达到了思想上的顶点,这就是清泽满之(1863－1903)的精神主义。清泽于明治二十五年(1892)发表《宗教哲学骸骨》,从佛教的立场第一次构筑了真正的宗教哲学体系,但之后,期待的真宗大谷派的教团改革中途夭折,自己在患病(结核)期间逐渐领悟到了内心的信仰。明治三十三年(1900)与弟子们组建浩浩洞开始共同生活,次年刊行《精神界》,展开精神主义的讨论。

其基本立场如"精神主义追求的是自家精神内的充足"(《精神主义》)所说,沉潜于内心的、主观的精神中,以寻求终极的根据。也就是说,沿着"吾人在世,必须有一完全立足之地"(同)这种基本的方向去挖掘精神,到达"吾人应如何获得处世的完全立足之地,或许除了依靠绝对无限者之外别无他法"(同)所说的绝对无限者。只有在个人内心的追求上才能参悟到绝对无限者——如来,在基督教的影响下首次确立了近代佛教信仰的形式。

如此，宗教的课题断绝了外界的一切，只依靠固守内心而得到实现。其中，"如果是认真想进入宗教天地的人……必须舍弃父母，舍弃妻儿，舍弃财产，舍弃国家，进而连自己本身也要舍弃。换句话说，想进入宗教天地的人连爱国心也必须舍弃。其他的仁义、道德、科学、哲学，一切事物都不纳入视线，由此才能打开宗教信念广大的天地。"（《宗教信念的必需条件》）这种果断的决心是非常必要的。这个果断的宣言不仅凝缩了始于岛地的作为"心的问题"的宗教这个观点，考虑到当时的时代形势时，"必须舍弃国家"、"也必须舍弃形而下的孝心、爱国心"等话语也具有非常重要的分量。

如前所述，在教育敕语的基础上强制推行的国家道德在"教育与宗教的冲突"论争后进一步加强，朝着将宗教纳入从属的道德绝对论的方向发展了下去。在这种对于宗教的危机状况中，清泽拒绝将宗教置于国家和爱国心之下，而是选择了放弃国家和爱国心，在超越这两者的前提下发现了宗教的价值。他批判把国家和道德视为绝对的当时的动向，将道德的立场相对化了。

甲午、日俄战争期间的国家主义高扬的时期，他果断主张"必须舍弃国家"和"必须舍弃形而下的孝心和爱国心"的做法是值得一提的，这表明在佛教界最终也对国家唯唯诺诺地屈服的背景下，他依然做出了抵抗。看起来此时距"教育与宗教的冲突"论争已经过去了很长时间，但是到佛教界最终能够对于教育敕语和之后的论争确立自己的立场为止，确实是需要相当长时间的。

但是，至此清泽又转变了自己的态度。"一度接触如来的慈光后，便没有了讨厌的东西，也没有了讨厌的事情"（《宗教信念的必须条件》）、"国家有事时就要扛上枪去参战，去尽孝，去爱国"（同），最终认可了孝行、爱国和战争。为什么此时会发生这样的转变呢？

清泽虽然走出了一条超越世俗、到达信仰的道路,但是没有确立起将信仰返还到社会时的原理。因此,到确立信仰、到达绝对无限的弥陀为止不得不面临一条极其艰辛的道路,当到达时,又将所有托付给了绝对无限,放弃了自己的主体性。

这个过程被描绘成从无限责任到不负责任的戏剧转变。也就是说,这个世界上的所有事物都是依靠缘起相互联结在一起,是万物一体的,所以虽然我对世界上的一切事物都负有责任,但是有限的我却无法承担无限的责任。但是,如果摆脱这种苦恼进入宗教的世界,一旦将所有托付给无限者的话,绝对无限者会接受一切,我就能够摆脱所有责任。这就是他力主义。例如,如果路旁有病人的话怎么办?清泽回答,"无限大悲现于吾之精神上,命吾救助,吾便救助;命吾置之不理,吾便置之不理"(《精神主义与他力》)。如此,到达了绝对无限者弥陀时,会放弃自己,也不会提出构筑现世伦理的原理,于是孝行、爱国心、战争都会被不加批判地肯定。

由此可知,清泽的思想中残存了一方面将国家和道德相对化,建立了宗教的领域来作为超越这两者的东西,一方面又一转认可了世俗理论的这种两面性的问题。主张精神主义后仅三年,清泽就去世了,没有充分的时间来深究这个问题,这个课题也留给了他的弟子们。但是弟子们也没能充分解决这种两面性,他们对这个问题缺乏反省也导致了后来清泽门下主张战时教学的结果。关于清泽门下的问题,将在下一节进行一下考察。

顺便提及一句,与清泽同处于甲午、日俄战争期间,推进了内心主义动向的佛教派的思想家还有主张日莲主义的高山樗牛(1871－1902)。他同样被结核病困扰致死,一生反复经历了从日本主义到个人主义再到日莲信仰的激烈思想变迁。去世的前一年,读了田中智学的《宗门之维新》后开始信奉日莲信仰,主张宗教是超越国家的。他并不单纯地信奉智学的"王佛冥合"，而是主张"谤法的国家日本会灭亡"(《日莲与基督》)。这种佛法的绝对优先，承认了国家的灭亡。但是樗牛却在问题充分深入之前便结束了一生。

禅宗方面，年轻的铃木大拙(1870－1966)在明治二十八年(1896)出版《新宗教论》，开辟了新的精神世界。次年前往美国，但是真正的活动是在明治四十二年(1909)回国后开始的。

这些深化个人内心的思想在甲午、日俄战争的最后时期，由纲岛梁川(1873－1907)的"见神的实验"(与神一体化的体验)达到了一个顶峰。本来是基督教徒出身、与清泽和樗牛一样患结核致死的纲岛在明治三十七年(1904)三次体验了与神的一体化，次年公开发表，获得巨大反响。梁川在体验与神的一体化过程中，提出了依靠神无法消除的个人伦理的可能性，但这个问题在之后没有充分展开便搁置了。

清泽、高杉、纲岛等人由于舍去了社会问题来追求个人的问题，因此被称为"主观主义"，受到了社会问题意识较强的人们的批判。但是正是由于他们，将国家、道德相对化的个人的内心问题才得到深化，给后来的夏目漱石的文学和西田几多郎的哲学带来了影响。在这一点上，他们思想的深度在日本近代个体确立上具有重大的意义。但是，对国家与宗教关系问题追究的不充分也导致了后来日本的佛教对国家主义的战争没能进行有效的反抗，反而支持战争的结果。

四、好战？厌战？——清泽门下

清泽满之没有充分解决的宗教与国家、道德的问题在清泽死后交给了其门下的人。他刊行的《精神界》(1901－1919)作为对这个问题进行议论的平台，发表了很多意见，也包括在清泽生前的时候。其基本立场是清泽提出的将宗教与国家、道德等领域分开，比如，"宗教有宗教的本色和面目,宗教绝不是伦理,也不是作为经世的一种手段而存在的……我们是要专门探讨宗教的本分"(楠龙藏《读对精神主义的批判》,二卷三号)所说,就表明了其原则论。

但是,清泽的矛盾在其门人中也有表现。比如,在无署名的《我国我家》(二卷九号)这篇文章中写到,"人之子住在人之国,人之家。如来之子则住在如来之国,如来之家",将"人"的领域(世俗)和"如来"的领域(宗教)区分开来,称"我们现在看中的家、乡、学校、本山、皇室、国家、社会、人生,都不是人之子创造的,而是如来创造的"(同),从而将世俗领域的国家、皇室视为如来创造的东西,给予了肯定。

肯定世俗的国家、道德的方向在弟子中最典型的表现是晓乌敏。晓乌称像个男人一样服从如来的命令才是伦理的根本。"大胆地、真挚地、像个男人一样服从于战胜了懦弱的自己的宇宙大法,我的宗教在这个基础上才能成立。我的伦理的根本在于服从这个如来的命令,以服从训导之心对待人,对待动物,对待事物,像个男人一样贯彻服从"(《服从论》,二卷四号)。在足尾矿毒事件上也否定了受害者的权利,要求他们服从。"我想和矿毒地区的人们说的是,让他们放弃权理思想,像个男人一样去服从。……在我看来,人民受不受苦,其原因不在足尾的铜山,而在于自己的心中"(同)。

晓乌就日俄战争也发表了积极的开战论。"诸君,忘记父母,忘记妻儿,忘记名誉、功勋,只要勤恳工作即可。……诸君,请不要顾及结果,只管勇往迈进。若诸君有此决心,则满载宇宙之力的长亲,我阿弥陀如来必定会赐予诸君伟大的力量。如来会将其蕴含改变全世界之力的手放在诸君的肩膀上"(《与出征军人书》,四卷四号),要求将一切托付给如来,向战争迈进,"前进吧,诸君,以极乐之旅的心情前往战场! 只是不要忘了,长亲之名,南无阿弥陀佛"(同),进行了激烈的煽动。

但是,并不是所有《精神界》的人都赞成主战论。毋宁说晓乌这种过激的主战论倒是例外，超越政治上的主战论、非战论的对立，着眼于宗教本来问题的论调才是更核心的。这种论说的代表有无署名的《超战争观》（四卷一号）。其中写道，"我们作为日本国民，没有人通过这场战争感到了直接的利益，所以虽然以日本的理由为正统，欢喜日本的胜利，但要以我等之心游于日本以上、地球以上、人生以上的天地，以观下界。此时，必须说就日俄两国双方来说，谁能辨乌鸦之雌雄？必须看到，无论胜负归于哪一方，都只是宇宙的一个变化而已，一场波澜而已"。批判了从国家的观点来谈论战争利害的狭隘性，认为需要站在"日本以上、地球以上、人生以上"这个大的立场上。

在这种立场上，需要避免陷入"眼中无主战非战之别，主战论也是，非战论也是，主战论也非，非战论也非，胜也是，败也是，胜也非，败也非"这种二元论的是非，并称"所谓随处皆主，这是基于我等信仰的生活"，认为必须回归信仰的根本。因此，"军人应不顾身命，参加战争，这是理所当然的。但是与此同时不要忘了超越暴露在战场上的肉体，得到永远的灵性"，主张超越战争的"超战争"的立场。

如此，"超战争观"对于主战论、非战论这种政治的二元论都采取批判的态度，但在当时的社会中非战论处于劣势，大势向主战论倾斜当中，这种立场发挥了给主战论的狂热泼冷水，冷静地、批判地重新审视好战气氛的作用。可以说，这与清泽主张的通过宗教超越国家道德的层面，成功地相对化了教育敕语的道德具有相同的效果。在无署名的《战争给予的教训》（四卷三号）中，写道："就像我们相信其他所有世间的事物都是如来赐予我们的一样，也不得不相信战争也是不可思议的灵力"，将战争视为如来的赐予，得到了"胜也是如来的意思，败也是如来的意思"这样的结论。如果说胜败都是如来的意思，那么对战争的热情也会降温。可以认为这里没有从正面提出的非战论，而是与对战争的全面奉献保持一定的距离，是一种与厌战论比较接近的姿态。

超越国家、道德,对国家、道德的批判立场在曾我量深的思想中表现得最为明显。曾我在《精神界》刊载了评论日莲的连载,在其中一篇中写道:"宗教信念真实价值的显现不仅是与国家伦理背反,成为他人倚仗的国法道德的违反者,宗教者在自己的内心中,明确决定与自己具有的良心斗争,与自己具有的国家性情矛盾地发展,反抗国法和良心,并试图破坏征服这些的时候,宗教的光明和权威在这个时候能够排除一切的妖云,露骨地发挥它的面目。也就是说超伦理超国家的宗教依据反伦理、反国法的事实,才能表露出其面目"(《敌人是善人,友人是恶人》,四卷七号),明确了超伦理、超国家的立场属于反伦理、反国法的立场。

这种立场与晓乌的"像个男人一样服从"走的方向正好相反。晓乌主张克己的、自力的服从,与此相对,曾我则认为如来才会甘做奴隶来解救人们,他是这样说的:"心的奴隶并不仅是我等众生的主义,其来源是如来的大主义。通过因果三际不可改变的如来唯一的生命无非是要成为一切众生的奴隶来满足众生一切的志愿。以众生救济的成功为绝对的条件,发誓要自己正觉的我如来正是奴隶主义的精华,与作为根本的世界万有的主宰、将万有作为自己奴隶的基督教的上帝在根本上是不同的"(《奴隶主义的渊源》,六卷六号)。

以上,可以简单地看到,从宗教和国家、道德这一点来观察以《精神界》为舞台的清泽门下的言行时,晓乌这种承认国家主张的立场和相反地将国家相对化、把重点放在超越国家、道德这个方向的立场一分为二。可以说在清泽的思想中表现明显的问题点以更明确的形态采取了相反的两个方向。但是,这种路线的不同并没有自觉地发生论争,而是一直处于模糊不清的状态,《精神界》逐渐脱离了尖锐的、时代的问题。这一点没有被充分地讨论,并不是后来在昭和的战争时期没能组织有效的讨论、被卷入战争的理由。

五、宗教国家的理想——田中智学

　　岛地、清泽的方向将宗教作为心(精神)的问题,通过将其置于与世俗的政治、伦理不同的层面上,确立了它的自立性,但是另一方面,这样会将世俗的领域移交给政治和道德,宗教与这个领域应该保持怎样的关系,关于这一点,并没能确立明确的立场。对于这种将世俗和宗教二分化的方向,当然也可以考虑从宗教的立场来参与世俗的社会和政治的问题这种立场。在此,来探讨一下主张通过国家来实现宗教理念的政教一致立场的田中智学(1861－1939)。

　　智学一度出家后来还俗,之后一直采取在家主义立场,曾发表《佛教夫妇论》(1889)、《佛教僧侣肉妻论》(1891),从超越葬式佛教的现世主义、世俗主义的立场,以夫妇关系为基础,来积极主张僧侣的食肉娶妻。这些论调是在通佛教的立场上被论述的,与此相对,在思考自己的信念——日莲主义传教的过程中,逐渐向与国家结合的方向发展了下去。这个方向在与清泽的《精神界》创刊相同的明治三十四年(1901)刊行的《宗门之维新》中大大凸显了出来。智学在本书中主张"侵略的态度",支持积极的折服。当时,与清泽不同,这种折服不是在与政治不同的层面上展开的,而是与国家、政治有着密切的关系。之后的智学创建国柱会,积极主张国体论,对昭和法西斯的活动家产生了巨大的影响。因此,往往容易被视为国家主义的佛教而遭到否定,但实际上并不是单纯地主张佛教应从属于国家。

　　智学的目标是,不仅日本而是全世界皈依《法华经》,世界通过《法华经》得到统一。为此,首先必须使日本依靠《法华经》得到统一。日本肩负着推广《法华经》、统一世界的使命。正因如此,实现《法华经》作用的地踊菩萨的指导者上行菩萨化作日莲出现在了日本。智学提出了以天皇为首的所有日本人皈依《法华经》,实现国立戒坛(天皇表明皈依《法华经》的场所)的计划,但同时认为这要等到50年后才能实现。

如此,智学主张的绝不是宗教从属于政治的国家主义,相反是"国家才应担负《法华经》弘布的使命"的这种宗教优先的立场。天皇也必须皈依《法华经》。如果是这样,天皇就没有拒绝皈依《法华经》的可能性了吗? 必须强迫地让天皇折服吗? 这种可能性不在智学的预想范围之内。因为建国以来,日本是以《法华经》的弘布为使命的国家,由其统治者天皇来履行这个使命是理所当然的。

那么,为什么天皇到现在还没有皈依《法华经》呢? 在后来的《国体的研究》中,智学将明治天皇赞美为《法华经》的大外护者。称神佛分离政策也是至王佛冥合(王法与佛法的一致)为止天皇为了不让国民陷入奇怪信仰而做出的英明考虑。也就是说,在智学的思想中,日本的国体起初是与《法华经》相契合的,其中发生不协调的可能性本来就不存在。在日俄战争开战时出版的《世界统一的天业》(1904)中,他主张日本的皇室继承了印度转轮圣王(佛教守护的理想之王)的血脉。

在智学的思想中,宗教与政治的摩擦根本不在考虑范围之内,担负着《法华经》弘布使命的天皇的行为没有错误的可能,在这个前提下,他全面肯定并支持了日本的国家行为。因此,本来应有的从宗教立场对政治的批判这种可能性不复存在,不仅没有对国家的暴行进行批判,反而还发挥了引导这种暴行的作用。如前所述,信奉智学的高山樗牛主张佛法的绝对优先,甚至默认了国家的灭亡,但是在智学的言论中这种思想没有得到制止。智学自身曾试图参与政治以失败告终,但是却给昭和法西斯的思想家、活动家们带来了巨大的影响。

与致力于日莲宗系统统合的国柱会对立的是日莲正宗,但其信徒、创设了创价教育学会的牧口常三郎(1871 – 1944)等人却拒绝神道的强制推行,面对国家的压制坚持了自己的信仰。在几乎所有宗教者都服从国家的法西斯时期,这是值得特书的一笔,明治以后,在佛教被笼络到国家之中的背景下,这几乎也是唯一的例外。但是,宗教信念的坚持在另一方面也会接近宗教原理主义。战后,从创价教育学会发展来的创价学会就采用了智学等人主张的国立戒坛的构想,开始了强力的折服运动。由于智学的国柱会采取了与既有的日莲宗各派联合的方式,其自身没有怎么扩大,折服活动也没有取得效果,与此相对,创价学会拒绝与既有势力的协调,通过基层的自主折服活动成功扩大了势力。同时还创建了自主的政党公明党,依靠自己的力量试图实现国立戒坛。这是对于依靠天皇的智学的失败,试图更积极地用自己的手来实现王佛冥合的运动。这个运动遭到各种批判,国立戒坛构想被撤回,之后的公明党明确了政教分离的立场,但是却作为以创价学会为支持母体的政党左右国政。

国柱会和曾经的创价学会的活动与清泽正好相反,没有将宗教与国家、政治相分离,而是从政教一致的立场来积极实现政治参与。智学在这个过程中主次颠倒了宗教与国家的关系,默认国家的活动,走上了鼓吹国家主义的道路。创价学会方面,坚持宗教优先,也曾对战前的国家主义体制进行了抵抗,但是这是不是又陷入了宗教原理主义式的独断与他者排斥了呢？问题依然存在。

六、向国家挑战的佛教——高木显明、内山愚童

与智学向国家主义倾向发展相对,也有一些佛教者将目光投向了与社会主义相关联的社会矛盾。当初活动的中心是古河勇（1871 － 1899）,他在明治二十七年（1894）组成经纬会,但由于古河英年早逝,组织的活动遭到挫折,经纬会也于明治三十二年（1899）解散。之后,境野黄洋等人成为中心,由佛教清徒同志会（明治三十二）变为新佛教徒同志会（明治三十六）,开始了新的活动。成员有高岛米峰、加藤咄堂、伊

藤左千夫等人,刊行杂志《新佛教》,展开了言论活动。

当中一跃获得社会瞩目的是三名参与了大逆事件的佛教者。即内山愚童(1874 – 1911)、高木显明(1864 – 1914)、峰尾节堂(1885 – 1919)。内山是曹洞宗的僧侣,被判处死刑并执行。高木是净土真宗大谷派的僧侣,死刑判决之后,又减刑为无期徒刑,但是在监狱中自杀。峰尾是临济宗妙心寺派的僧侣,也被判处死刑并减为无期徒刑,在服刑中病死。他们都对社会抱有强烈的关心,由于蒙冤其思想没有充分地发展成熟,最后死于非命。尤其是高木和内山主张自己特有的社会主义、无政府主义,颇受关注。

高木以新宫为中心开展活动,于明治三十二年(1899)35 岁的时候成为了净泉寺的住持。净泉寺的很多施主都是受歧视部落的人,他在那里深化了对歧视问题的认识,同时在倡导日俄战争非战论、反对公娼制度的活动中接触了社会主义。《我的社会主义》(1904)就是他在这样的背景下写就的社会主义宣言。

其中,高木写道:"我的社会主义不是卡尔马克思式的社会主义,也不是服从于托尔斯泰非战论的社会主义,也没有片山君、枯川君、秋水君那种通过科学的解释来向天下鼓吹的见识。但是我有我自己的信仰,我想将其付诸实践,所以才试着写下来。可能会招致读者诸君的反对和嘲笑,但这是我下定了决心的事情",表现出了强烈的自负。不是依靠外来的社会主义理论,而是从本土的佛教中,怎样才能够培育出基于信仰的社会主义? 这就是高木的课题。高木在"南无阿弥陀佛"的平等性中寻求社会主义的根据,并在日俄战争时对很多佛教者支持开战表示反对,倡导了非战论。

高木明显倡导的是基于佛教立场的社会主义,与此相对,内山则发展成了更为激进的无政府主义,明确了宗教批判的立场。内山成为神奈川县足柄下郡温泉村(现箱根町)大平台林泉寺的住持,接触到贫苦村民的生活期间,开始对社会主义产生了关心。后成为《平民新闻》的读者,与社会主义者们加强交流,在《平民新闻》停办(明治四十年)以后,社会主义运动分裂为稳健派的议会政策派和强硬派的直接行动派,他又支持直接行动派,逐渐形成了"革命将至"的意识。明治四十一年(1908),在赤旗事件的主要领导者们被捕,社会主义运动濒临灭绝的危机中,感到危机感的内山决定进行秘密出版活动,将自己写的小册子《无政府共产》发送给各地的社会主义者,之后还刊行了两册。明治四十二年,由于这件事违反了出版法而被捕,在搜查住宅时被发现了非法持有炸药,两罪并罚,被处以43年有期徒刑,在狱中又因为大逆事件而再次被起诉。四十四年(1911)被判处死刑并执行。

内山的著作比较有名的有地下出版的《无政府共产》和在狱中写就的草稿《平凡的自觉》,但两者都没有使用与佛教直接相关的思想和词语。在《平凡的自觉》中写道:"无论是从别人那里学来的还是自己发现的,不是问题重点,在自己心中深刻消化、成为自己东西的,叫做自觉",重视"自觉",寻求每个人能自觉参与的政治。在个人自觉的基础上思考社会的做法,如前所述,是与甲午、日俄战争期间以佛教者为中心开展的"个体"的自觉相互关联的,他的意图是要在这个基础上思考社会。

对于这种试图站在比较稳健的"个体"自觉之上的"平凡的自觉",《无政府共产》对以天皇为中心的不平等社会展开了极其激烈的挑战。提出"佃农为何生活贫困"的问题,专门以向佃农呼吁的方式展开,其中写道:"你为什么贫穷？不知道原因,让我来告诉你吧。因为有天子、有钱人、大地主这些吸人血的坏人存在",批判直接指向"天子",毅然"不敬"地发起挑战。"当今天子的祖先来自九州一隅,和杀人犯、强盗、小偷是一丘之貉。成功剿灭了豪族长髓彦。是熊坂长范和大绘山的酒吞童子出身。他并不是什么神仙,稍微想一想这一点,就能知道",否定了天皇的神圣性,并呼吁"推翻当今政府,建立一个没有天子的自由国度"。其中蕴含着"希望尽可能对更多的为了无政府共产甚至不惜投放炸药的人传道"的恐怖主义的实行。

响应了《无政府共产》呼吁的宫下太吉准备了炸药意图炸死天皇，后来发展为大逆事件，从这个意义上可以说《无政府共产》是事件的始作俑者。

那么，这种无政府主义与佛教是否有关系？无政府主义曾经提及佃农的贫穷，否定佛教的业说是"迷信"。不能简单地说愚童放弃了佛教，但至少对当时的体制型佛教持有的批判是很强的。

高木和内山的社会主义由于大逆事件而被扼杀在了萌芽中。他们的复权是到了 1990 年代之后的事情，他们先于时代开创的可能性直到现在也没有得到充分认可。他们的活动与今天的社会参加佛教（Engaged Buddhism）之间的共通之处最多。这与清泽等人通过深化自己的内心来确立宗教的世界、将国家、道德相对化的方向正好相反，与田中智学等人从政教一致的立场认可国家的主张，并发挥了为政府宣传的作用相比，可以说他们能够从正面审视社会的矛盾，并对国家提出了批判。

由上可见，近代的佛教以各种形式从正面对国家的问题做出了应对。乍一看这些活动都过于朴素，历来很容易被忽视。但是，这些各种各样的应对，也包括昭和的战争，是对日本近代进行整体反省的一个重要线索，蕴含着对将来的有效的可能性，是今后需要进一步充分深入研究的问题。

【补记】

本文是基于拙著《明治思想家论》(近代日本的思想、再考 1. Transview, 2004) 的研究成果，整理相关问题汇集而成的。写作时利用了以下的拙稿。

《"精神界"与日俄战争》(《清沢满之全集》月报五, 2003)

《明治思想与佛教》(《福神》一〇,2004)

《近代日本的佛教与国家》(《宗教研究》三四五,2005)

第一至三节、第五至六节是分别对"近代日本的佛教与国家"、"明治思想与佛教"的相关部分进行改写后的结果。第四节以"'精神界'与日俄战争"为基础,加入了新的资料后改写而成。另外,关于参考文献和引用的原典,请参考拙著的相关部分。

(作者为日本东京大学教授)

现代韩国的宗教、政治与国家

[韩] 姜敦求

绪　言

目前在韩国,宗教与政治以及宗教与国家之间的关系并不十分令人看好。在这种前提下,本论文将对如何协调它们之间的关系,以及协调好它们关系的前提等问题进行探讨。

远从日本殖民地时代,美国军事管制时期,到建国以来历代政权,直至近年,宗教与政治、宗教与国家间的关系都有些令人失望,这一点已经屡次被相关学者指出[①]。

最近,特别是在金泳三政权与李明博政权建立前后的一段时间里,由于金泳三与李明博都是基督新教的长老,很多人担心他们的特殊身份会不会使某些宗教势力介入政治,并怀疑他们可能会实行偏向特定宗教的政策。

众所周知,宗教与国家具有类似的特点,即:它们以都为其成员谋求幸福生活为目标。它们之间区别在于宗教不仅关怀其成员的现世生活,也关怀他们的来世生活。由于宗教与国家的目标相似,它们之间可以结成相互竞争、相互协助、相互矛盾等多种类型的关系。但韩国的一般情况是当权者为了赢得支持,或者会对宗教进行单方面的利用,或者对宗教进行支援;而宗教又为了扩大自己的势力,为当权者提供协助,从而获

---

① 　参照韩国基督教徒教授协议会、韩国教授佛教徒联合会:《现代社会的宗教权力问题何在》,东渊,2008 年。

得直接或间接的利益。

很多学者已经注意到了宗教与国家之间的这种关系，由此对宪法所明确规定的"宗教自由"与"政教分离"条款进行了重点分析，提出了许多值得深思的问题。例如：所谓的"宗教自由"与"政教分离"到底意味着什么？国家可以保障宗教的自由，但是这种保障的限度到哪里，换句话说如果出现主张宗教自由时过度强调自己的立场与权利的情况该怎么处理？"政教分离"条款到底意味着什么？有没有被认真执行？或者是否存在名为"政教分离"，实则政教不分彼此的情况？面对这些问题，很多学者已经给出了自己的答案。

虽然如此，韩国的宗教现实似乎并没有改变的迹象。从 2007 年 12 月总统选举时各位总统候选人所提出的宗教相关政策来看，以后这种不当的惯例可能会继续存在。不知何时起，从社会的一个小小的角落，以市民团体为中心的各种社会团体，大胆地指出了韩国错误的宗教惯例，并最终提出了制定"宗教法人法"的主张。另外负责宗教事务行政的文化观光部宗务室，也将对宗教相关法律的综合性研讨与机构改编列为主要工作之一，期待今后能出现一些可喜的变化。

在英语中"宗教与国家"的一般说法为"Church and State"，偶尔也会被说成"Religion and State"或"Religion and Nation"，而"宗教与政治"当然是"Religion and Politics"。韩国学者经常将"宗教与国家"以及"宗教与政治"混用，甚至有将它们当做同义词使用的倾向。另外"宗教政策"与"宗务行政"以及"宗务政策"也有被混用的倾向。在韩国所谓的宗教政策，其实际内容经常主要是指宗务行政。

以此主题为对象的论文，其研究的内容主要是：各宗教的政治态度、政府对宗教团体的支援与管制、宗教团体对政府的拥护与反抗，以及政府与宗教团体之间的关系类型与来历。西欧国家对宗教与政治的研究拥有与韩国类似的问题意识。在韩国，学者们在研究"宗教与法"的问题时也会牵扯到"宗教与国家"这一主题。在西方,"宗教与国家"主要是研究"基督教与国家"的问题。相对来说日本针对"宗教与国家"这一主题的相关研究比较多,但日本学者一般注重对日本近代天皇制度与宗教之间的问题研究,而在"宗教与政治"这一主题中,参拜靖国神社是他们研究的主要问题之一。

在本论文中,笔者将使用"国家的宗教政策"、"政府的宗务行政"等准确的表述方法。通常政府与行政部是同义词,而即使政府与政权更迭,国家是不会改变的。宗教政策是以包括宪法在内的法律为依据制定的,政府的宗务行政是指以宗教政策为基础,政府对宗教团体的支援、管制的行为。所以在本文中"宗教与国家"是与"宗教政策"相关的,而"宗教与政治"是与"宗务行政"相关的,笔者将对两者进行区别使用。

笔者之前在探讨宗教与政治、宗教与国家的主题时,一直将关注点放在宗教自由与政教分离这两点上,但从此刻起笔者认为目前韩国的宗教政策与宗务行政研究的当务之急是将焦点集中到宗教间的平等上来,本论文将在此前提下展开。

先行研究与理论

在韩国,学者们对宗教与政治、宗教与国家之间的关系这一主题主要从宗教学、社会学、法学等视角进行研究。而西欧的社会科学研究,却是将宗教世俗化理论是作为一种意识形态来处理的,所以对这一主题的研究没有预料中那么多。韩国有几位学者很早就认识到了这一主题重要性,并一直关注着这一主题的进展。

1980年代上半期,崔钟库教授对"国家与宗教"这一主题表现出了极大的兴趣,甚至在国内创出了"宗教法学"这一研究领域。他的研究几乎覆盖了宗教与政治、宗教与国家相关的所有领域:宗教自由的保障与缺点、政教分离的内容与意义、宗教相关案例的整理、宗教相关立法的必要性的提出、儒教、佛教等各个宗教的国家观、大韩民国成立后至"4·19"革命时期基督教对政治的参与等等①。杨建②、延基荣③、姜敬善④等人继承了崔钟库在法学领域的研究,最近朴洪佑⑤、宋基春⑥等人也加入了研究的阵营。

1990 年代初韩国宗教社会研究所在国内首次从总体上检讨了《传统寺刹保存法》、《乡校财产法》等现行宗教相关法律,并指出了这些法律存在的问题,提出了制定宗教法人法的必要性⑦。宗教学领域的这种关注,在金钟瑞⑧、李振求⑨、张锡万⑩等的后续研究中持续发酵。最近在宗教学领域有人提出了一个颇值得玩味的主张。有学者认为宗教自由、政教分离制度是在近代以后才被引进到韩国的,我们有必要对这种概念、制度进行分析与反省,甚至更进一步分析说政教分离制度的接受反而开启了宗教权力化、宗教与政治胶着可能性的大门。

---

① 崔钟库:《国家与宗教》,"现代思想史",1983 年;崔钟库,《韩国宗教法学的现状与展望》,《宗教与文化》,第 5 号,1999 年。

② 杨建:《政教分离的原则》,《考试界》,1983 年 9 月号;杨建,《宗教的自由与界限》,《考试界》,1987 年 3 月号。

③ 延基荣:《世界的宗教法人法与在韩制定的可能性》,《现代社会》,25,1987 年;延基荣,《宗教相关法令的问题与立法政策的课题》,《法与社会》,2,1990 年。

④ 姜敬善:《国家权力与宗教》,《公法研究》,22 卷 2 号,1994 年。

⑤ 朴洪佑:《美国宪法上的禁止设立国教的原则》,《宪法论总》,第 13 号,2002 年。

⑥ 宋基春:《宗教相关制度的宪法性问题与改善方向》,《宪法学研究》,第 12 卷 5 号,2006 年。

⑦ 韩国宗教社会事务所编:《韩国的宗教与宗教法——宗教团体的法人登记》,民族文化社,1991 年。这本书的附录里收录了国外与宗教相关的法律。

⑧ 金钟瑞:《现代宗教法制的理论性研究》,《精神文化研究》,第 15 卷 1 号,1992 年。

⑨ 李振求:《对韩国基督新教宗教自由的理解研究——以日本殖民地时代为中心》,首尔大学博士学位论文,1996 年;李振求:《政教分离理论与政教胶着的现实》,《佛教评论》,第 3 卷第 2 号,2001 年;李振求:《现代基督新教与宗教权力》,韩国基督教徒教授协会、韩国教授佛教徒联合会,前揭书。

⑩ 张锡万:《扔掉"政教分离原则"的盔甲》,《基督教思想》,2005 年 5 月号;张锡万:《基督新教的传教与排他性》,《哲学与现实》,75 号,2007 年。

法学与宗教学领域的研究围绕着宗教自由、政教分离制度、宗教相关法律等问题进行，与此形成对比的是，社会学领域的研究则以基督新教等特定宗教的政治态度与政治参与类型以及他们采取相应态度的原因等为重点，特别是他们对基督新教各个势力的政治参与方式进行了具体的研究。他们对 1980 年代下半期以后基督新教保守与进步的政治社会动向的收敛，以及多层次的多元化、保守阵营领导权的确立等问题进行了分析，并且对以后基督新教的政治动向进行了自己独到的预测。[①]除此之外姜仁哲还发表了对日本殖民地时期、美国军事管制时期及李承晚政权时期天主教与基督新教对国家与政治态度的研究[②]。

在历史学领域，有的学者对特定时代、特定地区的儒教、佛教、神道教、天主教、基督新教、伊斯兰教等宗教与国家关系类型进行了研究[③]。与此类似的研究还有以天主教学者们为首进行的，在西方历史与韩国历史上教会(天主教)与国家，以及宗教与国家关系研究的大框架下，对从韩国古代到现在的宗教与国家，以及儒教文化圈内的宗教与国家的问题为对象的研究[④]。

对光复后的宗教政策以及宗教与政治的关系进行通史性考察的学

---

① 崔宗哲：《韩国基督教教会的政治态度，1972－1990》，《经济与社会》，第 15 卷，1992 年；崔宗哲：《韩国基督教教会的政治态度，1997－1990(Ⅱ)》，《经济与社会》，第 16 卷，1992；李秀仁：《1987 年以后韩国市民社会的变动与基督新教的政治社会态度》，《经济与社会》，第 56 卷，2002 年；李秀仁：《基督新教保守分派的政治行为——社会学意义的考察》，《经济与社会》，第 64 卷，2004 年；姜仁哲：《韩国的基督新教与反共主义——保守的基督新教的政治行动主义的探求》，中心，2007 年。

② 姜仁哲：《韩国天主教的历史社会学》，韩神大学校出版部，2006 年；姜仁哲：《韩国基督教会与国家市民社会，1945－1960》，韩国基督教历史研究所，1996 年。

③ 历史学会编：《历史上的国家权力与宗教》，一潮阁，2000 年。

④ 吴景焕等：《教会与国家》，仁川天主教大学出版部，1997 年。

者有吴景焕①、姜敦求②、卢吉明③、姜仁哲④等,也有学者从宗教通过市民共同体活动对市民社会的发展做出贡献的层面上进行考察⑤。在这些研究中,对神职人员征税⑥、宗教偏向⑦、宗教教育等拥有比较实践性目标的占大多数。在与宗教相关的市民团体的网络主页⑧上也有很多值得讨论的资料。还有一些研究对宗教的权力化进行批判,并对其形成的原因进行考察,提出了很多防止宗教权力化发生的具有实践意义的方案⑨。

同时,为了探索建立宗教与政治、宗教与国家间积极关系的方法,有一些学者对各国具体个案进行了讨论⑩。虽然对外国具体个案的研究肯定会对韩国所存在问题的判断与解决有所裨益,但是由于各国的历史与宗教状况与韩国的差异非常大,应该说这些讨论对解决韩国所存在问

---

① 吴景焕,前揭书。

② 姜敦求:《美国军事管制时期的宗教政策》,《宗教学研究》,第 12 集,1993 年。

③ 卢吉明:《光复以后韩国宗教与政治间的关系——从光复后到维新时期为中心》,《宗教研究》,第 12 集,2002 年。

④ 姜仁哲:《民主化过程与宗教》,《宗教研究》,第 27 集,2002 年。

⑤ 韩道贤、徐愚石、卢娟喜、李真求:《宗教与市民共同体——志愿活动,参与,信仰》,白山书堂,2006 年。

⑥ 韩国法制研究院:《对神职人员征税的讨论——以国家发展为目的的国内立法意见调查》,1992 年。

⑦ 大韩佛教曹溪宗布教院、宗教偏向对策委员会:《宗教偏向白皮书》,2000 年。

⑧ 宗教法人发制定推进团体(http://www.rnlaw.co.kr),宗教自由政策研究院(http://www.kirf.co.kr),宗教批判自由实现市民团体(http://www.gigabon.com)等。

⑨ 姜仁哲:《韩国社会与宗教权力——从比较历史的角度》,《历史批评》,第 77 号,2006 年;朴光书:《警惕宗教权力》,《哲学与现实》,第 75 期,2007 年;韩国基督者教授协议会、韩国教授佛子联合会,前揭书。

⑩ 文化观光部、韩国文化政策开发院:《海外各国的宗教现状与制度研究》,1999 年;文化观光部:《宗务行政一览》,2006 年;宗教自由政策研究院:《为增强学校宗教自由的法制改善方案研讨会资料集》,2006 年;高炳哲等:《21 世纪宗务政策的功能强化与发展方案研究》,宗教文化研究院,2007 年。

题的直接帮助并不会很大①。

正如前文所指出的,在西方的世俗化理论的背景下,宗教与政治、宗教与国家间的问题没有引起学者们太多的关注,但这并不意味着没有学者执着于这个问题。世俗化理论与政教分离原则的前提在于宗教与政治的区别:即宗教是私人领域的,而政治则是公共领域的。但一些学者注意到 1980 年代以后,宗教的作用不再仅停留于私人领域,而逐渐地开始在公共领域扮演重要的角色②。西欧的学者一般对宗教与政治间的关系类型表现出极大的兴趣,与此同时他们也非常关心不同国家欲地区的政治与宗教间的关系类型③。他们还对不同的国家与地区出现这种差异的原因④,以及宗教对选举所产生的影响等⑤问题进行了分析。除此之外西欧学者们对中国的政治与宗教、宗教与国家以及宗教政策的研究也取得了相当大的成果⑥,这大概是由于西欧宗教界人士高涨的希望向中国传教的热情所导致的。

日本对宗教与政治、宗教与国家这一主题的研究成果也颇为丰富。

---

① 对宗教与国家,宗教与政治的主题的全面研究可以参照朴文秀:《教会与国家间的关系——其研究史性的讨论》,吴景焕等,前揭书。这本书虽然已经出版了很久,但现在仍然有参考的价值。

② José Casanova, *Public Religions in the Modern World* (Chicago : The University of Chicago Press, 1994), pp. 5 - 6.

③ 参照 Robert Wuthnow, ed., *The Encyclopedia of Politics and Religion*, vol. 1 - 2 (Washington, D. C.: Congressional Quarterly Inc., 1998); Jeffrey Haynes, ed., *The Politics of Religion: A Survey* (London: Rout ledge, 2006)。

④ Jeff Haynes, *Religion in Global Politics* (Harlow: Pearson, 1998); Pippa Norris and Ronald Ingle hart, Sacred and Secular: *Religion and Politics Worldwide* (New York: Cambridge University Press, 2004).

⑤ 参照 Jeff Manza and Nathan Wright, "*Religion and Political Behavior*" in Handbook of the Sociology of Religion. ed. by Michele Dillon (Cambridge: Cambridge University Press, 2003), pp297 - 314; James D. Torr, ed., *How Does Religion Influence Politics* (Detroit: Green haven Press, 2006)。

⑥ 参照 Anthony C. Yu, *State and Religion in China: Historical and Textual Perspective* (Peru: Carus Publishing Company, 2005); Jason Kindopp and Carol Lee Hamrin, eds., *God and Caesar in China: Policy Implications of Church - State Tensions* (Washington D. C): The Brookings Institution, 2004)。

以对江户时代的研究为例,学者们主要对佛教对国家运作所作出的贡献①,以及江户时代以后神道教对政治与国家的影响等问题进行了研究②。对现代问题的研究主要集中在由创价学会所创立的公明党的活动③以及参拜靖国神社等问题上。

1970 年代以后围绕宗教与政治、宗教与国家这一主题学者们辛勤地耕耘,提出了许多现实问题,并探讨了解决的方法。最近,对这一问题的讨论以市民社会为中心形成了更加广泛的舆论氛围,负责宗务行政的部门也付出了很多的努力。以此为念,本文中笔者将对之前所提出的各种见解进行综合性的考察,试图从另外的一个侧面,及更根本的层面摸索出解决问题的方法。

宗教与政治

韩国宪法第 20 条明确规定"所有公民拥有宗教自由的权利"、"不承认国教,宗教与政治分离"。宗教自由的限度是在对国家其他成员不构成危害的范围之内,在宗教自由的问题上我们可以以法律为尺度来判断某种宗教是否具有某种的权利。虽然社会上出现了一些变化的势头,我们不敢预测将来会怎样,但众所周知,直到最近基督复临安息日会与耶和华见证人还由于道德与宗教信仰原因不肯服兵役而受到残酷的制裁。

基督新教在"1948 年的总选的日期被定为 5 月 9 日星期天"之后作出了如下的强烈反驳。

---

① 参照 Nam – Lin Hur, *Death and Social Order in Tokugawa Japan：Buddhism Anti – Christianity And The Danka System*(Cambridge Ma. : the Harvard University Asia Center, 2007).

② 参照 Helen Hardacre, *Shinto and the State：*1868 – 1988(Princeton, N. J. : Princeton University Press,2007).

③ 赵成烈:《日本佛教的政治实验,公明党的界限与长期规划》,《佛教评论》,第 3 卷第 2 号,2001。

我们基督教徒对联合国大会所规定的在尽可能多的地区实施总选举这件事是非常欢迎的。但我们对将选举的日期定为 5 月 9 日即礼拜日这件事必须提出反对的意见。朝鲜去年即 1946 年将 11 月 3 日定为选举日之后同样遭到了反对，很多基督教徒甚至为此付出了生命的代价，而这次韩国又将选举日定为礼拜日，这就使我们基督教徒无法参加选举，我们对此断然不能接受，并坚决要求另择日期。①

最近基督新教出于相同的理由主张公务员考试不应该定在礼拜日，而应该定在周中。法律界对此回应说将公务员考试定在周中反而会对国家其他成员造成不便。

圆佛教经过数年的努力终于在最近加入了能够参与军宗（军队中与宗教相关的兵种，译者注）的行列。在圆佛教的这种影响下，天台宗也加入了军宗。圆佛教等之所以能够加入军宗，从表面来看是国防部为制衡宗教势力而单方面作出的决定，但实际上在此之前圆佛教的政治影响力也发挥了巨大的作用。

从种种迹象来看，宗教教团以后将不断提出自己的要求，并且这种要求还都在法律允许的范围之内，政府将根据自身的政治考虑与不同的情况来决定是否同意教团的请求。法律判决最重要的一点在于其公正性，而公正性又取决于执行判决的司法部的能力，至少在与宗教相关的判决中，法官个人的宗教观很有可能会对判决结果产生一定影响。为了尽可能排除法官个人主观倾向的影响，案例的存在是非常重要的，但韩国的问题在于宗教相关案例数量的绝对不足。我们今后要以市民团体为中心，不再将宗教单纯地置于神圣领域的视角下，而应在公共领域的视角下审视宗教，在此前提下我们需要做的事情是，一旦出现问题就积

---

① 《朝鲜日报》，1948.3.9.

世界宗教评论(第一辑)

极地提出诉讼,以产生更多的宗教相关案例。

为了将道物质文化遗产的江原道横城郡风水园教堂一带开发为物质文化旅游胜地,国家、道、郡计划投入 61 亿余韩元,天主教原州教区计划投入 33 亿韩元,计划投入总计 94 亿 9 千多万韩元,此外横城郡还强行征用了周围的土地。但由于法官认为这个工程违背了政教分离的原则,这个计划在推进的过程中受到了阻碍①。

在降低政治人物对宗教相关事务的影响力方面,政治人物自身的道德修养当然非常重要,但也需要不断完善相关制度。政治人物中宗教人士所占的比重远远高于全体公民中宗教人士所占的比重②。无论是大选还是总选,只要到了选举季政治人物就忙着访问各种宗教团体,鉴于宗教的动员力,这种状况的产生大概也是理所当然的。2007 年大选时 3 名候选人当中有 1 人是基督新教教徒,另外 2 人则是天主教教徒。选举时他们暂且搁置了其他的一般宗教,提出了几条与佛教相关的公约,对外宣称是为了培养所谓的"佛心"。我们暂且不管是谁提出了这些公约,先来看一下公约的主要内容。

> 佛教相关法令的制订、改订(将佛教相关的各种法令一元化为寺刹保存法);佛教文化与遗迹的继承与发展;佛教博物馆的管理与支援;对继承民族传统文化的佛教文化活动的援助(对传统寺刹饮食原形的保存与大众化援助);对建立国际佛教文化交流中心的支援;建立和谐、相辅相成的公正的宗教政策;南北佛教交流与北韩佛教文化财产复原事业援助;为使本公约的持续履行承诺建立佛教传统文化研究所(暂称);杜绝宗教偏向,促进宗教法制化;推进佛教人士参与文化财产相关

---

① 参照宗教自由政策研究院主页(http://www.kifr.or.kr)。
② 宗教人士占国会议员的 3/4 以上。参照朴光绪:《警惕宗教权力》,《哲学与现实》,75 号,2007,36 页。

108

政府机构部门；查明 10.27 法难的真相，促进被害补偿法的建立；支持寺庙寄宿修行，改订观光振兴开发基金法令；将国立公园内的传统寺刹圈域指定为自然、文化复合遗产保护区；对传统寺刹综合防灾系统构建的援助；重用佛教界人才；支持佛教广播扩充至全国地方网络；将初高中学校的宗教选择权法制化；推进青少年佛教文化体验项目，并对建立佛教青少年修行馆进行援助。

虽然这些公约是在选举的氛围中制定出来的，目的在于博得佛教界人士的欢心，其实践可能性不免受到质疑，但公约确实体现了政治界人士的宗教现实意识。基督新教的政治界人士之前所采取的一些措施，比如将某个城市指定为"圣市"，或承诺将在青瓦台播放赞颂歌等，令佛教界人士记忆犹新。因此政治界人士为了赢得他们的选票，不得不提出了一些更为大胆的条款。问题在于政治界这样做的结果是给人留下了一种佛教俨然已成为韩国国教的印象，事实的确如此。

对文化体育观光部（以下简称文光部）宗务室的宗教相关事业支援经费明细进行研究就会发现，政治界人士的宗教现实认识并非空穴来风。根据国情监察资料显示，文光部最近 5 年间对宗教界支援的总预算为 984 亿韩元，其中对佛教的支出为 147 亿 2200 万韩元，基督新教与天主教共计 30 亿 5100 万韩元，泛宗教界的支出为 15 亿 3500 万韩元，儒教为 41 亿 6000 万韩元，民族宗教为 5 亿 200 万韩元。如果再对援助的具体事例进行研究就会发现，对传统寺刹保存投入了 90 亿 5200 万韩元，真觉宗文化传承院建设投入了 20 亿韩元，成均馆儒道研修院（儒林会馆）建设投入了 35 亿韩元[1]。下文列出了近三年间文光部对不同种

---

① 参照《宗教新闻》，2007.10.31.

类宗教的活动援助中可以看做是宗教联合活动的事例①。

佛教

韩日佛教文化交流(东山般若会),全国万海赛诗会(大韩佛教青年会),第二次大田韩国人罹难者追慕慰灵会(韩日佛教文化交流协议会),白羊寺文化节(白羊寺),大觉会文化节(大觉会),韩国佛教学集结大会事业(韩国佛教学集结大会),儿童莲花歌曲宴会事业(大韩佛教青年会),佛教与传统文化体验展(韩国佛教宗团协议会),韩日佛教文化交流大会(韩日佛教文化交流协议会),灵山大祭试演(灵山斋保存会),全国佛教青年大会(大韩佛教青年会),寻找真我青少年八关斋大型聚会(寻找真我青少年指导者协议会),佛教大百科全书、伽山佛教大辞林(伽山佛教文化研究院),佛经读后感悬赏公募展(东国大学),悔堂文化节(大韩佛教真觉宗)、首尔莲花节(灵山斋保存会)、波罗蜜多青少年全国联合庆典(麟角寺)、万海庆典(万海思想实践宣扬会),大韩民国佛教美术大展(大韩佛教曹溪宗),万海村开馆3周年纪念:生命、环境艺术节(万海思想实践宣扬会),佛教宣扬世界爱时调庆典(世界爱时调协会),因分享而成一体的世界事业(大韩佛教曹溪宗)、四溟大师追慕全国赛诗会(表忠寺),南北佛教学术大会(天台宗宗务院),佛教公演作品(韩国艺术人协会),性澈大师涅槃13周年追慕学术会议(大韩佛教曹溪宗白莲佛教文化),天台茶文化大会(大韩佛教天台宗),八关会(釜山广域市佛教联合会),世界宗教与和平硕学邀请大会(韩国教授佛教徒联合会),宗教与文学学术会议事业(爱诗文化人协议会),韩中日佛教友

---

① 高炳哲等,前揭书,参照32-35页的表格。

好交流大会(韩国佛教宗团协议会),三郎城历史文化节(传灯寺),万海思想学术会议(民族文学作家大会),大韩民国佛教合唱节(韩国佛教宗团协议会),大韩民国统一书法美术大会(大韩佛教曹溪宗社会福利财团),佛教音乐与民谣公演(大圣寺),以传教士为对象的韩国文化介绍项目(韩国佛教宗团协议会)

基督新教

世界教会协议会总会(韩国基督教教会协议会),东北亚和平国际学术大会(韩国基督教徒教授协议会),4·19革命纪念国家早餐祈祷会(4·19革命负伤者会),复活节纪念民族大和解全国十字架大游行(韩国教会复活节联合礼拜委员会),为国家与民族祈祷的韩国教会元老特别祈祷会(韩国基督教总联合会),亚洲人民和平国际研讨会(韩国基督教教会协议会),全国视觉残疾人牧师夫妇研讨会(韩国视觉障碍人传教会),中国同胞中秋宴会(首尔朝鲜族教会),和平、和解、一致克服暴力运动(韩国基督教教会协议会),韩国基督教一般信徒世界大会(韩国基督教总联合会),韩中教会间基督教协议会(韩国基督教教会协议会),在街上献给您的圣诞礼拜(多日福祉财团),韩国教会之夜(韩国基督教总联合会),与移民劳动者一起的文化场(韩国基督教教会协议会),以传教士为对象的韩国文化介绍项目(韩国世界传教协议会),传教士事业运营会议(韩国海外、世界传教会),以传教士为对象的网络构建事业(韩国基督教总联合会),以世界韩人传教士代表为对象的韩国文化文化介绍(韩国基督教总联合会)

天主教

京乡杂志100周年纪念文化活动援助(天主教主教会

议)，举办亚洲大洋洲宗教妇女会议(张裳联合会)，家庭庆典(天主教玛利亚事业会)，以青少年对对象的殉教者显扬文化庆典(天主教首尔大教区维持财团)，Catholic 奖颁奖典礼(Catholic 报社)、美丽的家庭、美丽的世界创作摄影公募展(天主教首尔大教区维持财团)

儒教

退溪学国际学术大会(国际退溪学会)

民族宗教

生命和平相生的假面节(圆佛教)、以国民为对象的人乃天思想讲座事业(天道教中央总部)、以第二、三代海外同胞为对象的历史文化教育(天道教中央总部)、青少年大学生高句丽遗址巡礼事业(天道教中央总部)、法人节纪念活动(圆佛教)、开天节民族共同活动(大倧教)、与家人一起的禅旅行(圆佛教)、韩中日俄国际学术会议(东学学会)、天道教玄道文化节(天道教中央总部)、民族宗教精神文化教育事业(韩国民族宗教协议会)、发扬民族魂的演讲会(发扬民族魂运动本部)

泛宗教

宗团教职人员对话露营事业(韩国宗教人和平会议)、无等山风景之声联合音乐会(证心寺)、相邻宗教文化理解讲座(韩国宗教人和平会议)、岭湖南宗教人和解之会(韩国宗教人和平会议)、韩国宗教人和平会议 20 周年活动(韩国宗教人和平会议)、对话文化学术宗教论坛(对话文化宗教学术)、宗教青年和平露营(韩国宗教人和平会议)、出席世界宗教人和平会议总会(韩国宗教人和平会议)、宗教遗址对话巡礼(韩国宗教人和平会议)、大韩民国宗教艺术节(宗教指导者协议会)、

URI 韩国宗教联合全国大会(宗教联合传道机构)、宗教新闻舆论人学术讨论会(韩国宗教新闻舆论人协议会)、亚洲宗教人和平会议 30 周年活动(亚洲宗教人和平会议),举行亚洲宗教人和平会议执行委员会(亚洲宗教人和平会议)、出席亚洲宗教人和平会议执行委员会(亚洲宗教人和平会议)、宗教博物馆学术讨论会(韩国博物馆协会)、韩国伊拉克宗教交流协力支援(亚洲宗教人和平会议)、圣职者五色音乐会(韩国基督教教会协议会)、URI 世界宗教联合理事会(宗教联合传道机构)、韩日宗教青年交换露营(亚洲宗教人和平会议)①

文光部宗务室的主要业务覆盖了宗教政策的全部内容,通过宗教人之间的和解与矛盾的解决,使宗教对我们的社会产生良性的影响。其具体业务如下②:

> 与宗务政策相关的总务计划的梳理与推进,对宗教团体相关业务的支援,宗教相关法人的成立许可与活动援助,对宗教间合作与联合活动援助,对南北与国际宗教交流援助,宗教活动实际情况的调查、研究,外来宗教业务的处理与援助,传统寺刹与乡校财产的保存、管理的相关事项,宗教设施的文化空间化援助的相关事项。

文光部对宗教界援助的具体明细与其主页上所展示的宗务室的业务领域有一定的背离。政府对宗教界的援助似乎并没有一定的原则。所以政府可以通过宗务室的援助预算掌控宗教界,而宗教界为了得到政府的援助预算就需要努力维持与政府的良好关系。宗教界为了得到政府的援助,故意、积极地计划并开展了许多活动。由政府援助而开展的

---

① 除此之外统一部对宗教界援助的金额也不小,但是没有找到具体的资料。
② 参照文化体育观光部主页(http://www.mct.go.kr)。

一些活动与事业中有相当的部分并不该由政府出资,而应该由相应的宗教自己解决①。由此我们可以看出文光部对宗教界的援助,极有可能成为导致"宗教与政治"胶着状态的制度性环节。

虽然政教分离的原则在不同的国家有不同的内容,对政教分离的真正意义也没有统一的意见,但一般来说政教分离的原则大体上包括:①否认国教;②禁止国家对某些宗教的优待或歧视;③禁止由国家举行的宗教活动等②。

大选候选人所提出的公约内容只能给人留下一种佛教是韩国国教的印象。从文光部对宗教相关援助的现状来看国家对某些宗教的优待,也就意味着对另外一些宗教的歧视。国家对某些宗教的优先援助只能被看做国家间接地从事了宗教活动。

从目前的状况来看,韩国宗教与政治之间的这种关系与认识似乎不会改变③。原因在于宗教为了获得政府的经济援助需要看政治权利的脸色,而政治为了政权的维持与再生以及权力的恣意行使,需要宗教的持续支持。为使宗教与政治的关系向良性方面发展,我们需要从制度层面对现行法律与制度进行细致的检讨。

宗教与国家

联合国教科文组织在 2001 年第 31 届大会上发表了《文化多样性宣

---

① 说句题外话,笔者认为有必要考虑一下撤销对韩国研究财团的神学等个别科目的支援。个别科目的发展是个别宗团的责任,而不应该是政府援助的内容。
② 杨建:《韩国的宗教法制与其基本问题》,韩国宗教社会研究所编:《韩国的宗教与宗教法:宗教团体的法人体注册》,民族文化社,1991,22 页。
③ 参加 2007 年 10 月召开的南北峰会的 47 名特别随行员中包括了宗教界人士 4 名(权五成韩国基督教教会协议会,李成泽圆佛教教养院长,张益天主教主教会议长,智冠曹溪宗总务院长)。将宗教界人士包括在南北峰会的随行人员这件事本身已经是个问题,而这四人的选定也非常的随意。

言》(Universal Declaration on Cultural Diversity)。这一宣言在文化领域内产生的价值与效应仅次于联合国在 1948 年发表的《世界人权宣言》。宣言中尤其引人注目的是第二条"从文化多样性到文化多元化":

> 在日益走向多样化的当今社会中必须确保属于多元的、不同的和发展的文化特性的个人和群体的和睦关系和共处。主张所有公民的融入和参与的政策是增强社会凝聚力、民间社会活力及维护和平的可靠保障。因此,这种文化多元化是与文化多样性这一客观现实相应的一套政策。文化多元化与民主制度密不可分,它有利于文化交流和能够充实公众生活的创作能力的发挥。[1]

联合国教科文组织在 2005 年第 33 次会议上发表了《保护和促进文化表现形式多样性公约》(Convention on the Protection and Promotion of the Diversity of Cultural Expression)[2]。公约中最引人注目的是第二条第三项"所有文化同等尊严和尊重原则"[3]与第七项"平等享有原则"[4]。

受联合国教科文组织的鼓舞,韩国于 2006 年 5 月公开发表了《文化宪章》。这是韩国宪章历史上第一次以人民制定、政府接受的形式与程序,制定与公开发表的宪章。《文化宪章》中令人感兴趣的仍然是"所有的市民……无论信仰何种宗教,都在无差别地创造着文化,拥有参与文化活动、享受文化的平等权利";"社会共同体应该不断地对和谐社会的基础即基本的文化价值进行确认与尊重";"文化多样性是个人与集团主体性与自主性的基础,也是丰富社会的多元性原理与和平与共存的关

---

① 联合国教科文组织韩国委员会主页(http://www.unesco.co.kr)。

② 此公约于 2007 年 3 月正式发表。

③ 具体的内容为:"保护与促进文化表现形式多样性的前提是承认所有文化,包括少数民族和原住民的文化在内,具有同等尊严,并应受到同等尊重。"

④ 具体内容为:"平等享有全世界丰富多样的文化表现形式,所有文化享有各种表现形式和传播手段,是增进文化多样性和促进相互理解的要素。"

键……市民应该理解并尊重国内外多样文化之间的差异,为增进世界文化多样性与和平做出贡献";"不强迫性别少数者在内的文化、宗教少数者与少数集团违背个人意志的文化认同"等。这一《文化宪章》比联合国教科文组织发表的宣言与公约内容更符合韩国的现实,也更为具体地适应了韩国的国情。

如果将联合国教科文组织的宣言、公约及韩国的《文化宪章》中的"文化"一词替换为"宗教"再进行重新审视的话,我们就可以推测出世界宗教现实的正确改革方向。韩国的宗教现实是无法与世界的宗教现实割裂开来自成一家的,由此我们来预测一下改革韩国宗教现实的方法。

所有的国家都存着这样的一个问题:即支持什么宗教,压制什么宗教,换言之对某些宗教如何支持、支持到什么程度,对某些宗教为什么压制、压制到什么程度①。但各个宗教对政治与国家的见解是不同的②,各个国家的宗教现实也迥异,不存在宗教与国家间关系的标准答案。比如不能因为其他的国家如此,韩国就该如此,或者别的国家不是如此,韩国就不能如此,这样的主张是没有说服力的,其他国家的情况只能做一个参考。

最近是否应该对圣职者进行征税的问题成为了舆论的焦点。有人主张圣职者也应该纳税,有人主张圣职者不该纳税,不同意见的辩论者之间的关系可谓剑拔弩张。主张不该纳税的观点主要以下几种:国内法律中没有明确规定圣职者应该纳税的条款;圣职者如果也纳税的话他们的神圣性就会打折扣,所以圣职者不应该纳税;圣职者纳税从神学的角

---

① Ted Gerard Jelen and Clyde Wilcox, Religion and Politics In Comparative Perspective: The One, The Few, and The Many(New York: Cambridge University Press, 2002), P. 11.

② 比如天道教的教会法第285条中禁止圣职者担任参与国家公共权力行使的公职,教会法不仅在第287条中禁止了圣职者正当的指导性职责,还在317条当中禁止了在教会团体中担任指导职位的普通教徒兼任正当的指导职。参照吴景焕等,前揭书,244－245页。

度是不可取的;也有人认为大部分圣职者的工资在免税线以下,所以不能纳税。针对这些观点,有些人从另外的角度进行了反驳:虽然法律没有明确规定圣职者应该纳税,但是也没有明确规定圣职者可以不纳税;所谓的圣职者并不是对所有的国民都是圣职者;如果说因为神学的原因不能服兵役是没能遵守国民的四大义务的话,那么以神学为理由拒绝纳税也没有遵守国民的四大义务;还有人举例说获得博士学位的兼职讲师的工资也在免税线以下,但依然从他们的讲课费中扣除税务,所以圣职者需不需要纳税的问题也就不言自明了。

这不过是其中很小的一个例子。正如很多学者所屡次指出的宗教既得利益者已经享受了过多的优惠。出现这种状况的最大原因是美国军事管制时期之后韩国宗教政策的发展一直处于一种蹒跚的状态。从现在开始,国家而不是政治权力应该站出来将目前所出现的问题一一解决,市民社会应该积极出面对其进行监督与协助,以使国家能够顺利地解决问题。

在宗教学中,BC(Before Christ)与 AD(Anno Domini①)的说法分别用 BCE(Before Common Era)、CE(Common Era)来代替。BCE 与 CE 最早应该是从犹太教开始使用,而犹太教是不以耶稣为救世主的。在宗教学中为了尽可能地公平对待各个宗教,所以使用 BEC 与 CE 的说法。自称为宗教学者的人如果用 BC 与 AD 的说法而不用 BCE 与 CE 的话,那么他根本不能算是一个真正的宗教学者。同样,"Middle East"被翻译为"中东",并在西欧以外的地区不加区别地使用也是不合适的,因为这是以西欧为中心的说法。比如由韩国研究这一地区的学者所组成的"中东学会",其名称其实是不恰当的。同理"Far East"被翻译成"远东"也是不合适的,"中东"与"远东"的说法至少在欧洲以外的地区应该换成

---

① 拉丁语,意为"in the year of our Lord",我们一般将 BC 与 AD 分别译为公历纪元前(公元前)与公历纪元后(公元后)。

"西亚"与"东亚"。

据说最近在美国兴起了将"Merry Christmas"标记为"Merry Holy Day"的运动，虽然该运动也遭到了一定程度反对，但大多数人是持支持态度的①。应该说"God"在美国市民宗教（civil religion）中所起的作用是积极的②，但对于美国纸币上印刷的包括"In God We Trust"与所谓"忠诚的盟誓"（The Pledge of Allegiance）等说法中内含的"one nation under God"的意义，并不是没有美国人提出异议。大家终于认识到虽然美国是以基督教为中心的国家，但并不是所有的美国人都是基督教徒这一点，这是非基督教徒积极争取自己的权利的结果。

那么韩国的情况如何呢？小的问题这里就不谈了，谈一下大的、根本性的问题。首先，在韩国，基督教与佛教的教祖诞辰日按照总统令被指定为了法定公休日。众所周知，耶稣诞辰日是在美国军事管制期被指定为了公休日，释迦牟尼诞辰日则是在第三共和国时期被指定为了公休日。

法律专家们对于将这两天指定为公休日是否违背了宪法精神这一问题持有不同见解③，笔者认为此举违背了政教分离与不设国教的宪法精神。虽然我们不一定要以其他国家为标准，但将与宗教相关的特定日子指定为公休日的国家都是有其特定的理由的④。

在美国军事管制时期韩国基督教徒的数量还很少，但由于韩国处于美国的管制之下，所以将耶稣诞辰日定为了公休日，第一共和国继续继

---

① 参照宗教自由政策研究院主页（http://www.kirf.co.kr）。

② Hugh B. Urban, "Politics and Religion: An Overview" in Encyclopedia of Religion vol. 11, 2005, p. 7256.

③ 崔钟库：《韩国宗教法学的现状与展望》，《宗教与文化》，第 5 号，1999，朴宏宇，《美国宪法上的禁止设立国教原则》，《宪法论总》，第 13 号，2002。崔钟库认为不能说一定是违反了宪法，而朴宏宇则认为非常明显的违背了宪法。

④ 参照文化公报部：《外国的宗教制度》，1989。比如日本就没有与宗教相关的公休日，而印度则有很多各种与宗教相关的公休日。

承了这一点。第三共和国时期释迦牟尼诞辰日被指定为了公休日,当时做出这一决定表面上是出于宗教平衡的原则,但其成立的前提是第三共和国与佛教之间维持的良好关系。

可以明确的是只有基督教与佛教的相关节日被指定为了公休日,从这一点来看在韩国基督教与佛教虽然不是国教,但毋庸置疑的是它们处于公认教的地位。在这种情况下,国葬由基督教(新教、天主教)与佛教圣职者举行反而是一件非常自然的事情。

在美国,耶稣诞辰日等基督教相关的公休日的存在,以及由国家出面为里根等前总统在华盛顿的国立天主教圣堂举行葬礼弥撒等行为,是由于这些宗教起到了所谓市民宗教的作用①。不管市民宗教的概念应该如何定义,在韩国,基督教与佛教绝对没有履行市民宗教的作用。

韩国国歌里面有一句歌词是"上帝保佑,韩国万岁"。爱国歌里出现的这个"上帝"对韩民族来说究竟意味着什么,这个问题还需要进一步的讨论,但可以确定的是"上帝"这一词汇与佛教绝对没有任何关联,而与基督教有亲密关系的可能性非常大。再来看韩国的国旗,太极旗被用作了韩国国旗的原因尚未明确,但可以确定的是太极旗是根据周易制作的,并且是儒教的象征。请大家想象一下这样一个滑稽的画面吧:韩国的佛教僧侣们一边仰望着象征儒教的太极旗,一边唱着与基督教有亲密关系的爱国歌。这种奇怪的状况不要说是一般的国民,就是佛教僧侣自己也完全没有意识到,而这就是我们的宗教现实。

有人认为,佛教与儒教的《传统寺刹保存法》与《乡校财产法》这两种相关法令使他们遭遇到了财产权侵犯等各种不公的待遇。当然笔者并没有认为法令的存在与内容是合理的,但在笔者看来这两个法令的存在与其说侵犯了佛教与儒教的财产权,不如说使他们在各个方面获得了

---

① Geiko Müller – Fahrenholz, *America's Battle for God: A European Christian Looks at Civil Religion* (Grand Rapids: William B. Eerdmans Publishing Company, 2007), p. 20.

直接与间接的优惠。但是不同于其他宗教,单独有两个法令针对佛教与儒教这件事本身对佛教与儒教来说可能是一个心理的压迫,所以这两个法令正在不断地向对佛教与儒教有利的方向修订、补充,这是实情。

在这种情况下,大选候选人纷纷向佛教界提出了带有违反宪法性质的公约,从建设儒林会馆开始,政府也对基督教、佛教相关博物馆的建设进行支援,投入了一笔笔不小的预算。政府对佛教、基督新教、天主教甚至儒教都给予了承认,赋予了他们公认教的位置,有些宗教甚至想超越公认教的位置而成为国教。在现在的状况下宗教既得利益者过度的自我权益主张是太过自然的事情。宗教的既得利益者甚至经常认识不到自己的主张是过度的,这是非常严重的问题。

结　论

美国军事管制时期结束以后,宗教既得利益者的政治势力控制着韩国宗教现实的情况越来越严重。宗教既得利益者一直反对"宗教法人法"的制定,这是因为他们担心宗教法人法有可能会侵犯他们的权益。根据最近的调查,宗教圣职者之中有75.3%、全体宗教团体中有68.5%的人对宗教法人法的制定持赞成态度。有意思的是虽然基督新教圣职者从个人角度赞成宗教法人法的制定,但其中98%预测自己所属的宗教团体会持反对的态度。在这种情况下,一部分政治势力即使试图制定宗教法人法,也一定会遭遇到宗教既得利益者的反对,实现的可能性也不大。

在过去有许多舆论媒体指摘新宗教所谓不良风气的案例,虽然某些新宗教确实不能说毫无瑕疵,但对新宗教的集中批判,有把新宗教当做替罪羊的倾向。并且这些批判也可以看做是对同样是我们国家成员的新宗教信仰者的宗教自由的侵犯。我们不能因为既成教团将某些教团称为"异端",所有人就要将这个教团定性为"异端",也完全没有这样做的必要。某些教团被舆论媒体处理成为了异端,遭受到了肉眼看不见的迫害,这是非常不恰当的。

幸运的是现在有些舆论媒体与市民团体反而开始站出来对某些宗教既得利益者的错误行为进行批判,不断制造社会舆论将社会风气向正确的方向引导。一部分学者也在宗教绝对无法脱离社会批判的认识指导下,开始陆续发表一些指责错误风气的文章。

正如前文所指出的,为了纠正宗教的错误风气,改变人们对宗教相关的认识,需要国家整顿相关制度,还需要包括宗教人士在内的国家成员付出持续、勇敢的努力,这任务不能由部分政治势力完成。已经有很多学者指出了许多宗教相关问题,大家虽然没有形成统一的意见,但毕竟都找到了各自的解决方案。从现在开始我们需要将这些问题一一解决。

此时我们需要不断考虑如下两个问题。

——从现在开始我们要讨论的不是宗教自由而是宗教平等。

——在现代社会中宗教是重要的社会资本(social capital)之一。

(作者为韩国学中央研究院教授;翻译:高文丽)

西方的新兴宗教运动

［英］艾琳·巴克(Eileen Barker)

　　首先我想说自己很荣幸能被邀请过来做虚云讲座,也很高兴能有机会重回北大和新老同行交流信息和想法。对于西方社会科学家来说,中国是一个访问的好地方,跟欧洲和北美社会既有相同也有差异,学者从中可以学到很多关于社会的知识。当然,每一个社会都不相同,正如中国不同地区间存在不同一样。作为一个宗教社会学家,我喜欢用社会科学的方法提出诸如"谁相信什么"、"在哪种情况下相信"这样的问题,而中国悠久的历史和丰富的文化向我展现了一种特殊的魅力——正如哈姆雷特所说:"在这天地间有很多新奇的事超出了常理"(Shakespeare 2006:I, v)。

　　继续用莎士比亚的话来说,新兴宗教充满了"无限多样性"(infinite variety)。这个概念对此领域的学者来说并不陌生,即使他们只研究那些活跃于西方的新兴宗教运动。当然,"多样性"并非真的"无限";社会世界总是存在着边界,但新兴宗教的边界远远超出了大多数人的想象。因此,无论怎样强调新兴宗教内部和彼此之间的多样性都不过分,任何概括都会找到反例。每个团体被对待的方式都应根据其所处的特定时间和场合来定,从其自身来说,有必要承认作为社会实体的新兴宗教运动、(通常是克里斯玛的)领袖同他/她的直接接触圈、草根阶层、普通成员之间的差异。

　　这些新兴宗教运动不仅来自不同的宗教传统(佛教、基督教、道教、印度教、耆那教、犹太教、伊斯兰教、神道教和琐罗亚斯德教)及其他来源(哲学、政治意识形态、心理学、科幻小说和大众媒体),它们在各自的宗教仪式、生活方式、组织、经济状况、对待妇女儿童和其他人的态度上也不尽相同。一些运动坚定地参与到改变世界的尝试中去,也有些运动则尽可能地从世界中抽离出来。少数运动已经对他们的成员(偶尔也对非成员)造成了严重的伤害;一些运动已经向成员和非成员展示了其优势所在。然而,跟社会上别的主体相比,大多数运动不可能具有更多或更少的危害。的确,很难找到一种活动(无论有害或有益)是新兴宗教所独有的,或者迥异于传统宗教。

什么是新兴宗教运动

很明显,新宗教运动这一术语被用来指一大批由少数人组成的宗教,二战以来,其中的大部分(但并非所有)在西方已公开露面。许多运动被称为灵修的、深奥的或者另类的运动,后来"膜拜团体(cult)"和"教派(sect)"这两个词也经常被用到。在宗教社会学中,教派和膜拜团体这两个概念当被技术性地定义为"与更广泛的社会存在张力的宗教团体"(Stark and Bainbridge 1987,328;McGuire 2002,ch.5)。但是在大众话语体系中,贬义的内涵开始被放到这两个词①身上,因此,学者们为了以中立的态度开始自己的研究,他们开始使用"新兴宗教运动"这一术语。然而,"新兴宗教运动"这个术语并不是没有自己的问题,因为对许多运动来说,"新"和"宗教"都值得质疑,而且,事实上,很难把天堂之门(Heavens Gate)这样的宗教团体叫做一场"运动"。当描述一种新兴宗教运动时,比较常用的词语如团体、组织、网络(network)等似乎更为合适。

---

① 有人认为"膜拜团体"(cult)是粗话,当有人不喜欢某些宗教时,就用这个词来指称(Cowan and Bromley 2008:14)。

宗教性

实际上,大量被称为新兴宗教运动的团体要么自己并不想被称为"宗教"[①]运动,要么已经否认了由非成员贴的标签,这些非成员喜欢对自己满意的团体使用"宗教"这个术语。不过,对于宗教是什么意思并没有一致意见;政策制定者、律师、社会科学家、普通大众和运动本身都可能对这个概念给出不同的定义,这些定义随着国家和形势的不同而不同。有时是实质性的定义,有时是功能性的定义。[②] 这样,当有些人将宗教视为"一种对神圣性存在的信仰"时,另一些人却可能采取神学家 Paul Tillich 的立场,将宗教视为有关"终极关怀"方面问题的制度性答案,这些问题诸如"上帝存在吗""死后会发生什么""生命的意义是什么"(Baird 1971:17 - 27;Wessinger 2000)。当访问中国的西方社会科学家被告知诸如祖先崇拜和葬礼是文化的一部分而非宗教时,他们可能会变得迷茫。

判断一个特定的团体是否具有宗教性不仅仅是一个学术问题,也会产生一些非常现实的世俗(特别是财政方面的)后果。例如,山达基教(the Church of Scientology)在澳大利亚和美国经过司法努力,成功地让法院判定它是一种宗教,从而有资格获得税收优惠(澳大利亚高级法院 1983;国内税收服务 1993)。[③] 相反,智力创新科学(the Science of Crea-

---

① 错综复杂的情况可被以下的例子证实:梵天库马里斯[其创始人,Lekhraj Kripilani(1876 - 1969)在印度传统中是一个虔诚的毗瑟奴,他接收到了一系列异象,开始相信湿婆正在通过他的身体讲话]更喜欢把他们自己看成是一种非宗教哲学。雷尔教派强烈反对被标记为膜拜团体(Lyon-Mag 2011),坚称他们应该被称为少数人宗教,但是由于他们称自己为"无神论的宗教",所以那些对宗教进行实质性定义的学者会对此产生迷惑。所谓的人类潜能运动的各成员否认自己是宗教,但仍会声称,他们是在寻找"内在的上帝"(Barker 2008;Heelas and Houtman 2009)。

② 实质性的定义说明宗教是什么,而功能性的定义说明宗教做什么(McGuire 2002:9 - 13)。

③ Bryan Wilson(1989:第 13 章)列出 20 个不同的特点,他认为一种运动要成为合格的宗教,需要具备其中一些但并非全部特点。他发现其中的 11 个特点山达基教都有,5 个缺失,其余 4 个存在争议。

tive Intelligence,SCI),它更为人所知的名字是超然的冥想(Transcendental Meditation,TM),和印度教有很强的联系,一些人认为它比山达基教更有资格被贴上"宗教"的标签。"超然的冥想"迫切希望其冥想技巧能被尽可能广泛地教授,但根据对《美国宪法第一修正案》的理解,宗教不能在国家机构(如监狱或学校)内被教授。"超然的冥想"曾宣称自己不是宗教,并在一场法庭的官司中为之抗争,但最终失败了。①

更麻烦的是,从"由分享一套共同信仰的信徒组成一个共同体"这个意义上来说,并非所有西方宗教都是制度性的。有些说自己属灵修团体而非宗教团体②,也有些人从 Colin Campbell 称之为"修炼氛围"(Cultic milieu)或另一些人称之为宗教/灵修超市中获得启发,将它们拼装成自己的、个人的新兴宗教运动——这种行为有时被称作"希拉主义"(Sheilaism)。③

新颖性

也并不是所有的新兴宗教运动都明确地具有"新"这个特征。一些运动也许在某些方面是新的,在另一些方面却是旧的。山达基教的新信仰某种程度上来自其创始人、科幻作家罗恩·哈伯德(L. Ron Hubbard);虚拟的新兴宗教运动,例如 Thee Church of Moo④ 和 the Church of the Flying Spaghetti Monster⑤ 主要存在于全新的媒介即因特网中,此外

---

① 美国新泽西州地区法院(民事诉讼 No.76 - 341)总结道:"智力创新科学(SCI) /超然的冥想(TM)的教义和礼拜在本质上具有宗教性,除此之外任何推断都不可能……在新泽西公立中学中有关智力创新科学(SCI) /超然的冥想(TM)教义的课程违反了《宪法第一修正案》中的设立条款,其教学要禁止"(Scott 1978: 6)。

② 在英国的一项全国性调查中,13% 的被调查者说他们不具有宗教性,而把自己描述为具有灵性的(Barker 2008)。

③ 当一名护士说到希拉·拉森时将她的个人信仰描述为"希拉主义——这只是我自己的微弱的声音",这个概念应运而生(Bellah et al 1985: 221)。

④ http://www.churchofmoo.com/。

⑤ http://www.venganza.org/。

也有各种其他的"被发明出来的宗教"（Cusack 2010），包括绝地主义（Jedism），它起源于 2001 年西方一些以英语为母语的国家进行全国人口普查上关于宗教问题的一次玩笑或者说是抗议，接着它成为一种民众运动（popular movement），吸引了数千名绝地武士。①

当然，从宗教首次存在这个意义上来看，所有宗教都是新兴宗教，但对于它们何时不再是"新兴"宗教却没有明确一致的意见。例如，有些被贴上"新兴宗教"标签的宗教，却被另一些人（在社会学意义上）称为"19 世纪的教派"、例如耶和华见证人，耶稣基督后期圣徒教会（亦称摩尔门教会）、基督复临安息日会、基督弟兄会、神智学者和救世军。国际奎师那意识协会（the International Society for Krishna Consciousness, ISK-CON）坚称，它不能被称为"新兴的"，因为其根源扩展到 16 世纪的圣尊柴坦尼亚（Lord Chaitanya）。但是，我们还是可以争辩说，国际奎师那意识协会，当它随着其领袖 A. C Bhaktivedanta Swami Prabhupada 的到达而在西方发展时，就是一个新兴运动了，因为它有一种新的结构，且成员几乎都由西方皈依者组成。

实际上，由于移民的作用，许多宗教对于西方来说都是新兴的，但它们在世界的其他地方已经存在了几百年甚至几千年。这些"外国人的宗教（religions of foreigner）"包括在欧洲的伊斯兰教，在巴西的神道教和在爱尔兰的佛教。但是其中一些宗教仅由移民和他们的家人组成，另一些宗教却吸收了西方的原住民皈依者。戈登·梅尔敦（J. Gordon Melton）认为，东方宗教流入西方的一个重要推动力源于 1965 年美国国会撤销《亚洲排除法案》并且重新分配移民配额，允许亚洲、东欧及中东国家向美国输入前所未有的移民数量。结果，自 1965 年以来，100 多种不同的印度教教派在美国生根，现在美国也有超过 75 种不同形式的佛教

---

① 绝地武士首次出现在电影《星球大战》中。在英格兰和威尔士的人口普查中，超过 39 万受访者将其宗教归属表述为"绝地"。

（Melton 2009:21）。

关于什么是新兴宗教的困惑,在期刊 Nova Religio 上引发了一场争论,其中历史学家戈登·梅尔敦(2004)认为,相较于新兴宗教彼此之间,新兴宗教和它们从中起源的传统宗教有更多的共同点。事实上,他认为,如果新兴宗教之间有什么共同点的话,那将会非常少。作为一名社会学家,我(2004)回应道,尽管我同意理解这些运动的起源很重要,也同意如果对新兴宗教进行概括的话将充满危险,但是我们发现这些宗教大多由第一代成员组成,我们期望这或许是定义其"新颖性"的一个特征,不管我们所提及的第一代是指佛教徒、基督徒、穆斯林和卫理公会成员,或者属于如今的新兴宗教,如山达基教、伊斯兰民族(Nation of Islam),或是西方佛教奥德之友(Friends of the Western Buddhist Order)。

新兴宗教运动的特点

非典型的皈依者

当把新兴宗教定义为由第一代成员组成的运动时,其第一个特点随之而来,即它的成员是皈依者与那些生于宗教传统中的人相比,皈依者往往对他们的信仰和仪轨很有热情。第二,新兴宗教运动成员的来源可能更广泛,其特征也不具有典型性。历史上,新兴宗教曾经以被压迫者为主体,但过去的一个世纪里,西方社会中的新兴宗教吸收了较多受过高于平均教育水平的白人和中产阶级青年。[①] 另外,一些当代西方的新

---

① 一如往常,此时也有例外的情况[例如,拉斯特法里派(Rastafarians)的成员主要包括工人阶级的黑人男性],但总体来看,吸引力主要指向那些来自中产阶级家庭背景、在政治上经济上已经不受压迫的人——尽管有些人声称他们在精神上受到当代西方社会激烈的物质竞争（materialistic rat race）的压迫。

兴宗教运动的广为人知的特点是他们吸引了很多名人。①

克里斯玛权威

新兴宗教运动的第三个特点是他们的创始人经常被其追随者认为具有克里斯玛权威。这意味着他们不受规则或传统束缚，可以在短时间内改变自己的想法。这也意味着，他们的行为往往不可预测，且不对任何人负责（也许除了上帝以外）。他们可能会仰仗自己的权威决定其追随者生命中大部分的事情，例如，他们可能被授予了权力不仅决定追随者应该相信和遵守什么仪式，也决定着诸如成员应该（和不应该）穿什么，应该（和不应该）吃什么，是否应该结婚（和谁结婚）；应该做什么工作，应该住在哪儿（偶尔甚至包括是否该继续活下去）。

在新兴宗教运动发展的早期，很可能其成员数量很小，领导人会和他/她的追随者有直接的面对面的接触。但如果运动规模扩大，通常会发展起来一个等级结构，命令自上而下传达，普通会员之间常常只有相对较少的横向沟通。

二分的世界观（Dichotomous world - view）

新兴宗教运动的另一个特点是，通常他们会培养一种二分的世界观，区分明显。他们会确定各种边界，如神学上的"上帝的"和"撒但的"、道德上的"好的"和"坏的"、"正确的"和"错误的"，时间上的"过去"与"现在"、"之前"与"之后"，社会归属上的"我们"（成员）和"他们"（其余的世界）等等。这种区分绝不是目前新兴宗教运动所独有的。

---

① 著名的例子包括：电影演员汤姆·克鲁斯和约翰·特拉沃尔塔是山达基教的成员；歌星麦当娜崇拜卡巴拉，蒂娜·特纳信奉创价学会，黑兹尔·奥康娜是一名国际奎师那意识协会 ISKCON 信徒；甲壳虫乐队与 Maharishi Mahesh Yogi 的超然的冥想（TM）长久以来都有联系。

佛陀、①拿撒勒人耶稣②和许多其他新兴宗教的领袖都要求那些想要跟随他们的人必须割断原有的社会联系,包括家庭和朋友,因为这些联系对其信仰具有潜在的破坏性或至少会让信徒分心。

新兴宗教运动的罪行及反社会行为

当西方的新兴宗教运动伤害了成员和少数非成员的悲剧登上报纸头条时,很少有人会对此无动于衷。20世纪下半叶第一个震惊了西方社会的举世瞩目的事情是1969年好莱坞杀人事件。彼时怀有身孕的影星莎伦·泰特(Sharon Tate)和同伴被曼森家族(Manson Family)的成员杀死(Bugliosi 1977)。大约10年之后的1978年,国会议员 Leo Ryan 在圭亚那丛林中被吉姆·琼斯的人民圣殿教成员杀死,其后该组织成员集体自杀,或者说谋杀了900多名成员,其中包括270多名儿童(Hall et al 2000;Moore 1989)。后来的事件包括1993年FBI在达克萨斯州的韦科城对大卫教派成员的庄园(compound)进行猛攻,致使 David Koresh 及其大部分追随者的死亡,其中包括20多名儿童(Newport 2006;Wessinger 2000;Wright 1995)。1977年在圣地亚哥的天堂之门成员自杀(Balch and Taylor 2002;Wessinger 2000);1994至1997年间太阳圣殿教③成员在加拿大、瑞士和法国自杀(Hall et al 2000;Mayer 1999)。

有些西方的新兴宗教运动成员也有某些犯罪行为。其中一些来自 Bhagwan Rajneeshee 的成员们在美国安蒂洛普县的一家餐馆中投毒。许多新兴宗教运动被发现违法要求儿童依靠祈祷而非西药治疗,结果导致这些儿童死亡。一个被称为 The Body 的小型基督教新兴宗教的领导者

---

① "想成为我门徒的人,必须愿意放弃和家人的所有直接联系,放弃世界的社会生活,放弃对财富的依赖"(佛的教导. I. 手足情谊的职责,1. 无家可归的兄弟,p.384)。

② "人到我这里来,若不爱我胜过爱自己的父母、妻子、儿女、弟兄、姐妹和自己的性命,就不能做我的门徒"(路加福音 14:26)。

③ 编者注——有些"新兴宗教"团体在动态发展过程中演变成反人类反社会的邪教组织。

Jacques Robidoux，因为让自己的幼子饿死而被判无期徒刑。一个患有先天性心脏病的小男孩的父母被囚禁在法国，因为他们之前决定不让自己的儿子接受外科手术转而去祷告并让他和他们一直待在弥赛亚式的社区（他们自己是会员）。几个新兴宗教的大师和领导人被判有性虐待。上帝的儿女（the Children of God）的创始人大卫·博格（David Berg）因恋童癖被指控，他的女儿指责他乱伦（Davis 1984）。2010 年美国人 Tony Alamo 因性虐待的罪行被判处 175 年监禁。同样在 2010 年，Mohan Sing，一位有很多女性追随者的"灵医"，被指控强奸而投入英国监狱。同样在英国，武术教师 Medhi Zand，其所在组织有时被称为 Yaad 的世界（the World of Yaad），在 2009 年因为鼓动他的两位追随者去揍以前的成员而判入狱两年。

这份清单还可以很长，但有一点必须指出，那就是犯罪和反社会行为并非新兴宗教运动所独有的——事实上，绝大多数新兴宗教运动都不是如此。更古老的以及非宗教的成员和新兴宗教运动的成员一样有可能犯罪。在过去的 20 年里，数以千计的罗马天主教司铎被证明犯有性侵儿童罪，其主教要么睁一只眼闭一只眼，要么将具有侵犯行为的司铎转移到另一个地方，事实证明，在新的教区这些司铎还会经常犯同样的罪。[①] 从 20 世纪 60 年代末到 90 年代末的北爱尔兰问题（The Troubles），90 年代前南斯拉夫共和国的战争，它们都在很大程度上被认为是宗教纷争，稍前的例子是罗马天主教徒与清教徒的争端，更早的例子是天主教与东正教、罗马天主教徒和穆斯林的互相争斗。或许有人说这两个例子在本质上是政治和经济问题，而非神学问题，但毋庸置疑的是，当双方都贴上了宗教的标签后，冲突变得更为紧张和不容妥协了。

此外，我们应该强调，新兴宗教运动的绝大多数成员都是完全守法

---

① 还可以补充道：其他传统宗教的教职人员也被判性侵犯罪，尽管这种情况在罗马天主教堂内不是大规模地出现，但也已经有了。

的公民。"宗教运动信息网络中心"（INFOMRM），一个设在伦敦经济学院的教育性的慈善团体，由英国政府和主流教会资助，已经建立了一个涵盖 4000 多个组织的数据库，其中约有 1000 个是活跃在英国的新兴宗教运动（Barker 2006）。① 戈登·梅尔敦（2009）在他的无与伦比的 1386 页的《美国宗教百科全书》的第八版中，为美国 2000 多种不同的"基本宗教组织"（教堂、教派、膜拜团体、寺庙、协会和代表团）提供了详情。目前很有可能 2000 多种新兴宗教活跃在西方——可能更多。② 然而，其中大部分却不为公众所知，也不为政府所重视，因为当局从未发现他们有任何犯罪行为。

另一点需要说的是，许多新兴宗教运动致力于慈善工作，不仅在西方也在其他地方帮助那些需要帮助的人。据说在世界 100 多个国家有超过 1000 多所学校由葛兰推动（ Gülen – inspired ）而建立的学校（ Ebaugh 2010：vi）。广为传播的新兴宗教运动所做的慈善工作包括提供食物、创建识字班、进行有关艾滋病的教育、医疗协助、探监（prison visits）和灾难救助。然而，对其持仇视态度的非成员对这样的行为却常常心存疑虑，他们认为新兴宗教运动帮助人们只是因为他们想从中得到点什么，比如吸收新的皈依者或是增加社会对其认可。

还可以进一步说，即使是那些被卷入犯罪或反社会行为的新兴宗教运动，也往往做了改变，以确保类似的例子不再复发。

新兴宗教运动不断变化的特性

从这点出发，我们可以注意到新兴宗教的另一个特点是，他们往往比较老的、更为建制化的宗教改变得更快速、更彻底。这是由各种原因

---

① www. Inform. ac.

② 2011 年 2 月 16 日希尔博士（Dr Phil）脱口秀的预告片声称"大约有 5000 种类膜拜团体正在美国运营"（http://drphil. com/shows/show/1599）。

导致的,无论是对特定的新兴宗教,还是所有的新兴宗教运动都是如此。进一步说,改变的动力可以来自新兴宗教运动自身,也可来自他们身处其中的环境。

当预言失败

举一个明显的例子,对一个运动之神学信仰的否定会造成特定的内部结构变化。例如,据我们所知,如果一个新兴宗教运动预测世界末日会发生在某一天,那一天过去了却没发生任何明显变化,那么该运动需要以某种方式修饰或调整其信仰以应付似乎没能奏效的预言。[①] 其中西方社会最广为人知的期待发生在 19 世纪中期,当时威廉·米勒(William Miller , 1782 – 1849)的追随者们忍受着后来被称之为"大失望(the Great Disappointment)"的痛苦,因为 1844 年 10 月 22 日耶稣并未复临人间。大部分失望的米勒者们离开了这次运动,而一部分人在后来形成的基督复临安息日会(the Seventh – day Adventist Church)中继续追随爱伦·怀特夫人(Mrs. Ellen G. White ,1827 – 1915),这项运动不仅在西方有数百万名成员,其成员也逐渐扩散到世界其他地方。

没能奏效的预言的其中一个反映很简单:成员们会醒悟并离开。另一个令人惊讶的反应是在团体内部重新燃起热情。这样的反应导致了心理学认知失调理论的发展,当时利昂·费斯汀格(Leon Festinger)和他的同事(1956)在研究"飞碟膜拜团体"(UFO – cult),该团体的领导人玛丽安·基奇(Marian Keech)曾和随后发展成山达基教的罗恩·哈伯德(L. Ron Hubbard)的戴尼提组织有过联系。基奇夫人(她的真名是多萝西·马丁(Dorothy Martin))声称她收到过来自外太空 Clarion 星球的信

---

① 犹太教和基督教长久以来都盼望着弥赛亚的到来。早期的基督徒预期耶稣会在他们有生之年回来,数个世纪以来新兴宗教期望预言的实现能够在《启示录》和《圣经》的别的什么地方被发现。

息,通知她在 1954 年 12 月 21 日黎明前世界将在大洪水中结束。成员们为乘飞碟离开做准备,切断了与家人和工作的联系,散尽财物,然而飞碟如水灾一样,并没有成真。在最初的失望过后,基奇夫人收到了进一步消息,消息告诉她说是团体的行动挽救了地球,而成员们也以重新焕发的热情开始传播这一新的神启。

有时候领导人会道歉,说自己估计错了,再给出一个稍后的日期。但是这种情况发生的次数有限制,日期可能被越来越不具体的预测取代。在耶和华见证人的整个历史上,其成员们都在盼望着数个连续的(successive)日期,但在 1975 年的一次失望之后没有一个是具体的日期。有时预言首战告捷。在 20 世纪 70 年代和 80 年代,西方许多新时代运动(New Age movement)的参与者相信宝瓶时代(Age of Aquarius)的黎明已经迫在眉睫了,随之会带来意识的显著提高,世界各地也会发生巨大变化。人们将焦点集中在"和谐会聚"上,并计算出它将出现于 1987 年 8 月 16 到 17 号,彼时巨大的能量转移可能预示着一场戏剧性的转变,即世界由充满冲突变成充满和平。如今西方新时代者们不太可能认为这样的全球性变化正在发生,他们更愿意强调是时候轮到每个个体在自己内心发现了上帝(Heelas and Houtman 2009)。

预言明显没能奏效的另一种解释是,预言实现了,但预期的事件发生在天堂或者精神世界中。乔安娜·索恩科特(Joanna Southcott,1750 – 1814)宣称她是那位在《启示录》12∶1 – 6 中描述的女士,她会生出新的弥赛亚。当这事并未发生时,据说索恩科特的信徒声称她生下了一个精神的孩子示罗(Shiloh)。另一个例子是由米勒的信徒(之后发展为基督复临安息日会信徒)提供,他们对《但以理书》8 章 14 节最初的理解是,"圣殿得洁净"意味着在 1844 年耶稣第二次复临时世界将会由火净化,然而在大失望之后,"世界"被诠释为指的是天上的圣所。

或者,解释蕴含在新兴宗教运动的声称中,他们声称由于自己的行动避免了一些灾难。正如我们所见,基奇夫人采用了这样的解释。同样的,据说先知伊丽莎白·克莱儿(Elizabeth Claire Prophet (1939 – 2009))声称,通过成员的祈祷,她的万有得胜教会(Church Universal and Triumphant)[也称为灯塔峰会(Summit Lighthouse)]的信众已经避免了由她预言的将发生于 1990 年 4 月 23 日的核灾难;但另一个公布的解释是那个日期不是指一场核武器大屠杀,而是标志了以 12 年为一个周期的新兴宗教运动的消极业力的开始。相反地,新兴宗教运动有时声称如果世界上其他人完成他们本应该做的事,某种神奇的事情将会发生——统一教会成员通过谴责施洗约翰没有宣布耶稣是弥赛亚来解释耶稣无法通过结婚、建立理想家庭来救赎世人的事实。

不过最常见的是,随着时间的流逝,新兴宗教运动不再对即将来临的改变进行预测——不管这些改变是关于末世论的,还是其他任何剧变型的——尽管他们会继续相信这样的事情将在某一天发生。

人口特征的变化

当然,并不是所有的新兴宗教运动的神学信仰都会如此明显地受到挑战,但是他们都要面对信徒人口特征的变化,这将对这些运动产生深远的影响。正如前面提到的,上世纪 60 年代左右出现于西方的新兴宗教运动的成员绝大多数是年轻皈依者。这本身就意味着运动中的成员很少有家属,这些热情的成员可以自由地周游世界,长时间为他们的宗教工作。但是,几乎不可避免的事情发生了:新兴宗教运动的人口结构将会发生剧烈变动。

另一个在等待着新兴宗教的不可避免的人口变动是克里斯玛创始

人的逐渐年长并最终死去。① 西方几乎所有比较有名气的新兴宗教运动的创始人现在都已经死了。② 但总的说来,新兴宗教运动的控制权已经传到了继任者手中,这些继任者很少被认为具有同创立者一样的克里斯玛权威,他们的权力更多的可能是来自官僚主义规则或传统。结果,在领导的一声号令之下,新兴宗教运动在方向上不可能突然发生变动,从这个意义上来说,逐年老去的新兴宗教运动往往会变得越来越可预测。但这并不是说,新兴宗教运动采取的特定的方向是可以预见的。可以预见的是肯定将会有变化。③ 然而,一般来说,新兴宗教运动可能朝着更加适应它周围的社会的这个方向上发展。区分"神圣"与"邪恶","好"与"恶",或最重要的"他们"与"我们",这些边界变得更有弹性和渗透性。与人类学家玛莉·道格拉斯(Mary Douglas)(1970)称为强的

---

① 有些运动相信他们已发现了在地球上永生的秘密。其中一个比较突出的运动,已经在如"永远在一起"(Together Forever)和"永恒火焰基金会"(The Eternal Flame Foundation)等多种名称下进行活动,它由三大巨头[查克(Chuck)、伯纳德·迪恩·布朗(Berna Deane Brown)、詹姆斯·罗素·斯特罗勒(James Russell Strole)]在美国成立,他们声称自己会"长生不老"(physical immortals)。

② 为简要说明这些运动中的一些变动,这里选了一些在过去半个世纪中活跃于西方的比较突出的新兴宗教运动,给出其创始人的出生和死亡日期:Prabhupada(1896 – 1977)国际奎师那意识协会(ISKCON);吉姆·琼斯(Jim Jones)(1931 – 1978)人民圣殿教;Victor Paul Wierville (1916 – 1978)国际方式(The Way International);罗恩·哈伯德(L. Ron Hubbard)(1911 – 1986)戴尼提/山达基教;Herbert W. Armstrong(1892 – 1986)全球上帝教会(Worldwide Church of God);拉杰尼希/奥修(Rajneesh/Osho)(1931 – 1990)拉杰尼希运动;David Koresh/Vernon Wayne Howell (1959 – 1993)大卫教派;大卫·博格 (David Berg)(1919 – 1994)上帝的儿女/国际家庭(The Family International);Anton Szandor LaVey (1930 – 1997)撒旦教会;Richard Girnt Butler (1918 – 2004)雅利安人列国(Aryan Nations);Harbhajan Singh Puri/Daniel Cohn/Yogi Bhajan(1929 – 2004)锡克教佛法/ 3HO (Sikh Dharma/3HO);Maharishi Mahesh Yogi (c. 1917 – 2008)超然的冥想(Transcendental Meditation);Adi Da/Franklin Albert Jones (1939 – 2008) Adidam;Noel Stanton(1926 – 2009)耶稣军长(Jesus Army);先知伊丽莎白·克莱儿(Elizabeth Clare Prophet)(1939 – 2009)万有得胜教会;Moishe Rosen (1932 – 2010) Jews for Jesus。

③ 有些宗教试图维持其最初的信仰和生活方式[如亚米希人(Amish),哈特派(Hutterites)和Bruderhof],甚至连他们也不得不改变,以防止每一个后一代(each succeeding generation)在不断变化的社会中发生变化——正如 Giuseppe Tomasi Di Lampedusa (2005:27)说的那句著名的话:"如果我们想要的事情来保持原样,那么事情就会变化。"

团体（strong group）的情形所不同的是,个体最主要的身份是他/她是否是运动中的一员。个体成员越来越发现自己处于一种"网格"（grid）的情形中,在这种情况下他们所处的网络或者他们联系的人当中只有一部分是他们所处宗教的成员。一门新的新兴宗教成员往往吹嘘他们与世界的其他部分是多么不同,那些老的新兴宗教的成员更有可能说他们和别的任何人都一样。或者,为了增加论据并引用经典社会学的研究,我们可以说新兴宗教运动（虽然并不总是）倾向于显示更少的宗派特点,尽管它随着时间越来越宗派化——这一过程被一些人看做是一些成熟和适应,被另一些人看做是妥协和弱化（McGuire 2002；Niebuhr 1929；Wilson 1970）。

影响新兴宗教运动的外部变化

显然,并非新兴宗教运动经历的所有变化都源于运动本身。社会环境的改变会明显影响这些运动。近年来西方发生的比较剧烈的变动就是互联网的迅猛发展和社会主义制度的解体。

因特网的到来对西方新兴宗教运动的影响程度非常之大。这些运动及其对手都能呈现各自对现实所作的注解（accounts of "reality"）,这在 20 年前还是不可想象的。新兴宗教运动发布于互联网的网站上都盛赞自己的长处,而对于每一个这样的网站,都可能有至少一个、常常有几个更多的网站攻击该运动并暴露它的黑暗面（Mayer 2000）。领导人能同其世界各地的追随者交换即时信息。此外,许多运动早期的普通成员,不仅与外面的世界相对隔绝,与其他成员的横向沟通也时常被阻止,现在,通过电子邮件和互联网,他们能够较为容易地接触到彼此、接触到运动早先被删掉的曝光,事实上,也接触到对世界的另一种看法（Barker

2005）。①

在"铁幕"以东,无神论的社会主义政权几十年的统治导致了对宗教的压制,能够存活下来的极少的新兴宗教运动作为地下运动活动着,如此或多或少成功地对当局隐瞒了自己的存在。1989 年随着柏林墙的倒塌,中欧和东欧打开了闸门允许西方新兴宗教运动涌入,试图填补由于社会主义解体而留下的空白。② 最初,宗教自由的观念导致了这些运动,很多人热情欢迎它们,但不久蜜月期就结束了。虽然新兴宗教运动毫无疑问进展得比以前好,但它们在 90 年代初期受到的热烈欢迎实在是太短暂了,许多运动面临着不被大众信任的局面,经常面临来自政府、媒体、传统宗教和大量的"反邪教团体"的质疑（Hall and Smoczynski 2010）。正如我们在历史上看到的一样,经济压力和政治的不确定性使得人们去寻找替罪羊③,新兴的、外国的（foreign）、具有非传统信仰的那些人不断发现自己正被置于这样一种角色中。民族自豪感的需求会转变成排他的、侵略性的民族主义——甚至本土新兴宗教运动也可能被视为叛国者,而非异教徒,因为那些主张个体的拯救高于社会的人会被看做叛徒（Barker 1997）。

对新兴宗教运动的社会反应

这些社会反应让我们看到了新兴宗教运动的第一个特点:人们常常

①　一些运动已经实行严格的控制,试图阻止成员访问因特网上的"不良"信息,但有决心的成员通常能成功地规避类似的措施。

②　许多这样的运动,如国际奎师那意识协会、其他的印度和佛教团体,它们可能源于东方,但却倾向于通过西方进入东欧和前苏联。

③　原来指的犹太人的赎罪日上进行的一个仪式,仪式中一只山羊背负着"所有以色列人的罪恶,他们一切的罪愆中的所有过失",承认这些过失,然后被输到旷野（《利未记》16:10、21、22）,"替罪羊"这个词用来指无辜的人为了别人的罪过和苦难而遭受谴责和惩罚,通常是作为一种分散人们对真实原因的注意力的方法。

带着怀疑和恐惧的心态看待它们,社会上的其他人歧视它们也并不稀奇。这并不完全令人惊讶,因为根据定义,新兴宗教运动很可能提供了一套替代那些广为人们接受的信仰和行为方式的东西,想要维持现状的人不可能欢迎它们的到来。中产阶级父母希望自己的孩子成为拥有丰厚薪水、社会地位高的医生、律师或其他受人尊敬的公民而培养他们,如果他们发现他们的儿子或女儿放弃自己的事业,也有可能是产业,为一个在父母看来是纯粹的幻想的目标长时间工作时,父母们不可能很欣喜。传统宗教视自己为神学真理的执掌者、传承国家文化遗产的媒介,它不可能欢迎异教的新思想和那些"偷走"信徒的运动,它认为这些信徒原本属于自己的"羊群"。政客们认为自己有责任指引社会向他们认为合适的方向发展,有责任控制不同政见者的声音,他们不太可能会热烈欢迎那些想要一个新的世界秩序、摆脱腐败与罪恶的"体制"(system)的人。[①] 媒体总是在寻找"好素材"(good story),新颖的、异国情调的和任何有关越轨行为的迹象的暴露都为他们所喜欢(Barker 1993;1995;Beckford 1999;Richardson and Introvigne 2007;van Driel and Richardson 1988)。

暴力反对新兴宗教运动

今天,西方新兴宗教运动的成员不再像 1 世纪的基督徒一样被扔给狮子,他们也不再像 13 世纪的卡塔尔派教徒(Cathars)一样被鞭笞或施以火刑。在西欧有针对新兴宗教运动的暴力事件,但这些更多的是由个人或维持治安的团体进行的,而非西方国家。[②] 1975 年,一名统一教会传教士在纽约麦迪逊广场花园被殴打至发出"统一教教徒万岁!统一教教徒万岁!(Moonie! Moonie!)"的尖叫声(Benanatcourt 2000)。1976

---

① 几个新兴宗教运动把处于他们的运动边界之外的广大社会称为"体制"(the system)。

② 苏联时期有死于狱中的奎师那信徒。

年,法国的统一教总部被烧,一名年轻的挪威籍成员因此住院六个月,至今仍严重残疾。10年后,法国议会委员会的报告将统一教会纳入"危险教派"的名单中(见下),随之法国媒体出现一系列文章宣称"必须要采取某种行动了"(Richard 1996)。在1996年1月29日凌晨4点,巴黎的统一教中心再次被炸毁。根据统一教成员的说法,这造成大约6万美元的损毁,幸运的是(没有事先警告)没有人在这次事件中受伤。几个月后,类似的爆炸事件由新卫城(New Acropolis)(名单上的另一个新兴宗教运动)总部在巴黎的同一个地方实施,也同样发生于4点(美联社1996)。

20世纪70年代早期,美国西海岸一批忧心忡忡的家长们联合起来以使他人心存警惕,试图让新兴宗教运动处于不合法的地位或至少以某种方式被控制住。由此发展出了通常被称为"反邪教"的运动(Beckford 1985;Garay 1999;Shupe and Bromley 1980),绝大多数西方国家已经至少有一个这样的团体,它或多或少有效地使人们注意到"破坏性膜拜团体(destructive cult)"的危险,并/或帮助那些被膜拜团体吸引的亲戚和以前的成员。被反膜拜团体运动和媒体传播的最广为流传的观念之一是洗脑理论。该理论为这种显然令人费解的现象,即高智商、受过良好教育的年轻人放弃一切加入一些稀奇古怪的膜拜团体,提供了一个简单的解释。然而,研究表明,大多数一开始对新兴宗教运动感兴趣的人并未加入运动,且大多数加入的人都可能在短期内离开。事实上,到现在为止已经很明显了,很多人离开了他们生于斯长于斯的新兴宗教运动,这表明运动持有的任何"洗脑"或"精神控制"技巧并非都有效(Anthony and Robbins 2003;Barker 1984)。

将洗脑作为皈依[或"招募"(recruitment),一些反膜拜团体的人喜欢用这个词]的一种解释,尽管其科学地位仍站不住脚,但洗脑隐喻在西方大众话语中还在继续流行着,它被用来为20世纪70年代到90年代之间广为流传的绑架行为提供正当性，其中成百上千名新兴宗教运动的成员被绑架，他们被控制住自己的意愿以达到"反洗脑"（deprogramming）的目的，反洗脑专家让皈依者的父母知道，如果他们想要重新看到自己（已成年）的孩子，他们需要付给他们（反洗脑专家）几千美元以"解救"这些"受害者"（Barker 1989：Appendix III；Brandon 1982；Bromley and Richardson 1983；Richardson et al 1986；Shupe and Bromley 1980）。[1] 如今西方的强制反洗脑做法很大程度上已经被"退出辅导（exit counselling）"取代了，该做法不涉及违法使用武力，并被认为比先前颇具攻击性的方法更有效（Bardin 2000）。[2] 另一种不那么富有侵略性的做法是"思想改变咨询（thought reform consultation）"，它并不试图使成员从运动中脱离，而是将焦点集中在恢复成员和他们的家庭之间的沟通上（Giambalvo et al 1996）。在新兴宗教运动本轮浪潮的早期西方常见的另一种做法，但是现在已经不那么频繁了，是对皈依者进行"医疗化（medicalization）"，它偶尔涉及住院治疗、药品管理和电击治疗，目的是"治愈病人们"疯狂的信仰（Coleman 1982；Richardson 1996；Robbins and Anthony 1982）。诸如住院治疗和解洗脑的行为并不经常得到由西方政府官方的容忍[3]，尽管对他们视而不见是常有的事（Barker 1989：162）。

国家层面的行动

几乎所有的西方社会都签署了《联合国人权宣言》和其他重要宣

---

① 在日本强制的解洗脑活动仍在继续，其目标通常是统一教信徒，而基督教牧师往往作为它的首席实践者（Japanese Victims 2010；Watanabe 1997）。

② 一位参与到这种非法实践中的解洗脑专家的相当坦率的叙述，参见 Patrick（1976）。

③ 在 20 世纪 70 年代，有些父母寻求来自美国法院的托管命令，他们认为他们的（成人）孩子们已经被其所处的运动给弄"残疾"了，所以应该被强制约束。该方法在美国的初步胜利没有维持多久（Robbins and Anthony 1982）。然而，在法国，由于国家最近试图采用一种医疗化的方法被指责（Altglas 2008：59）。

言,例如《欧洲人权公约》(Marting 1994)。① 大多数西方社会也有宪法来保障公民的宗教信仰和实践自由。尽管如此,一些西方国家已经制定了限制新兴宗教运动的法律,在个别情况下,甚至禁止一些新兴宗教运动存在。②

官方报告

一些政府已经感到有必要建立官方咨文,这从整体上导致了许多对新兴宗教运动的报道,例如,加拿大安大略省(Hill 1980)、荷兰(Witteveen 1984)、法国(Vivien 1985 and Gest and Guyard 1995)、俄罗斯(Kulikov 1996)、比利时(Duqesne and Willems 1997)、德国(Saunders et al 1998)、瑞典(Ingvardsson et al 1998)。也有一些官方报告集中于特定的新兴宗教运动,如统一教会(Fraser 1978)和山达基教(Foster 1971;Kniola 1997)。也有受欧盟议会(Cottrell 1984;Hunt 1991;Berger 1997)和欧洲理事会(Nastase 1998)委托的报告。有些报告(例如安大略、荷兰和瑞典)得出的结论是,现有法律似乎足以应付这些运动;其余的地方(例如俄罗斯、法国和比利时)得出的结论是,应该制定特殊的措施来控制它们。③ 法国和比利时的报告在一些做法(count)上受到批评,其中之一是,他们采用的方法依赖于前成员和反膜拜团体组织(主要是家庭与个人保护协会的分支,the Association for the Defence of the Family and the Individual,ADFI),而不是那些研究过新兴宗教运动的学者,他们很少或

---

① 根据 1948 年 12 月 10 日被采用的《联合国人权宣言》第 18 条:"人人均有权享有思想、良心与宗教之自由;此一权利包括改变宗教或信念之自由,单独或集体、公开或秘密地以教义、仪轨、礼拜和戒律表达其宗教与信仰之自由。"

② 伊斯兰解放党(Hizb ut - Tahrir)在德国、俄国和荷兰被禁止,在几个主要的伊斯兰国家也被禁止。首相托尼·布莱尔(Tony Blair)声称他想禁止该运动,但禁令从未真正被实施过。但是英国已经禁止了一些其他的团体,如阿尔 - 穆哈吉朗(Al - Muhajiroun),因为怀疑他们在推进恐怖活动。

③ 官方报告及建议之间的差异 Richardson 和 Introvigne(2001)曾仔细比较过。综述还可以在 European Consortium for Church and State Research (1997)中发现。

不给这些宗教团体辩解的机会（Fautré 1998；Introvigne and Melton 1996）。

另一个批评针对的是被列入名单的新兴宗教运动(1995 年法国官方报告中有 172 种,比利时官方报告中有 189 种),其中包括贵格会信徒（Quakers）、摩门教徒（Mormons）、基督复临教派教友（Seventh – day Adventists）、主业会（Opus Dei）（一个小型天主教社区）、基督教女青年会（Young Women's Christian Association,不过,奇怪的是,没有基督教青年会 YMCA）,以及一些在其他西方国家受人尊敬的宗派。法国和比利时发言人一再指出名单并非宣称这些团体与法不容,比利时官方报告本身明确规定这一事实:委员会并不认为名单上的宗教团体是危险的（Duqesne and Willems 1997：227）。但恰恰是出现在官方报告中的名单导致了许多针对新兴宗教运动成员的歧视性指控,例如,他们失去了工作,丧失了孩子的抚养权,有些人的孩子被学校开除,或者是,当房主知道租自己房屋的人所在的团体也在名单之中时,这些人对房间的预定会在最后一刻被取消（Lheureux et al 2000）。人们也许能注意到瑞典的官方报告还包括瑞典的宗教名单——但这是所有已知的宗教信仰,包括当时的国家教会和五个撒但组织（satanic groups）（Ingvardsson et al 1998）。

制定法律

尽管《美国宪法第一修正案》禁止设立任何国教（"国会不得制定关于下列事项的法律:确立一种宗教或禁止信教自由"）,但有的西方国家觉得有必要通过立法去限制少数派宗教的活动（Richardson 2004）。在法国阿兰费雯,有人引用当时"反邪教事务协调委员会"（Interministerial Commission to Combat Sects）（MILS）主席阿兰·维维安（Alain Vivien）的话说,"立法反对膜拜团体不能以人权的名义被禁止。当人们知道这些运动在很大程度上会侵犯到更多的基本人权时,就会知道这种反对有多荒谬了"(Desormeaux 2001)。为预防和镇压那些侵犯人权的邪教运动,凯瑟琳·皮卡德(Catherine Picard)曾共同策划 2001 年《法国法》,据由统一教创办的《华盛顿时报》报道,她曾说:"我们有必要给法官压制的工具。法律是对社会演进的一种反应,也是对教派在社会中不断增长的重要性的一种反应"(Bosco 2001)。

毋庸置疑,一些少数派宗教还存在一些有争议的问题,例如耶和华见证人拒绝参军或接受输血;上帝的儿女和弥赛亚式的社区(Messianic Community)坚持居家自学;很多新兴宗教运动坚信劝诱他人信教是他们对于神的职责(Witte 1998);他们相信祷告或疗愈实践而不相信药物(Swan 1998);这些运动的领导们聚敛了大量财富,如拉杰尼希(Rajneesh)[后来被称为奥修(Osho))和文鲜明(Sun Myung Moon)]。尽管很少西方人会不同意这个立场,即应该有法律手段来控制那些沉湎于犯罪活动或者侵犯别人基本人权的新兴宗教运动,但是也有很多人质疑我们是否应该先入为主的假定所有的教派且只有教派才会具有这些问题。由于这个原因,大多数西方国家坚持这个原则,即法律必须看到任何特定团体或其成员实际做了什么,而不是基于不清楚和有问题的归类去先验地歧视他们,将之称为邪教、教派、新兴宗教运动、伪宗教或心理治疗膜拜团体(psychotherapeutic cult)。换句话说,西方社会的规则是,公民能够信仰他们喜欢的东西,按照他们心里所想的行事,只要他们不违反国家的法律。如果某一种新兴宗教运动的成员做了一些事,使得人们认为有必要制定新的法律法规(毕竟任何时候可以以任何理由立法),那么该法规应该平等地适用于任何人,不管他们的信仰是什么或即便他们没有信仰。

然而,在有些情况下歧视(在由于尊敬人们的信仰而以不同的方式对待他们这个意义上)被认为是被允许的——当它是"客观正当的"。举两个发生在英格兰的例子:一方面,出于健康的原因,在冰激凌厂工作的锡克教男性成员（Sikh male）需剃净胡须,法律规定这种要求是合理的(辛格 v 里昂女仆有限公司,Singh v Lyons Maid Ltd),但另一方面,一名拉斯塔法里派成员(Rastafarian)若想保住自己火车司机的工作的话,需剪去他的长发,法律也规定很难为这种做法正名[道金斯 v 皇冠供应商(PSA)有限公司,Dawkins v Crown Suppliers（PSA）Ltd]（Cumper 1996）。还有为了保护宗教仪式（exercise）而制定的《1993 美国宗教自由恢复法（RFRA）》,它允许法律之外有一些例外情况,只要没有违背"重要的国家利益"。1997 年《宗教自由恢复法》因违反宪法和考虑到在各州的适用性在很大程度上被推翻了,并于 2003 年被进一步修订（Sullivan 2005）。

法律所允许的行为,其范围受到少数派宗教团体和西方社会的不断审查,被各方律师强烈指责。山达基教和耶和华见证人在法庭上特别活跃,对他们有利的欧洲人权法庭的判决不仅对新兴宗教运动而且对整个西方社会中的少数派宗教都产生了影响。泛泛来讲,越是往东走,少数派宗教的活动越可能受到法律限制,但总有例外:法国受到的限制比芬兰多,希腊受到的限制比乌克兰多,白俄罗斯受到的限制比日本多,澳大利亚和新西兰受到的限制差不多和加拿大不相上下（Richardson 2004）。

注册（Registration）

一些（但不是全部）欧洲国家在法律上将宗教区分开来最常用的方法是,它们是否能够通过注册或/和得到认可,只有通过注册,它们才有资格享有特定的权利。有些法律把拥有最低限额的成员作为注册的一项标准,含有这项要求的法律可能有利于较早成立的、更为建制化的宗教,而不是那些本土的新兴宗教运动和那些对该国来说是刚刚兴起的宗教,在任何一个国家任何时候,第一代运动中只有少数运动能够拥有 50

名成员。有时小团体不让登记的其中一个理由是他们可能会很快消失，或只是不值花费精力去管理。当把限制定在只有十来个成员时，这种说法就很合理（如在爱沙尼亚），但这为斯洛伐克的少数派宗教提出了一个非常现实的问题，因为那儿的最低成员数目是2万。人们能够听到的另一个原因是，小团体会要求平等的权利，包括享受在同一时间和主流宗教一样通过电视或广播为其会众服务的好处，而主流宗教的会众数目往往是新兴宗教运动成员的千倍甚至百万倍。①

经常用于注册目的的另一项标准是一种宗教在一个国家中已存在时间的长短。根据定义，越是新兴的宗教，它存在的时间就越短。立陶宛没有国家教会，但是它承认9种"传统"信仰②，尽管并没有在任何法律中被正式说明，但司法部使用的公认的标准是他们在立陶宛的土地上经过了300 - 400年"历史的考验"。在立陶宛，宗教团体在其成立不少于25年之后才能去申请国家认可，如果请求被驳回，十年后才允许重新申请（žiliukaitè and Glodenis 2000；Corley 2001）。然而值得注意的是，立陶宛人可以自由实践其宗教，即使这些宗教没被正式认可。但是在俄国，《1997 俄罗斯联邦良心自由和宗教团体法》（Uzzell 1998）规定注册的要求之一是要有文献证明这个组织"在相关领土上存在了不少于15年"（Article 11.5），那些没有注册成功的宗教将会被"清算"（Article 14）。

西方新兴宗教运动的未来

如果历史告诉过我们什么，那就是预测未来是一件很危险的事，那

---

① 一个严格的比例代表制可能会被视为同等荒谬——通过简单的数学计算得知，一种较为流行的新兴宗教［比如英国的国际奎那师意识协会（ISKCON）］能"有权"在传统宗教每30小时的广播时间享有大约一秒钟的广播时间。事实上，在 BBC 的"每日一思（Thought for the Day）"节目中，由一名奎那师信徒在广播中代表印度教社群这种事很常见。

② 罗马天主教、希腊天主教、路德宗、改革宗、俄国东正教、旧礼仪派信徒（Old Believer）、犹太教、逊尼派穆斯林和圣经派信徒（Karaite faiths）。

些试图预测未来的人会发现意想不到的事必然会发生，而他们期望的许多事仍未实现。话说回来，也有人相信他们可以从已经发现的特定趋势上进行推断，例如"世俗化"（Bruce 2002；2011），"文明的冲突"（Huntingdon 1996），或西方文化的"东方化"（Campbell 2007；Heelas 2008），同时也有很多其他勇敢的人敢于凝视水晶球（Borowik and Jablonski 1995；Bromley and Hammond 1987；Introvigne 2004；Melton 1998）。虽然我们需牢记"天使畏惧处，蠢人敢闯入"的箴言（教皇 1711），但是的确有一些现象看起来确实比其他现象更能代表未来。未来会是什么样的，让我用一些粗浅的建议来结束今天的讲话吧。

首先，假设大型灾害，不管是自然的还是人为的，并未让我们所熟知的世界戛然而止，假设宗教在西方并未像其在，比如说，恩维尔·霍查（Enver Hoxha）政权下的阿尔巴尼亚那样受到更全面的强力压制，那么宗教将会出现多样性的图景且这种多样性在西方——也可能是其他地方——将越来越具有代表性。当然，这种说法是有争议的。传统宗教在可预见的将来更可能继续要求大多数男性和女性忠诚于它，但也有可能有越来越多的人拒绝宗教——或积极否决宗教或只是因宗教与他们的生活不相干而忽略它。与此同时，在主要的传统内或传统外还将继续出现各种新的、调和的信仰和实践。

在日益全球化的世界中期待不断增长的宗教多样性是很合理的，这其中有几个原因。首先，通过大众媒体，特别是因特网，可供选择的思维方式和思考方式对于越来越多的人来说变得比以前更为可能。只举一个例子，20 世纪初西方几乎没有人有轮回（reincarnation）的概念；一百年后，调查发现五分之一的西方人说他们相信它（Ashford and Timms 1992；Walter and Waterhouse 2001）。[①] 第二，西方人已经逐渐变得更具有流动

---

① 这也不全然肯定有多少人准确理解这个概念必须包括什么，许多自称是天主教徒的受访者也相信身体的复活。

性,不管是地理上(人们拜访不同的文化,住在与他们成长起来所不一样的环境中)的还是社会上的,人们在不断转变的职业结构中找工作而不是自动地做他们父母以前做的工作。① 再加上文化变迁倾向于为个人自由和个体选择的重要性施加压力,社区的解体导致一些人寻求新的、可供选择的社区,另一些人寻求表达他们个人主义的新办法。简而言之,正如西方人(还有别人)经历的各种生活一样,它们正变得越来越不像他们的祖父母所过的那种生活,所以曾经满足祖父母的"终极关怀"问题的答案不可能满足其孙辈这个事实了也就不足为奇了。考虑到形势的多样性,孙辈们在这种多样性的形势中发现自己、发现种种向他们开放的选择,按照毛主席的话来说,就是鼓励"百花齐放,百家争鸣"的局面并非不可思议。

与此同时,尽管西方已经存在数百种——如果不是数千种——的新兴宗教运动,这些运动都不再像 20 世纪后期那样吸引媒体注意和公众关注了。这是各种各样的原因造成的。如上所述,原因之一是,许多战后初期的幸存的新兴宗教运动通过成熟和适应更广泛的社会变成了现在的样子。另一个原因是,学识和熟悉消除了运动早期充斥着的无知和传言。还有一个原因是自从 2001 年 9 月 11 号纽约世贸中心双子塔的轰炸和随后在马德里、伦敦及其他西方城市发生的攻击事件,西方更为关心恐怖组织的威胁而不是"普通的"新兴宗教运动。诸如基地组织(al－Qaida)这样的团体可以且经常被定义为极端新兴宗教运动,但是西方媒体、政府和普通民众却倾向于认为他们属于不同的类别。

注意力的转变并不意味着新兴宗教运动已经完全从大众的视线中消失,也不意味着新的新兴宗教运动不会继续活跃在西方的土壤上。然而,这确实意味着它们在一种不同的环境中发展,意味着它们将从不同

---

① 我们中几乎没有谁的祖先曾是电脑工程师或在呼叫中心工作。

的人群中吸收潜在的皈依者，意味着它们过着一种不同的生活、容纳不同的信仰、奉行不同的仪轨。但是，当然，这些也就是另外一回事了。

参考文献

Altglas , Véronique. 2008. "French Cult Controversy at the Turn of the New Millennium: Escalation, Dissensions and New Forms of Mobilisations across the Battlefield." pp. 55 – 68 in The Centrality of Religion in Social Life: Essays in Honour of James A. Beckford, edited by Eileen Barker. Aldershot: Ashgate.

Anthony, Dick, and Thomas Robbins. 2003. "Conversion and 'Brainwashing' in New Religious Movements." pp. 243 – 297 in The Oxford Handbook of New Religions, edited by James R. Lewis. Oxford: Oxford University Press.

Ashford, Sheena, and Noel Timms. 1992. What Europe Thinks: A Study of Western European Values. Aldershot: Dartmouth.

Associated Press, Paris. 1996. "Bomb Hits Paris Cult Bookstore." LA Times 14 August.

Bainbridge, William Sims. 2002. The Endtime Family: Children of God. Albany, NY: State University of New York Press.

Baird, Robert 1971. Category Formation and the History of Religions. The Hague, Paris: Mouton.

Balch, Robert W. , and David Taylor. 2002. "Making Sense of the Heaven's Gate Suicides." pp. 209 – 228 in Cults, Religion and Violence, edited by David G. Bromley and J. Gordon Melton. Cambridge: Cambridge University Press.

Bardin, Livia. 2000. Coping with Cult Involvement: A Handbook for Families and Friends. Bonita Springs FL: American Family Foundation.

Barker, Eileen. 1984. The Making of a Moonie: Brainwashing or Choice?
Oxford: Blackwell (now available from Ashgate, Aldershot).

Barker, Eileen. 1989. New Religious Movements: A Practical Introduc-
tion, London: HMSO.

Barker, Eileen. 1993. "Will the Real Cult Please Stand Up? A Compara-
tive Analysis of Social Constructions of New Religious Movements."
pp. 101 – 116 in Religion and The Social Order: The Handbook of
Cults and Sects in America, edited by David G. Bromley and Jeff-
rey Hadden. Greenwich CT & London: JAI Press.

Barker, Eileen. 1995. "The Scientific Study of Religion? You Must be
Joking!" Journal for the Scientific Study of Religion 34/3:287 –
310.

Barker, Eileen. 1997. "But Who's Going to Win? National and Minority
Religions in Post – Communist Society." pp. 25 – 62 in New Reli-
gious Phenomena in Central and Eastern Europe, edited by Irena
Borowik and Grzegorz Babinski. Kraków: Nomos.

Barker, Eileen. 2004. "What Are We Studying? A Sociological Case for
Keeping the Nova". Nova Religio 8/1:88 – 102.

Barker, Eileen. 2005. "Crossing the Boundary: New Challenges to Au-
thority and Control as a Consequence of Access to the Internet."
pp. 67 – 85 in Religion and Cyberspace, edited by Morten Thoms-
en HØjsgaard and Margit Warburg. London: Routledge.

Barker, Eileen. 2006. "What should we do about the Cults? Policies, In-
formation and the Perspective of INFORM." pp. 371 – 395 in The
New Religious Question: State Regulation or State Interference?
(La nouvelle question religieuse: Régulation ou ingérence de l'

État?）, edited by Pauline Côté and T. Jeremy Gunn. Brussels: Peter Lang.

Barker, Eileen. 2008. "The Church Without or the God Within? Conceptions of Religion and Spirituality" in Eileen Barker（ed.）The Centrality of Religion in Social Life. Aldershot: Ashgate: 187 – 202.

Barker, Eileen. 2011. "Religion in China: Some Introductory Notes for the Intrepid Western Scholar" pp. 109 – 132 in Fenggang Yang and Graeme Lang（eds）Social Scientific Studies of Religion in China: Methodology, Theories, and Findings. Leiden: Brill.

Beckford, James. 1985. Cult Controversies: The Societal Response to the New Religious Movements. London: Tavistock.

Beckford, James A. 1999. "The Mass Media and New Religious Movements." pp. 103 – 119 in New Religious Movements: Challenge and Response, edited by Bryan R. Wilson and Jamie Cresswell. London: Routledge.

Bellah, Robert N., Richard Madsen, William M. Sullivan, Ann Swidler, and Steven M. Tipton. 1985. Habits of the Heart: Individualism and Commitment in American Life. Berkeley: University of California Press.

Benanatcourt, Antonio. 2000. "Unification Church." pp. 460 – 461 in Religious Freedom and the New Millennium, edited by Dan Fefferman. Falls Church, VA: International Coalition for Religious Freedom.

Berger, Maria. 1997. "Draft Report on Cults in the European Union." Strasbourg: European Parliament Committee on Civil Liberties and Internal Affairs.

Borowik, Irena, and Przemyslaw Jablonski (Eds.). 1995. The Future of Religion: East and West. Kraków: Nomos.

Bosco, Joseph. 2001. "China's French Connection." Washington Times editorial, 10 July.

Brandon, Thomas S. 1982. New Religions, Conversions and Deprogramming: New Frontiers of Religious Liberty. Oak Park, Illinois: The Center for Law & Religious Freedom.

Bromley, David G., and Phillip E. Hammond (Eds.). 1987. The Future of New Religious Movements. Macon, GA: Mercer University Press.

Bromley, David G., and James T. Richardson (Eds.). 1983. The Brainwashing/Deprogramming Controversy: Sociological, Psychological, Legal and Historical Perspectives. New York: Edwin Mellen Press.

Bruce, Steve. 2002. God is Dead: Secularization in the West. Oxford: Blackwell.

Bruce, Steve. 2011. Secularization: In Defence of an Unfashionalbe Theory. New York: Oxford University Press.

Bugliosi, Vincent. 1977. Helter Skelter: The Manson Murders. Harmondsworth: Penguin.

Campbell, Colin. 1972. "The Cult, the Cultic Milieu and Secularization." A Sociological Yearbook of Religion in Britain 5:119 – 136.

Campbell, Colin. 2007. The Easternization of the West: A Thematic Account of Cultural Change in the Modern Era. Boulder, CO: Paradigm.

Coleman, Lee. 1982. Psychiatry The Faithbreaker: How Psychiatry is Promoting Bigotry in America. Sacramento: Center for the Study of Psychiatric Testimony.

Corley, Felix. 2001. "Lithuania: Controversy Surrounds Four – Tier Religious Status. " Keston News Service 25 May.

Cottrell, Richard. 1984. "The Activity of Certain New Religions within the European Community. " Strasbourg: European Parliament Working Paper of the Committee on Youth, Culture, Education, Information and Sport.

Cowan, Douglas E. , and David G. Bromley. 2008. Cults and New Religions: A Brief History. Oxford: Blackwell.

Cumper, Peter. 1996. "Religious Human Rights in the United Kingdom. " Emory International Law Review 10/1:115 – 126.

Cusack, Carole M. 2010. Invented Religions: Imagination, Fiction and Faith. Farnham: Ashgate.

Davis, Deborah. 1984. The Children of God: The Inside Story by the Daughter of the Founder, Moses David Berg. Grand Rapids, Michigan: Zondervan.

Desormeaux, Andrea. 2001. "A Law was Approved by Parliament: The French are Determined to put an end to Cults. " El Mercurio, Chile 16 June.

Douglas, Mary. 1970. Natural Symbols: Explorations in Cosmology. London: Barrie & Rockliff.

Duquesne, Antoine, and Luc Willems. 1997. "Enquete Parlementaire visant à élaborer une politique en vue de lutter contre les pratiques illégales des sectes et le danger qu'elles représentent pour la société et pour les personnes, particulièrement les mineurs d'âge. " Brussels: Belgian House of Representatives.

Ebaugh, Helen Rose. 2010. The Gulen Movement: A Sociological Analysis of a Civic Movement Rooted in Moderate Islam. Dordrecht:

Springer.

European Consortium for Church and State Research. 1997. New Religious Movements and the Law in the European Union. Milan: Università degli Studi di Milano.

Family, The. 1998. The Love Charter. Zurich: The Family.

Fautré, Willie (Ed.). 1998. The Belgian State and the Sects: A Close Look at the Work of the Parliamentary Commission of Inquiry on Sects' Recommendations to Strengthen the Rule of Law. Brussels: Human Rights Without Frontiers.

Festinger, Leon, Henry H. Rieken, and Stanley Schachter. 1956. When Prophecy Fails. Minneapolis: University of Minnesota Press.

Foster, Sir John G. 1971. Enquiry into the Practice and Effects of Scientology. London: Her Majesty's Stationery Office.

Fraser, Donald M. 1978. "Investigation of Korean – American Relations." Washington DC: Subcommittee on International Organizations of the Committee on International Relations U. S. House of Representatives.

Garay, Alain. 1999. L'activisme anti – sectes: De l'assistance à l'amalgame. Lampeter: Edwin Mellen Press.

Gest, Alain (President), and Jacques Guyard (Rapporteur). 1995. "Les Sectes en France." Paris: Assemblée Nationale.

Giambalvo, Carol, Joseph F. Kelly, Patrick L. Ryan, and Madeleine Tobias. 1996. "Ethical Standards for Thought Reform Consultants." Cultic Studies Journal 13/1.

Hall, Dorota, and Rafal Smoczynski (Eds.). 2010. New Religious Movements and Conflict in Selected Countries of Central Europe. Warsaw: IFiS Publishers.

Hall, John R., with Philip D. Schuyler, and Sylvaine Trinh. 2000. A-pocalypse Observed: Religious Movements and Violence in North America, Europe, and Japan. London: Routledge.

Heelas, Paul. 2008. Spiritualities of Life: New Age Romanticism and Consumptive Capitalism: Blackwell.

Heelas, Paul, and Dick Houtman. 2009. "RAMP findings and Making Sense of the 'God Within Each Person, Rather than Out There'." Journal of Contemporary Religion 24/1:83 – 98.

High Court of Australia 1983. The Church of the New Faith [Scientology] vs. The Commissioner for Payroll Tax, 27 October.

Hill, Daniel G. 1980. "Study of Mind Development Groups, Sects and Cults in Ontario." Ontario Government, Toronto.

Hunt, John. 1991. "Report on Sects and New Religious Movements." Strasbourg: Council of Europe Parliamentary Assembly Committee on Legal Affairs and Human Rights.

Huntington, Samuel P. 1996. The Clash of Civilizations and the Remaking of World Order. New York: Simon & Schuster.

Ingvardsson, Margó, Sonja Wallbom, and Lars Grip. 1998. "I God Tro: Samh? llet och nyandligheten (In Good Faith: Society and the new religious movements)." Stockholm: Statens offentliga utredningar, Socialdepartementet.

Internal Revenue Service 1993. Letter from Dept. of the Treasury, Reference no. E:EO:R2 to Church of Scientology International, 1 October.

Introvigne, Massimo. 2004. "The Future of New Religions." Futures 36/9, November:979 – 990.

Introvigne, Massimo, and J. Gordon Melton (Eds.). 1996. Pour en Finir

avec les Sectes: Le débat sur le rapport de la commission parlemen-
taire. Turin, Paris: CESNUR.

Japanese Victims´ Association Against Religious Kidnapping and Forced
Conversion. 2010. Kidnapping, Confinement and Forced Conver-
sion: A Hidden Human Rights Abuse in Japan. Tokyo: HSA –
UWC.

Kent, Stephen. 2000. "Brainwashing and Re – education Camps in the
Children of God/The Family." Cultic Studies Journal 17:56 – 78.

Kniola, Franz – Josef. 1997. Zur Frage der Beobachtung der Scientology
– Organisation durch die Verfassungsschutzbehörden. Düsseldorf:
Innenministerium des Landes Nordrhein – Westfalen.

Kulikov, A. 1996. "Inquiry on the Activities of Certain Foreign Religious
Organizations gathered from materials of the MVD, FSB, Ministry
of Health, Ministry of Welfare and General Attorney´s Office."
Moscow: Ministry of Internal Affairs of the Russian Federation.

Lampedusa, Giuseppe Tomasi di. 2005 (1st published in Italian 1958).
The Leopard. London: Vintage.

Lheureux, N. L., Irving Sarnoff, Joël Labruyère, Gabrielle Yonan, Rob-
ert Hostetter, and Philippe Gast. 2000. Report on Discrimination
Against Spiritual and Therapeutical Minorities in France. Paris:
Coordination des Associations et Particuliers Pour la Liberté de
Conscience.

Li Hongzhi. 1996. "Dafa Will Forever be Pure Like Diamond", Falun
Dafa, 7 September. http://www. falundafa. org/book/eng/jjyz52.
htm (accessed 20 January 2011).

Li, Hongzhi. 1998 (Revised edition). China Falun Gong. Hong Kong:
Falun Fo Fa Publishing Company.

LyonMag. 2011. "Les Raëliens vont – ils attaquer Le Progrès en diffama-
tion ?" 3 February, http://www. lyonmag. com/article/21510/les
– raA – liens – vont – ils – attaquer – le – progrA – s – en – diffa-
mation –

Martin, J. Paul (Ed.). 1994 (2nd edition). Twenty – Five Human
Rights Documents. New York: Center for the Study of Human
Rights, Columbia University.

Mayer, Jean – François. 1999. "'Our Terrestrial Journey is Coming to an
End': The Last Voyage of the Solar Temple." Nova Religio 2/2:
172 – 196.

Mayer, Jean – François. 2000. "Religious Movements and the Internet:
The New Frontier of Cult Controversies." pp. 249 – 276 in Reli-
gion on the Internet: Research Prospects and Promises, edited by
Jeffrey K. Hadden and Douglas E. Cowan. Amsterdam; London:
JAI.

McGuire, Meredith. 2002. Religion: The Social Context. Belmont CA:
Wadsworth. 5th edition.

Melton, J. Gordon. 1997. The Children of God, The Family. Torino, It-
aly: Elledici.

Melton, J. Gordon. 1998. "The Future of the New Age Movement." pp.
133 – 149 in New Religions and New Religiosity, edited by Eileen
Barker and Margit Warburg. Oxford: Aarhus University Press.

Melton, J. Gordon. 2004. "Toward a Definition of 'New Religion'." No-
va Religio 8/1:73 – 87.

Melton, J. Gordon. 2009. Melton's Encyclopedia of American Religions,
Eighth Edition. Farmingron Hills, MI: Gale.

Moore, Rebecca (Ed.). 1989. The Need for a Second Look at Jonestown: Remembering its People. Lewiston/Queenston: Edwin Mellen Press.

Nastase, Adrian. 1998. "Illegal Activities of Sects." Strasbourg: The Council of Europe: Religious Intolerance and Discrimination Section.

Newport, Kenneth G. C. 2006. The Branch Davidians of Waco: The History and Beliefs of an Apocalyptic Sect. Oxford: Oxford University Press.

Niebuhr, H. Richard. 1929. The Social Sources of Denominationalism. New York: Meridian.

Patrick, Ted, and Tom Dulack. 1976. Let Our Children Go. New York: Ballantine.

Pope, Alexander. 1711. An Essay on Criticism. London: W. Lewis.

Richard, Michel. 1996. "Sectes: la chasse est ouverte" (the hunt is open)." Le Point 1217, 13 January.

Richardson, James T. 1996. "Sociology and the New Religions." Brainwashing, "the Courts, and Religious Freedom." pp. 115 – 134 in Witnessing for Sociology: Sociologists in Court, edited by Pamela J. Jenkins and Steve Kroll – Smith. Westport CT: Praeger.

Richardson, James T. (Ed.). 2004. Regulating Religion: Case Studies from Around the Globe. New York & Dordrecht: Kluwer Academic/Plenum.

Richardson, James T., and Massimo Introvigne. 2001. "'Brainwashing' Theories in European Parliamentary and Administrative Reports on 'Cults' and 'Sects'." Journal for the Scientific Study of Religion 40/2:143 – 168.

Richardson, James T., and Massimo Introvigne. 2007. "New Religious

Movements, Countermovements, Moral Panics, and the Media."
pp. 91 – 114 in Teaching New Religions, edited by David G.
Bromley. Oxford and New York: Oxford University Press.

Richardson, James T., Jan van der Lans, and Frans Derks. 1986.
"Leaving and Labeling: Voluntary and Coerced Disaffiliation from
Religious Social Movements." Research in Social Movements, Con-
flicts and Change 9:97 – 126.

Robbins, Thomas, and Dick Anthony. 1982. "Deprogramming, Brain-
washing and the Medicalization of New Religious Movements." So-
cial Problems 29/3:283 – 97.

Rochford, E. Burke, and Jennifer Heinlein. 1998. "Child Abuse in the
Hare Krishna Movement: 1971 – 1986." ISKCON Communications
Journal 6/1:43 – 69.

Saunders, Anja, Michelle Pauli, and Ortrun Schätzle. 1998. "New Reli-
gious and Ideological Communities and Psychogroups in the Federal
Republic of Germany: Final Report of the Enquete Commission on
'So – called Sects and Psychogroups'. "Bonn: German Bundestag.

Scott, R. D. 1978. Transcendental Misconceptions. San Diego: Beta.

Sen, Amartya. 2006. Identity and Violence: The Illusion of Destiny. Lon-
don: Allen Lane.

Shakespeare, William 2004, originally published c. 1606. Antony and
Cleopatra Cedric Watts (ed.), Ware, Herts: Wordsworth Clas-
sics.

Shakespeare, William. 2006, originally published c. 1603. The Tragedy of
Hamlet, Prince of Denmark. Neil Taylor and Ann Thompson
(eds), London: Arden Shakespeare, Thomson Learning.

Shupe, Anson D., and David G. Bromley. 1980. The New Vigilantes:

Deprogrammers, Anti – Cultists, and the New Religions. Beverly Hills: Sage.

Stark, Rodney, and William Sims Bainbridge. 1987. A Theory of Religion. New York: Peter Lang.

Sullivan, Winifred Fallers. 2005. The Impossibility of Religious Freedom. Princeton: Princeton University Press.

Swan, Rita. 1998. "Letting Children Die for the Faith." Free Inquiry 19/1 (Winter): 6 – 7.

Uzzell, Lawrence. 1998. "English translation of the 1997 Russian Federation Federal Law on Freedom of Conscience and on Religious Associations." Emory International Law Review 12/1: Appendix A, 657 – 680.

van Driel, Barend, and James T. Richardson. 1988. "Print Media Coverage of New Religious Movements: A Longitudinal Study." Journal of Communication 38/3:37 – 61.

Vivien, Alain. 1985. "Les Sectes en France: Expression de la Liberté." Paris: La Documentation Française.

Walter, Tony, and Helen Waterhouse. 2001. "Lives – Long Learning: The Effects of Reincarnation Belief on Everyday Life in Britain." Nova Religio 5/1:85 – 101.

Ward, The Rt. Hon. Lord Justice Alan. 1995. "W 42 in the High Court of Justice, Family Division: Principal Registry in the Matter of ST (a minor) and in the Matter of the Supreme Court Act 1991".

Watanabe, Manabu. 1997. "Reactions to the Aum Affair: The Rise of the 'Anti – cult' Movement in Japan." Bulletin of the Nanzan Institute for Religion & Culture 21:32 – 48.

Wessinger, Catherine. 2000. How the Millennium Comes Violently: From

Jonestown to Heaven's Gate. Chappaqua, NY: Seven Bridges Press.

Wilson, Bryan R. 1970. Religious Sects: A Sociological Study. London: Weidenfeld & Nicholson.

Wilson, Bryan. 1989. The Social Dimensions of Sectarianism. Oxford University Press.

Witte, John (Ed.). 1998. Soul Wars: The Problems of Proselytism in Russia: A Symposium Co – Sponsored with the Law and Religion Program of Emory University. Special Edition of Emory International al Law Review. Atlanta, GA: Emory University School of Law.

Witteveen, Tobias A. M. 1984. "Onderzoek betreffende Sekten: Overheid en Nieuwe Religeuze Bewegingen." The Hague: Tweede Kamer. * english summary

Wright, Stuart (Ed.). 1995. Armageddon in Waco: Critical Perspectives on the Branch Davidian Conflict. Chicago: University of Chicago Press.

žiliukaitè, Rüta, and Donatas Glodenis. 2000. "Law and Religion in Lithuania." paper presented at CESNUR annual conference, Riga, Latvia, 29 – 30 August.

（作者单位为英国伦敦经济学院/宗教运动信息网络中心）

互联网时代的世界新宗教

金　勋

人类社会伴随高科技互联网通讯技术高速发展进入了一个历史飞跃时期,互联网正以惊人的速度渗透到人类社会生活的各个角落。在我们思考将用怎样的态度和方式来面对互联网给我们带来的物质层面和精神领域的变化时,我们有必要针对互联网引发的社会生产和生活各个层面的深层变化作一个深入的考察和清醒的认识。互联网是综合利用信息技术、数字技术、通讯技术等现代高科技和人类现代化服务手段的一个特殊平台,因此,互联网的传播功能有着其他媒体无法匹敌的强大影响力,它必将在政治、经济、社会、文化各个领域引发一场深刻的社会变革。本文将围绕代表人类精神生活层面的宗教生活与现代信息化互联网的关系作一考察。

一、宗教团体利用网络现状

宗教出现在网络大致可以分为以下三个阶段。第一个阶段为上世纪 70 年代至 80 年代末,这是部分宗教尝试利用网络的酝酿期;第二个阶段为上世纪 90 年代初至 90 年代中期是较具规模的宗教团体不仅设宗教网站,而且挖掘、利用网络功能经营教团、对外开展传教活动的时期。第三阶段为上世纪 90 年代后期至今,是网络上宗教快速发展的阶段,开始出现了一批前所未闻的"网络宗教"。

　　人类社会进入 20 世纪后半叶,随着宗教世俗化的不断加深,传统的宗教活动在全球呈现出衰退的趋势。自第一次世界大战以来,全球宗教信徒的总人数以每十年 0.4% 的速度下降,到上世纪 70 年代,这一数字达到了谷底。根据英国社会 1974 年的一项调查,当年度英国的青少年中只有 36% 的人相信上帝的存在。[①] 毫无疑问,伴随信众人数下降,全球各种宗教组织的力量也在不断减弱。为了改变这一现象,世界各国诸多宗教团体都努力寻找新的传教与活动方式。因应这一需求,利用电视、广播等媒体的传教开始兴盛起来。尼尔·博兹曼在他的《娱乐致死》中记录了这样一段历史。在欧洲"宗教组织目前拥有 35 家电视台,每家电视台都有自己的宗教节目"。[②] 传教士、僧侣或是阿訇们纷纷走上电视,通过屏幕、电波的方式传播教义,试图以此来扩大自己的影响,招揽信众。这种通过电视、广播进行的宗教活动取得了一定的成效,它已蕴涵了日后出现的"网络宗教"的许多特征。在东亚的韩国基督教和佛教不仅拥有自己的广播电台,还开设了专门的基督教电视台和佛教电视台。到 20 世纪 80 年代末,随着互联网技术的普及、应用和发展,一些独立的有关宗教的网站开始出现,但无论规模还是其影响都极其有限。

　　进入 20 世纪 90 年代,随着互联网的广泛普及,大批宗教相关的网站露出水面。在这一阶段世界上一些较大的宗教团体、教派开始纷纷在互联网上设立自己的主页来努力宣传自己的教团,吸引更多信众。如美国的葛培理福音会公开宣称"上帝通过互联网来增加他的荣光",并在 90 年代建立了葛培理福音协会官方网站[③];日本的金光教、创价学会等主要新宗教团体的网站也是在这一时期建立起来的。在这一阶段建立的宗教网站,主要有以下几个特征:一是这一阶段的宗教团体多以设立

---

① 参见孙尚扬著:《宗教社会学》,北京大学出版社,2003 年,第 183 页。
② 尼尔·波兹曼著:《娱乐致死》,广西师范大学出版社,2004 年,第 151 页。
③ 葛培理福音协会官方网站:www.billygraham.org.

宗教网站（Home Page）的方式表明自己的存在；二是这一阶段的宗教网站基本上都是由规模较大的正规的宗教团体建立；三是这一阶段的网站大多以单向发布信息为主，较少提供双向交流平台。这些宗教网站的主要功能大抵有以下三点：一是向大众传播宗教知识、培养和巩固信众的宗教信仰；二是提供与各类宗教相关的资源、信息；三是成为宗教团体的内外联络沟通的渠道，通过网站及时向外界发布讯息。

而90年代中后期则是宗教在网络上发展迅速、影响力日趋扩大的阶段。至2002年43%的美国教会拥有了自己的独立网站，而到2003年日本的宗教网站数目达到了1065家。这一阶段宗教网站的主要特征是：一是除了各大宗教团体之外，许多小的宗教团体、地方的宗教分支机构乃至个人都开始设立自己的宗教网站或网页；二是宗教网站不仅仅是发布信息的平台，也开始承担双向的信息交流功能，成为了教团与信徒、信徒与信徒间沟通交流的重要平台；三是许多信息化手段也开始出现并大量运用。比如电子邮件和网络论坛日益成为宗教利用网络的重要功能；四是一些寄身于网络虚拟空间的新型宗教开始显现端倪。下面围绕互联网普及率高且宗教市场较活跃的东亚的日本为例作一考察。

（一）日本的宗教网站现状

20世纪90年代中后期，信息化的浪潮席卷日本，信息化所代表的多样化、自由化、个性化、便捷化的生活方式开始替代日本战后传统的规模化、标准化、集体化、均一化的社会生活模式。这一社会的巨大变化，自然也深深地影响到人们的思想与精神层面。整个日本社会的政治、经济、社会各个领域都随着信息化的到来不得不发生一系列的变化，宗教当然也不例外。

在日本社会最早在网络上出现宗教的影子应为上世纪70年代初。随着20世纪70年代互联网技术开始民用化，日本的一些宗教团体开始利用网络开展一些小规模的宗教活动。当时主要的方式是利用一些公开的或公益性的网络平台,发布简单的宗教信息;或利用网络在几个分布在不同地点的教团之间传递一些宗教相关的资料和信息等等,这样的使用模式一直持续到80年代末期。日本的大多数宗教团体并没有将网络信息技术作为一项重要的大量向外传播的手段来加以利用。

然而,随着信息技术的进一步深化以及个人电脑、有线/无线网络、移动终端的普及,日本社会的网民呈几何数增长,至2004年,日本家庭中使用网络的比例达到了62.4%,成为当时世界第二大网络使用群体,互联网对日本社会的影响力日益扩大。这一阶段,日本的绝大多数宗教团体开始纷纷设立自己的宗教主页,提供各种宗教信息的网站雨后春笋般出现。截至2007年5月在日本YAHOO上登记的日本宗教网站已达3264家,根据日本学者研究中的一些数据,我们可以看到近年来日本宗教网站快速增长的势头。相关搜索中,与"宗教"相关的日语网页达到了680万个,超过了日语网页的"军事"、"政府"、"娱乐"等词条。此外,由于互联网的开放性,使得越来越多的海外宗教也得以自由进入日本社会。最具象征意义的事情是伊斯兰教在日本的传播和发展。在上世纪80年代,日本的穆斯林信徒数仅为6万多人,而到2006年这一数字则增加到125.4万人,这一阶段大量出现的伊斯兰教网站无疑起到了积极的推动作用,到2007年5月,日本YAHOO上有关伊斯兰教的网站已达24个。

（二）日本宗教网站的基本功能

1."宗教自由超市"的形成

通过平面网站以文字、图片、视频、音频的方式直接提供包括宗教教义、典籍、解说、宗教相关活动等在内的宗教信息是日本新宗教各教团最早开始利用信息化手段传播自身宗教教义的尝试,也是到目前为止最为主要的方式。除了个别个性化宗教团体和一些属于教团内部的信息外，这些宗教相关的信息被完全以公开的方式提供到网络上。在日本社会任何一个可以使用网络的普通人都可以通过直接登录这些平面网站或利用 Google 这类的搜索引擎，直接找到自己需要的宗教信息。这种宗教信息提供方式的改变给宗教信仰生活带来了深刻变化。首先，过去由僧侣、牧师等神职人员掌控的专业宗教知识被赤裸裸地摆在了一般民众面前，信徒们可以拨开神职人员的神秘的面纱，运用较充分的宗教知识，选择自己所需的信仰对象——神；其次，这使得信徒们的宗教生活超越时空，得到多元发展。一方面，它意味着一个居住在北海道的人可以坐在家里，通过视频与自己喜欢的冲绳巫师探讨关心的问题；另一方面，它也意味着一位充满好奇的基督徒同样有机会在网络上自由浏览伊斯兰教相关内容而不必担心被自己的牧师或同伴发现而受到鄙视和非难。互联网的这种功能促使日本社会形成了"宗教自由超市"，信徒们可以根据网络上提供的各种信息判断并选择适合自己的宗教类型，而不再受到时空、知识、偏见等因素的制约；同时当他们认为自己的选择有误时，可以轻松地摈弃前者，去选择其他的更有魅力的宗教。

2. 电子邮件"绝地武士"

随着电子邮件的普及应用，互联网对大多数人实现了真正意义上网络的双向交流或多向交流，而短信技术与网络的结合使人们可以直接通过手机终端查收和发送电子邮件并浏览网站，这进一步将几乎每一个生活在现代社会的人都纳入到互联网的范围之内。井上顺孝在其《思考IT 时代的宗教》一书中记录了这样一个有趣的案例。2001 年 6 月，一封神秘的电子邮件开始在日本的网络用户中广泛流传，这封邮件被认为来自保加利亚，它号召所有无宗教信仰的日本公民在当年国情调查的宗教信仰一栏中填入信仰"绝地武士"教（绝地武士：好莱坞科幻片《星球大战》中代表正义的强悍武士，是完全虚构的人物）。这样，如果有超过 8

千人将自己的信仰确定为"绝地武士"教,该组织便可以得到政府的宗教法人许可。有趣的是,这一无中生有的号召居然得到了极大的响应,其结果差一点满足了这封电子邮件的要求。这一事件充分展现了电子邮件在信息传播中的强大功能。通过电子邮件的宗教信息传播方式有以下一些特点。首先,这种模式改变了平面网络被动性的传播方式。在平面传播方式中宗教团体本身不能控制也无法预知有什么人、有多少人、会在什么时间登录网站并观察网站的哪一部分内容,而通过电子邮件的方式则可以准确地在自己确定的时间内将自己希望传递的信息发送到指定的对象,而且,这种发送极为便捷并可以在短时间内不受限制地进行大量的发送。其次,这种通过电子邮件的传递方式还带有一定的连锁传递性。由于每一次信息的接受者,同时也具备发送信息的功能,而电子邮件的快捷与便利又使得这种再传递变得极为简单,这就使得某些特定的宗教信息往往会在网络上呈爆炸式传递,带来极大的社会影响。除前述例子外,1999 年年末网络上也曾出现过大量关于世界末日的电子邮件,造成一定的社会恐慌。第三,电子邮件传递的宗教信息本身是可逆的,信息的接受者完全可以通过网络向信息发布者提问、质疑、讨论、争执,从而使得信息发布者与接受者之间形成交流,并实现信息的共享与互动。第四,由于通过电子邮件的方式发送宗教信息的成本很低,同时其发送者的真实身份也很难被辨别,这就使得网络上电子邮件传递的宗教信息鱼龙混杂,其中包含大量的虚假信息。而网络中各接受者在再次发出这些宗教信息时,又时不时地会注入一些自己的主观意见,这就使得这些宗教信息更加混乱。混乱导致人们视线模糊,难以做出准确判断,而这正是造谣撞骗、蛊惑人心的信息发布者们所期待的结果。

3. 网络论坛与个人博客

日本各大门户网站与宗教网站都会为互联网用户的在线交流提供

相应的网络平台,如创价学会网页上的"心与宗教"栏等等。网络论坛与电子邮件的出现时间基本相当,它主要是为了给互联网使用者提供一个交流的固定平台。很快这些固定的平台便围绕讨论的话题与使用的人群的不同分成了很多不同的板块,而其中宗教相关的板块一直都是讨论极为活跃而热烈的部分。宗教相关的网络论坛大体可以分为两种类型,一类是以同一宗教或派别为核心,信徒们在聊天室中交换各自对本宗的理解,询问解疑、交流心得,分享各自的宗教体验,发布宗教活动的信息;另一类则不拘泥于宗派或教团,人们往往因为共同的经历(主要是疾病、失去亲人等苦难或某种类似的宗教体验)而比较自由地聚集起来,相互分享各自的经历并安慰与开导彼此,这一类宗教形式往往被称为"治愈系"宗教活动,主要指其拥有治愈个人心灵创伤的功能。在这样的论坛中往往存在着一个或几个主导型的人物,他们或者是某宗教的神职人员或者则是某论坛的资深人士,他们在论坛中往往扮演维护秩序、提供最重要的宗教性解释等角色,在论坛上往往被尊称为"老师"或"向导"。这种网络宗教论坛其实已经出现了宗教互助组织的特征。客观上,若这种网络宗教互助团体经营得好就会为现代人的生活带来一些慰藉,也可以促进社会和谐。

在日本,个人博客自 2002 年开始大批出现,截止到 2007 年 5 月通过 Google 可以搜索到的日文博客已经达到了 597 万个,其中相当一部分都是与宗教相关的。例如一位网名为"Cream"的网民就在自己的博客中对基督教与自己生活的关系作了详细的描述。在博客中,人们对宗教的描绘完全进入了一种个性化的倾诉之中。由于在网络中个人现实身份的消失隐去、不再受纷繁复杂的社会秩序和关系的限制,使得很多在日常社会中无法宣泄的情感在网络空间中得到了较自由而全面的释放。正如前面所述,当一个人处在自己的博客中时,个人是可以直接面对自己的神灵展开倾诉的,由于个人在自我网络空间的绝对权威,因此,在这个空间中可以获得近似神灵的绝对的话语权，这使得个人在网络空间中也可以感受到浓厚的宗教性的一面。博客是私人空间，但在互联网上则是开放的，因此，对社会的影响日益显现，博客的个人运营与社会化管理将成为重要的课题。

二、网络宗教

（一）何谓网络宗教？

前面在介绍宗教团体的网络利用现状时，就已涉及到"网络宗教"的提法，下面我们就围绕这一问题进行集中探讨。信息化正在改变着每一个人的生活，信息化对人们生活的直接的影响应是人与人之间的交往方式的改变。互联网通过个人电脑和手机的普及为社会成员提供了新的生活方式。即以往信息的传递是由信息的开发者负责发布、传递，而信息的接收者通常是被动地接收而已，因此，信息的发布者和信息的使用者被明确区别开来。而今信息技术使两者之间的区别越来越模糊，一个人可以接受信息，也可以发布信息。信息的交流可以是双向的或多向的。这样一来，人们的交往方式发生了根本的变化。

信息化的上述特征对宗教生活的影响极为深刻。过去宗教教团所担负的是提供宗教信息和组织经营教团的职责，而传递宗教信息的手段，主要是通过在特定宗教场所，通过特定神职人员传递到信众，即传教的方式主要采取面对面（Face to face）的较单一的单向传递方式。作为信徒一旦加入到某一特定教团就别无选择地只能长期维持与该教团的关系。因为这是其宗教生活中获得宗教信息的重要或唯一渠道，离开了教团，离开了这一群体将很难获取较系统而丰富的宗教信息。而在信息化时代人们通过互联网所接触到的信息则丰富而多样，各种各样的宗教拨开神秘的面纱出现在我们面前，宗教超市上商品琳琅满目，应接不暇。

你可以在公开、公平的交易环境中购得所需商品。可以购买一种商品，也可购得多种商品，也可挑来挑去一个也不买。由此可以想见，宗教这一商品在市场上遇到了前所未有的挑战，在信息化的推动下，宗教为争得一席之地不得不"转型"或因应顾客需求开发新产品了。

信息技术催生的新的宗教形态业已出现端倪。在东亚，日本和韩国是较早实现信息化的国家，社会物质生活的丰富和受教育水平的普遍提高，使得人们很容易接受信息化成果，并将其运用于个人的精神文化生活中。目前，日本、韩国电脑普及到了小学教育领域，互联网人口急剧增加，接近人口总数，网络信息量日益加大，人们的生活，特别是青年一代的工作、生活越来越离不开网络。长此以往，不仅是人们的日常生活，甚至精神文化生活也越来越依赖眼前的电脑了。因为互联网不仅提供日常生活必需的信息，而且，还提供大量精神文化信息，其中包括大量的宗教生活信息。有关这一问题，在前作过介绍，在此进一步展开讨论。在此先介绍近来出现的一些社会现象。有的人在自己的房间里面对电脑画面礼拜、祷告、忏悔……当然，电脑画面中即互联网中有其崇拜的对象，至于崇拜什么样的神不得而知。但有一点是明确的，信仰、膜拜的对象是与其个人或情趣相投的小群体所设，独自享用充满神秘色彩的宗教氛围，且不受任何干扰和限制，这在过去是不可想象的。这样一来，再也没有必要在特定的时间去特定的宗教场所礼拜，只要携有电脑无处非道场。从教团的严厉的束缚中解脱出来的人们，再也没有必要面对神职人员了，因为在互联网上自己的身份可以为一个虔诚的信徒，亦可以为道貌岸然的神职人员，宗教生活中的垂直的秩序观念被打破。个人的宗教生活不再受社会的种种条条框框和教团的清规戒律的约束，人们甚至可以根据自己的喜好来随意改变所信仰宗教的结构和内容。这样一来，人们就不得不问究竟谁是拥有绝对意志的主宰一切的上帝？当需要精神上的沟通和交流时，他们就与互联网上未曾谋面却有着共鸣的人用自己熟悉的语言无所拘束地交流有关宗教生活的一切而不必考虑任何社会责任和惯习,因为这是"虚拟真空"。信息化不仅促使宗教跨越国境、跨越民族自由传播,并实现了真正的全球化,而且它还将宗教的创造者和享用者合二为一了。此外,目前正在形成一些"网络宗教"教团(在下文作介绍)。此类现象,恰好印证了后现代社会中宗教越来越成为"个人"范畴的倾向,这不仅意味着社会的变革,同时预示着宗教生活的深刻变化。笔者将这一类宗教现象归为当代世界新宗教中的"新新宗教"现象的一部分加以考察。曾经在拙著《现代日本的新宗教》一书中,称之为"看不见的宗教"、"个人宗教"或"IT 宗教"等。[1] 并预言伴随信息化的急速发展,互联网上大量涌现"新新宗教"的时代即将到来。信息化使传统宗教走向全球化成为可能,同时信息化孕育出了一批新型宗教。我们的宗教界刚刚着手新宗教研究工作时,更加复杂而多样的新的宗教形态正在悄然形成。这类以网络为生存空间和活动平台的新型宗教,本研究暂且称之为"网络宗教"。

(二)网络宗教的基本特点及其功能

"网络宗教"是新生事物,其特点和发展前景尚不明朗,因此我们在此举一些更具典型的实例加以说明。1997 年 4 月初各种媒体报道的韩国的"天国之门"就是其典型的例子之一。该教团在互联网上开设了名为"Heven Gate"的网站,并通过这个网站宣传教理、招募信徒。教团的运营方式也与其他既成宗教不同,它是通过互联网的网站制作、经营赢得的收入来运营的[2]。这说明,依据利用主体意图的不同,互联网网站既可以成为传教的手段、信众生活的空间,也可以成为信徒们联谊、探讨人生、普及宗教文化的场所,也就是说,互联网可以成为孕育新宗教的母

---

① 金勋著:《现代日本的新宗教》,宗教文化出版社,2003 年,第 92 页。
② 土佐正木著,宋慧淑译:《网络时代宗教会消失吗》,韩国学术情报,2000 年,第 33 - 35 页。

胎,这某种意义上,为新宗教的生存发展提供了更广阔的空间。当然,这些都必须在充分利用互联网的特点、发挥互联网优势的前提下才能得以成功。

在宗教界有一些既成教团和组织对"网络宗教"也发生了浓厚的兴趣。例如,韩国代表性新宗教教团之一的圆佛教教团,在其互联网网站中设有"圆佛教网络法堂"①与"市民禅房"②。圆佛教网络法堂是作为信奉圆佛教的信徒们的宗教场所专设在网络上的法堂。从内容上看,它包含传教、诵经等在虚拟空间里代替真实教堂作用的各种要素和功能。而且,网络法堂内容相当丰富,如圆佛教教理、传教、资料室、网络电台等内容与既存宗教教堂的没有任何区别,应有尽有,俨然是一个标准的现实法堂。另外,圆佛教专为网民设有"市民禅房",设立的初衷是在线进行圆佛教观照心灵的学习和修行指导,使用者可以通过网络直接接受观照心灵的指导,该网站还包括对话、演讲、接受考核等内容。在"市民禅房"中的修炼、考核的业绩都能通过互联网得到教团的正式认证。

下面再介绍一个网络宗教的另一典型例子。作为网络信仰共同体的(Cyberchurch. com)"忏悔网站(The Confessor)",是由英国基督教广播开设的。"忏悔网站(The Confessor)"不仅具备了一般基督教教堂所拥有的各类功能,或许还预示着基督教发展的新的发展方向。

在基督教的世界里,祈祷是与上帝进行沟通与交流的主要方式。一般性祈祷并无特别的形式,然而,与上帝对话的时候,须将施礼、忏悔、感谢、恳请这些基本的要素置于心头。③ 该网站上建有很多"请求祈祷"的空间④。天主教的"告解圣事"、抑或是类似改新教的祈祷、忏悔等通过类似 QT 这样的功能在网络空间里得以进行,人们通过在网上与上帝直

① http://www. wonbuddhism. or. kr/temple.
② http://members. tripod. co. kr/zenpia2000.
③ http://www. ccci. org/7Steps/questions. html.
④ http://www. prayercover. com.

接接触来告解自己的罪行。虚拟教会祈祷（cyberchurchprayer）的出现，使得网络具备了进行教会礼拜仪式的功能，网络成为实现上帝天国的超越体制与理念的最为自由而理想的空间。

该网站的忏悔程序及要求如下。当你点击进入"忏悔网站"网页时，你将被告知忏悔罪过祈祷的方式，并被要求将自己的那些罪过输入到网上的相关空间里。当然，网站向你保证所输入的内容除上帝之外不会被传输给任何人，因为忏悔的内容只限于忏悔者与上帝之间的交流，其他人无权介入。也就是说，它强调个人的隐私会得到全面的尊重。它如此提示道："诸位可以使用最自然的语言在这空白的空间里书写上自己的忏悔。诸位的忏悔完完全全是在上帝和诸位之间进行。诸位的忏悔绝对不会通过网络传播给任何其他人，甚至在诸位自己的电脑上也不会保存。诸位会在自己独有的寂静时间里进行忏悔。如果关于罪过的忏悔在页面上弹不出来的话，请不要担心。诸位可以使用代为准备的现成的忏悔书"。同样，在你被告知得到上帝宽恕的时候，你的心灵创伤将得到治愈，你会得到精神上的自由和幸福，与此同时，你的生活会发生巨大的变化。

网络的传教功能也让传教者欣喜若狂。因为"网络布道（cyberser-mon）"或"虚拟布道（virtual sermon）"的出现，使信徒们超越时空的限制聆听到上帝的"教诲"，并且网站还给信徒们带来了关于神学和信仰的丰富的想象力和理解。也就是说，充分利用虚拟空间，用更具艺术表现的手法，丰富多样地展现和解释上帝的"教诲"。基督教强调无论接受对象在何处都要努力传播福音，如果他们存在于互联网上，那么网络便是传播福音的场所了。CS 提供了新的这样的传教场所，而这种传教策略不仅使传教者们更加容易接近传教对象，而且也节省了很多传教费用。互联网时代的到来预示着走遍大街小巷的传教方式或挨家挨户敲门传播福音的时代行将结束。

在基督教的世界里,礼拜是向上帝献上荣光的赞美的不可或缺的一个重要环节。目前,教会音乐这一部分内容以"网络音乐牧会"①的形式业已出现,并迅速变化发展。特别是2400多首的赞美诗、福音歌曲以及具有不同体裁的"网络赞美诗"已在网络广泛传播。通过基督教网络音乐的"Music Link"②,可以链接到基督教艺术链接、音乐圣经研究、音乐检索引擎、数字音乐文件等。特别值得一提的是,"音乐牧会资料中心"③(The Music Ministry Resource Center)还为礼拜的策划提供大量富有创意的方案。特别是"在线有声圣经"(audio – bible online)使得大家可以通过"生动的原声"听到上帝的教海。这些关于《圣经》的"虚拟基督教"(virtual christianity)的多种多样的展示为基督教在网络上的发展提供了丰富的想象空间,这也对扩大信徒群,确立和加深年轻信徒们的信仰产生了重要影响。

在基督教的世界里"圣礼"仪式极具象征意义。耶稣为将自己的形象铭刻在信徒们心中,离世前最后准备了所谓的"阁楼爱筵"。耶稣将自己的"身体和血液"比喻为"面包和葡萄酒",并吩咐信徒们纪念这次爱筵。尽管时代和历史在变迁,但圣礼这一传统却延续了下来,在信息化背景下,圣礼仪式的内容和方法面临着新的挑战。仿照前面"祈祷"网站的方法,网络圣礼(cybersacrament)将现实中的牧师或网络牧师为圣礼准备的仪式程序输入到网络空间里,使想要"访问"的人通过点击进入,并且像平时在教会中那样准备面包和葡萄酒参与圣礼仪式。传统的观点认为圣餐的主礼"必须"在有形的物理空间中进行,而今这种圣礼将转换为一种新的模式:即在看不见的网络空间中举行圣礼仪式,这应该叫"虚拟圣礼"吧。

---

① http://www.cin.org/index2b.html.
② http://www.members.xoom.com/_XMCM/DianeDew/musclnks.htm.
③ http://www.getnet.com/~musicmin/index.html.

据说,该网站的"对话空间(Chat Room)"相当活跃。网上的"对话空间"可以看做是超越时空的、全世界的人们都能够共同参与对话的场所,而"电子邮件(E-mail)"则可以看做是通过超文本谋求亲密交流的空间。与传统教会相比,CS之中对话空间和电子邮件通过交流所达到的传教效果实现了难以想象的飞跃。另外,基督教极为重视的奉献(diakonia),因为CS克服了地域的局限,它成为了能够在全世界范围内实践奉献精神的超越物理空间的难以想象的超大空间,当然,这也使教会更加节约或有效地利用时间和财力。

在20世纪,伴随城市化的推进,人们纷纷移居到城市,基督教为因应这一需求建设了很多大型或超大型教会。与此情景相似,在21世纪全球化、信息化推动下,"数字化信仰共同体"正在形成,基督教界通过虚拟网路、虚拟的牧会等丰富多样的方式,试图开拓基督教发展的新的途径和方式。

互联网高科技的进步客观上推动了社会的变革与发展,但其负面的影响亦在显现中,这不得不引起我们的关注。就网络生活可能带来的负面影响而言,首先,网络对我们的社会生活的影响中,必须关注的是虚拟空间中的"我"的问题。随着联系装置(界面)逐渐转变为CS,人与机器的连接,人逐渐适应这一环境的过程也是将自我投入到CS之中的过程。从某种意义上来说,这种进入会引发对人的真实面目的怀疑。犹如烟火诱惑灯蛾一样,跟着软件的设计者陷入光芒的迷宫中,不停地走下去,将陷入数据风景中,迷茫恍惚时,系统的语言和处理方式却达到了支配人的心性的境地。随着人与联系装置(界面)的接触越发频繁,人会进入"交感的幻觉",真正的我身处何地呢?

人本来的身体的运转依靠内在的生物体能量,网络世界使得用户从这种生物体能量中被彻底剥离出来。据说,"联系装置(界面)"最严重的危险就是人丧失对自己内部状态所拥有的感觉。在此想强调人失去对身体的敏锐的感觉,这是很可怕的。最为单纯的内在状态的丧失,说不定会引起最大且重要的自觉功能的丧失。正如很多学者忧虑,"信息焦虑综合征(infomania)"会吞噬人的意义处理能力。我们的意识一旦固定在信息之上,感兴趣的范围会被缩小,如果纠缠于片面的零星的知识,说不定就会失去知识彼岸的真正的"智慧",而宗教的世界本身具有诸多"虚拟"要素,宗教的"虚拟"与互联网的"虚拟"相结合时,我们能否还能清醒地辨别"虚实"呢?有关互联网的问题及其影响尚处于进行时,因此,诸如此类的问题有待于我们密切关注发展动向,即时跟踪调查,不断调整和深化我们的认识。

结　语

在我们关注互联网时代的宗教现象,特别是探讨当代新宗教中"网络宗教"现象时,尚无法严格规范互联网的社会现实,使得我们不得不为各种各样的网络信仰共同体的形成可能带来的复杂的社会影响而担忧。网络世界中出现的五花八门的"虚拟教堂"、"虚拟寺庙"、"虚拟道场"是传统宗教的延续,还是新型宗教的端倪?"虚拟"的宗教与"虚拟"的网络相结合时,宗教以怎样的面貌出现在"新人类们"面前?"网络宗教"给人们带来的是"网络天国"还是"网络地狱"?互联网对社会各个方面的影响尚未充分显现,我们的相关研究方兴未艾,尚无法一一作答,然而,可以肯定的是未来人们的生活离不开互联网,而人们通过互联网平台享用的精神文化生活远比过去复杂多样,21世纪人类利用互联网平台将呈现怎样的宗教及其宗教生活呢?

(作者为北京大学宗教文化研究院副院长)

焦

点

当代俄罗斯宗教关系简论

徐凤林

俄罗斯社会历史和文化传统本来具有较强的宗教性。苏维埃政权时期的无神论意识形态使宗教受到压制。自 20 世纪 80 年代末开始，随着苏联国家和社会的巨变，各种宗教获得了新的发展。1993 年全民投票通过的《俄罗斯联邦宪法》确定，俄罗斯为世俗国家，宗教组织与国家分离，公民具有言论和信仰自由，拥有自由选择和传播宗教信仰和其他信仰及进行相应活动的权利（第 14、19、28 - 30、59 条）。1997 年，俄罗斯联邦又出台了《信仰自由和宗教组织法》。这些国家法律为各种宗教组织的活动提供了合法性，于是各种宗教组织异常活跃起来，包括俄罗斯本来就有的宗教组织、外来的宗教组织和新兴（非传统）宗教组织。据统计，到 2002 年 1 月，在俄罗斯联邦司法机构登记注册的宗教组织有 20441 个（分别属于 67 个宗教派别），其中包括有 10965 个属于俄罗斯东正教会的组织，3186 个伊斯兰教组织，3000 个左右基督新教组织[1]。据"全俄社会舆论研究中心"2007 年 10 月 11 日发布的统计数据，俄罗斯居民有 50% 是宗教信仰者，在这些信仰者中，东正教徒占 75%，天主教徒 1%，新教徒（包括路德宗、浸礼派等）2%，穆斯林 8%，犹太教徒和佛教徒不足 1%。

近年来，宗教对俄罗斯社会生活各领域的影响有所增长，一方面是

---

① Медведко С. В., Элбакян Е. С. О религиозной ситуации в современной России // Религиоведение. 2002. N 2. С. 109 – 110.

俄罗斯政治高层同俄罗斯的"传统宗教"①组织展开了多层面和多渠道的合作。另一方面,俄罗斯各主要宗教对国家政治、经济、社会和文化生活的参与意识也不断增强。这使得宗教关系和宗教宽容问题成为俄罗斯政治和社会的迫切问题。

当代俄罗斯宗教关系可以简单归纳为三个方面:(1)宗教与国家,宗教与政治之间的相互关系;(2)各大宗教之间的关系,宗教间的矛盾与和谐问题,宗教宽容问题;(3)俄罗斯主要宗教的内部关系,宗教内部的改革与分歧。

一、宗教与国家的关系

2011年12月15日,俄罗斯总理普京在国家电视台直播的与公民对话节目中,简要阐述了政府方面对宗教活动的立场。一位东正教神父指出,最具民主化倾向的"莫斯科回声"电台给宗教节目的时间每周只有4分钟;国家电视台的宗教节目时间也只稍多一点点。针对这一问题普京回答说:持有民主信念的人认为不需要把更多的广播电视时间给俄罗斯传统宗教,这是与我们国家的世俗性质相符合的,"我个人支持我们国家的世俗性质要继续保持和巩固"。但同时,普京也指出:"我们的传统宗教,无论是佛教徒、基督徒、犹太教徒还是穆斯林,都完全支持同样的基本道德价值,这些价值也是我们同样应当坚持的,我们没用任何其他道德价值,人类没有想出任何新东西,最近的将来也未必会有"。关于各宗教组织及其代表人物在教育机构和军队的活动,普京说:"我重申我的个人观点,我们应当支持和保持我们国家的世俗性质,但是,宗教组织在教学机构的活动,也像它们在军队和监狱中的活动一样,不应被禁

①　俄罗斯法定四大传统宗教:基督宗教(包括东正教、天主教、基督新教)、伊斯兰教、佛教、犹太教。

止,只会受到欢迎"①。这一公开对话反映出宗教在当代俄罗斯国家和社会中的地位和作用的主要问题。

我们可以从两个方面来看当代俄罗斯宗教与国家的关系:国家政权和法律对各宗教信仰派别和组织的关系;各宗教信仰者对国家政权和法律的关系。

（一）国家政权对各宗教组织的关系

在俄罗斯,宗教组织与国家政治法律之间存在着一定矛盾。这些矛盾的大部分是由于国家在宗教自由领域的立法尚不完善。其中,一方面是一些宗教组织普遍向国家要求更多的权利,另一方面,某些宗教组织怀疑国家违背宗教平等法而偏向某一宗教。例如,就俄罗斯"传统宗教"而言,一方面是俄罗斯东正教会要求国家采取更严厉措施限制外来宗教在本国的传教活动,另一方面,伊斯兰教、佛教、天主教和新教组织则指责国家对俄罗斯东正教会的特别优待。但是,非传统宗教又指出俄罗斯宪法中关于东正教会的特殊地位和国家对"传统宗教"的承认是与各宗教在国家面前的平等权利相矛盾的。

国家与宗教组织间的许多矛盾是与国家归还这些宗教组织在苏维埃政权时期被霸占的财产和建筑问题相关的。宗教组织对国家的税收政策表示了很大不满。许多宗教组织把1995年的《非商业组织法》看做是对宗教内部活动的粗暴干涉和对国家与教会分离原则的破坏,认为这会妨碍教会的慈善事业和社会服务。

俄罗斯科学院欧洲研究所研究员克拉西科夫（А. А. Красиков）在2009年2月25日的学术报告中指出,上世纪90年代初达到了信仰自由的俄罗斯,近年来正在朝相反方向发展。克拉西科夫把后苏维埃时期分为两个阶段,车臣战争之前和之后。20世纪90年代车臣战争（1995年）

① http://pravkniga.ru/news.html? id＝8880.

之前是宗教相对自由的时期,战争之后则开始后退。国家对宗教加强管制。包括两个方面,第一,东正教与国家关系更加密切。一个代表性的例子是,2000年开始,俄罗斯联邦总统在正式国家级礼宾高级职位名单中,把东正教会莫斯科及全俄牧首排在第五位(在总统、总理、联邦国会两院主席之后)。这种状况被有些人认为是东正教会国家化的一个表现。当然在我们看来并没有那么严重。

国家对宗教加强管制的第二方面是,国家干预其他宗教组织的生活,对宗教组织机构的垂直变动施加影响。最早感觉到这种作用的是犹太人。当身在美国的俄罗斯总拉比阿道夫·沙耶维奇(Адольф Шаевич)对车臣战争给车臣平民带来的痛苦表示遗憾之后,俄罗斯促成了组建第二个总拉比机构,其领导人是在对政权的批评上保持克制的意大利移民别尔·拉扎尔(Берл Лазар)。这种分裂深深地影响到了犹太教会的生活,这个教会不仅在宗教特征上是分裂的,而且在政治特征上也是分裂的。

天主教会在俄罗斯的扩张受到国家干预。在约翰保罗二世决定在俄罗斯设立四个圣统区之后,俄罗斯联邦外交部劝告梵蒂冈在这一步骤上保持克制,并与俄罗斯东正教会协商这个问题。这种行为是与俄罗斯联邦宪法关于教会与国家分离的规定相违背的。此外,国家和教会达成一致把俄罗斯天主教徒的首领,俄罗斯公民,都主教塔捷乌什·孔德鲁谢维奇(Тадеуш Кондрусевич)调任另一个国家(白俄罗斯),他的位置被同样有威望但不久前才从祖国意大利来到俄罗斯的大主教保罗·佩齐(Паоло Пецци)所取代。

俄罗斯基督新教徒也受到了国家和俄罗斯东正教会方面的严重压制。比如说,"洗礼派"(баптист)这个词常常被当做骂人话来使用。曾经出版了一本小册子名叫《洗礼派——是最有害的教派》,据说是得到牧首阿列克西二世祝福的(不过牧首告诉大为吃惊的洗礼派信徒说,没有给这本书作过任何祝福，没有读过甚至根本没有见过这本书）。俄罗斯福音派—洗礼派信徒联盟主席尤里·希普科（Юрий Сипко）曾公开反对对宗教少数派的歧视，他被开除出俄罗斯联邦总统下属的宗教团体相互作用委员会。不久前这个委员会才重新换上了洗礼派的代表——这一宗教组织的对外宗教关系处长，他没有任何批评政权的"污点"。

伊斯兰教组织也遭到不正当的对待，他们常常被毫无根据地指责为极端主义。穆斯林在俄罗斯领土上建立清真寺和开设自己的教学机构几乎到处都遇到麻烦①。

（二）各宗教信仰者对国家政权和法律的关系

从宗教信仰者对国家政治的态度来看，大部分信仰者还是支持国家法律与宗教规范分离的。根据俄罗斯科学院"宗教在俄罗斯社会"研究中心 2007 年的问卷调查资料，对于宗教规范能否进入国家立法体系这一问题，在受访的各派信徒和非信徒中，表示反对的比例都高于表示赞同的比例。具体数字是，东正教徒反对占 39.6%，赞同占 23.2%，天主教徒反对占 29.2%，赞同占 25.6%，基督新教徒反对占 33.2%，赞同占 21.6%，穆斯林反对占 43.6%，赞同占 16.4%，佛教徒反对占 35.2%，赞同占 12.0%，非信徒反对占 64.4%，赞同占 3.2%。但另一方面，也有相当比例的人支持"在特殊情况下可以根据当地条件把宗教规范纳入国家立法体系"：东正教徒占 28.8%，天主教徒占 36.0%，基督新教徒占 36.8%，穆斯林占 27.2%，佛教徒占 33.2%，非信徒占 24.4%②。

各宗教信仰者对选举国家领导人时是否应考虑他的宗教属性问题的态度，也能反映出社会的宗教宽容程度以及宗教信仰对公民权利和国家

---

① Религии и межрелигиозные отношения в современной России// http://www. kennan. ru/index. php/rus/Novosti/Religii – i – mezhreligioznye – otnosheniya – v – sovremennoj – Rossii.

② Мчедлова М. М., Гаврилов Ю. А., Шевченко А. Г. Религия и общество в России: межконфессио нальные отношения и противодействие экстремизму(2009).

政治的影响。调查显示,在这个问题上,东正教徒回答是占57.6%,回答否占 18.4%,天主教徒回答是占 44.4%,回答否占 23.6%,基督新教徒回答是占 40.8%,回答否 25.6%,穆斯林回答是占 34.0%,回答否占 25.2%,佛教徒回答是占 16.4%,回答否占 65.2%,非信徒回答是占 54.0%,回答否占 21.2%。此外,也有一定比例的人赞同在特殊情况下应当考虑国家领导人的宗教属性,东正教徒有 20.8%,天主教徒有23.6%,基督新教徒有25.6%,穆斯林有 23.2%,佛教徒有 14.0%,非信徒有 16.4%。可见,认为在选举国家领导人时必须考虑其宗教属性的,东正教徒的比例远远高于天主教徒、新教徒和穆斯林。这四派信徒中还有 20－25%的人支持在特定情况下应当考虑。这样,两项综合起来,在这四大宗教派系中都有一半以上的人表示应当考虑领导人的宗教属性,特别是在东正教徒中这个比例已接近80%。而在佛教徒中情况则完全相反,大多数人认为不必考虑国家领导人的宗教属性。非信徒群体的观点比较出人意料,有超过一半的人认为必须考虑国家领导人的宗教属性,加上认为在特定情况下有可能考虑的,赞同考虑的比例总和达到了70%,这表明了宗教因素在俄罗斯政治和社会中的作用是一个普遍重视的问题。

二、不同宗教之间的关系

当代俄罗斯各宗教之间的矛盾呈现激化和复杂化趋势。主要体现在三方面,第一,各宗教之间为吸引新信徒而展开竞争。许多倾向于接受信仰的俄罗斯人,处于选择状态。每一个宗教都希望这个选择对自己有利。于是积极开展传教活动和招收新信徒,这是使宗教关系的矛盾激化的一个原因。第二,是在当今的宗教自由条件下,一些从前在俄罗斯宗教生活中处于次要地位的宗教,开始越来越多地向国家要求自己的权利和地位,这导致它们对俄罗斯东正教会与政权特殊关系的不满。第三,宗教的政治化促进了宗教间的对立。当代俄罗斯宗教间矛盾激化也与复杂的政治形势有关。一些政治力量以维护或复兴民族价值为借口来进行争取自身利益的斗争。在当今俄罗斯的民族主义情绪的增长与宗教间矛盾的激化之间有某种相互联系。

具体来说,这些矛盾集中体现在俄罗斯东正教会与其他宗教派系之间的冲突。

俄罗斯东正教会在当代俄罗斯宗教空间中占主导地位。这种状况是由俄罗斯文化传统和当代俄罗斯政治社会转型造成的。首先,从公元10世纪开始,东正教逐渐成为俄罗斯传统文化的基本成分;第二,随着苏联解体和意识形态转型,俄罗斯人企图在传统宗教(东正教)价值基础上重建新的文化认同,这造成20世纪80年代末和90年代初新皈依东正教人数的急剧增加;第三,国家政权出于政治现实需要给予俄罗斯东正教会以较大支持,使其具有不同于其他宗教的特殊地位。这种不平等性成为不同宗教间、特别是不同基督教派系间冲突的原因之一。

另一个冲突发生在传教和吸收新信徒领域。从20世纪90年代到21世纪初,天主教和基督新教以及新兴宗教教派的新信徒人数持续增长较大,而东正教新信徒数量的增长则发生断裂。俄罗斯科学院综合社会研究所"宗教在当代社会"研究中心主任姆切德洛夫教授在2002年出版的著作中写道:"俄罗斯东正教会新成员数量的迅速增长从90年代中期开始就已经停止了。一些作者关于俄罗斯宗教复兴的言论现在已经不符合现实。对当代宗教性的本质特点的分析不能给这样的论断提供支持。社会学研究表明,独特的宗教热潮已经过去,(宗教发展)进入稳定状态,信徒数量的增长已经暂时停止"[1]。东正教会新成员数量迅

---

① Мчедлов М. П. Об особенностях мировоззрения верующих в постсоветской России. Некоторые результаты социологического мониторинга // Десять лет по пути свободы совести. М. , 2002. С. 23 – 24.

速增长的潜力已经耗尽,与西方宗教和新兴宗教相比处于劣势。这有几方面原因。第一,俄罗斯东正教会的社会影响力并没用像人们希望的那样巨大,特别是对一些尖锐迫切的社会问题的解决不能发挥应有的作用。比如,2000 年公布的《俄罗斯东正教会社会学说》是教会为增加对现实社会生活的影响而历时多年精心制定的反映教会立场的纲领性文献,但其中关于社会公正问题的论述,并没用转化为对政权的公开批评,令大众倍感失望①。第二,在西方基督教派系(天主教和基督新教)方面,则因其具有更加雄厚的财力支持和更加灵活的方法等特点,而对一些俄罗斯公民(特别是青年人和知识群体)更具有吸引力。第三,东正教会在传教方式上不适合现代社会。显然,西方基督教在如何在世俗化、工业化的国家和社会中发挥作用和进一步发展方面更有历史经验,也更适合现代社会特点。俄罗斯东正教会则不善于在信仰自由的社会中进行独立的传教活动,因此,它更多依靠与国家政权的紧密关系,试图依靠国家的行政帮助来扩大自己的影响。这种状况也造成东正教会与西方基督教派系之间的冲突,即争夺信徒市场的冲突。俄罗斯宗教社会学家洛帕特金指出:"对东正教及其理想和优点的肯定在实践上常常被偷换成与其他基督教派系的斗争和激励论战,变成对自己竞争对手的无条件诋毁。也就是说,东正教徒的肯定的认同(我的信仰更好)被偷换成否定的认同(其他信仰更坏)。从心理学可知,否定的认同总是导致紧张和冲突的增长"②。

俄罗斯东正教会的特殊地位受到其他宗教组织的指责。2006 年 3 月 11 日,俄罗斯伊斯兰教组织穆夫提委员会发表声明,反对在军队设立

---

① АНДРЕЕВА Л. А., РЯХОВСКИЙ В. В. Межконфессиональные отношения. ПРАВОСЛАВИЕ, ПРОТЕСТАНТИЗМ И СТРАТЕГИЯ УСТОЙЧИВОГО РАЗВИТИЯ РОССИИ В НАЧАЛЕ XXI в.

② Лопаткин Р. Конфессиональный портрет России: к характеристике современной религиозной ситуации // www. religare. ru. 2003.

在编团级神父和在中学教学大纲中设立《东正教文化原理》课程。委员会批评由俄军队总检察院起草的《关于军队神父》的法案是与俄联邦基本法相矛盾的。声明指出："在俄罗斯军队中强行引进东正教神父编制,这种企图将给具有多宗教构成的俄罗斯军队乃至整个社会的命运带来严重后果……我们的担忧得到了除俄罗斯东正教会代表之外的所有宗教派别,包括基督教派别代表的赞同"。至于在中学教学大纲中增设"东正教文化原理"课程,穆夫提委员会认为,类似的实践也将违背俄联邦宪法和关于各宗教在国家面前平等的法律。"在国立中学校墙内只教给孩子们一种宗教传统的基本原理,这将导致宣传一种宗教优越于另一种宗教,造成儿童和公民在宗教属性上的不平等"①。

三、宗教内部矛盾和内部改革

俄罗斯各宗教组织的苏维埃政权时期不能说是其历史上的好时期,但这个时期是它们相对稳定和完整的时期。现在俄罗斯各宗教组织的稳定性和完整性不存在了。苏联解体造成了原苏联境内东正教会的分裂。1991 年 11 月在一定程度上受乌克兰政治领导的影响,乌克兰东正教会要求脱离莫斯科牧首区而在教规上完全独立。今天在乌克兰领土上存在着几个东正教会,它们之间为了获得教堂、土地和财政资源而进行着越来越尖锐的斗争。类似的过程在摩尔多瓦、立陶宛和爱沙尼亚领土上也有发生。

在俄罗斯东正教会内部产生了"新革新教派",也就是一些东正教神职人员考虑到俄罗斯新宗教状况,提出在自己的宗教组织内部进行一定的改革,以便使自己的宗教思想和崇拜更容易被新加入宗教的俄罗斯人所接受。1994 年 2 月 16 – 17 日在莫斯科召开了"东正教与革新教

---

① http://www.uchebos.ru/.

派"神学学术研讨会,会上,新革新教派实际上被承认是当代俄罗斯东正教生活中的现实存在的现象。

与俄罗斯东正教组织分裂的同时,在伊斯兰教中也发生了组织分裂。现在在俄罗斯领土上除了从前存在的两个穆斯林教派(什叶派和逊尼派)之外,已有几十个独立的穆斯林教派在活动。

最后,我们应当指出一个值得注意的研究方法论问题。作为中国学者,我们在利用俄罗斯学者的宗教研究著作时,应当注意到俄罗斯作者的不同思想背景,对其写作动机和政治导向有清醒的认识。总体来看,俄罗斯传统高校和科研院所出版的研究著作,其观点比较符合俄罗斯官方立场,对国家有关宗教政策法规持肯定态度;而那些在外国宗教组织和人权机构资助下成立的俄罗斯非官方研究机构(如宗教与法研究所、信仰自由研究所等)出版的成果,则侧重揭露俄罗斯现行宗教政策的缺陷与弊端;俄罗斯最大的宗教组织东正教会也凭借雄厚的实力组织教会人士和信仰东正教的学者研究当代俄罗斯政教关系问题。由东正教会支持出版的政教关系作品多强调东正教会与国家政权紧密交织的必要性与合理性①。

在全球化和现代化的国际政治和文化环境下,中国与俄罗斯有许多相似之处。就宗教状况而言,中国也存在着宗教组织的社会作用问题,本土传统宗教与外来宗教以及新兴宗教的相互关系问题。因此,当代俄罗斯宗教关系领域的经验也具有借鉴意义。

(作者为北京大学哲学系－宗教学系教授)

---

① 参见戴桂菊:《当代俄罗斯政教关系研究》(未出版课题)。

摩洛哥伊斯兰主义政党与渐进政治变革

吴冰冰

近 10 年来，以摩洛哥正义与发展党为代表的伊斯兰主义政党实力稳步上升，成为摩洛哥最主要的政治反对派。在 2011 年中东变局的背景下，摩洛哥也爆发了示威游行，并形成了反政府的"二·二零变革运动"。在地区和国内局势的压力下，摩洛哥国王推动渐进政治变革，通过修订宪法和组织议会选举的方式，在一定程度上回应民众的变革诉求，并将伊斯兰主义政党纳入到政治体制之内。摩洛哥的渐进政治变革，被概括为"摩洛哥例外论"，以区别于埃及、突尼斯、利比亚等国在中东变局中出现的剧烈变动。宣扬"摩洛哥例外论"的目的，是通过摩洛哥渐进政治变革的实践，为阿拉伯君主制国家探索一种既能维护王室统治、又能应对民众变革诉求的政治体制模式。

一、摩洛哥政治体制的历史沿革

摩洛哥的阿拉伯化和伊斯兰化始于 7 世纪阿拉伯征服的时代。公元 670 年，伍麦叶王朝的将领欧格白·本·纳菲阿（Uqba b. Nafi'，622 - 683）从埃及沿地中海沿岸西进，682 年征服摩洛哥。由于远离阿拉伯帝国的心脏地区，摩洛哥很早就出现了独立的地方王朝。788 年，第四大哈里发阿里的后代伊德里斯·本·阿卜杜拉（Idris b. Abdullah，788 - 791 在位）在摩洛哥建立了伊德里斯王朝。此后，经过前后相继的穆拉比特王朝、穆瓦希德王朝、马林王朝、瓦塔希王朝和萨阿迪王朝，1666 年出身圣裔家族的穆拉伊·拉希德（Maulay al – Rashid,1666 – 1672 在位）攻占菲斯,在摩洛哥建立阿拉维王朝,其统治一直延续至今。

从 17 世纪中叶至今,摩洛哥王室的统治已经延续了近 350 年。其间摩洛哥从 1912 年开始遭受法国和西班牙的殖民统治,1956 年穆罕默德五世（Muhammad V, 1909 – 1961,1927 – 1953、1955 – 1961 在位）国王领导摩洛哥实现独立。独立之后,历经穆罕默德五世和哈桑二世（Hasan II,1929 – 1999,1961 – 1999 在位）两代国王后,1999 年第三代国王穆罕默德六世（Muhammad VI,1963 – ,1999 至今在位）登基执政。

尽管摩洛哥实行多党制和议会选举,但是国家的行政、立法、军事和宗教大权都掌握在国王手中。摩洛哥 1996 年宪法第 19 条规定,国王是"信士们的长官"（Amir Al – Muminin）,拥有最高宗教权威,同时也是国家的最高代表和民族统一的象征。[①] 国王的这一权威在很大程度上与王室出身于圣裔家族有关。第 20 条规定,国王本人是神圣不可侵犯的。在行政权方面,首相由国王任命,国王根据首相的建议任命内阁其他成员,有权终止内阁部长及整个内阁的任期（第 24 条）;内阁会议由国王亲自主持（第 25 条）;驻外使节的任免也由国王决定（第 31 条）。在立法权方面,国王在与两院议长、宪法委员会主席协商并昭告全国之后,有权同时解散议会中的两院或其中的一院（第 27 条、71 条）;国王有权要求对任何立法草案进行二读,并可将经过二读的立法草案付诸全民公决（第 67 条、69 条）。在军事方面,国王是武装力量总司令（第 30 条）。可以说,摩洛哥事实上实行的是君主专制。国王依赖两大支柱行使绝对权力:历史上形成的国王作为政教合一国家领袖的神圣地位,以宪法规定的形式确立为国家的基本原则;传统上围绕王室形成的政治 – 宗教 – 军

---

① Constitution of Morocco 1996, in http://www. al – bab. com/maroc/gov/con96. htm.

事精英集团延续至今,被称作"麦赫赞"(makhzen),他们组成亲王室的政党。

在摩洛哥的政治体制中,能够对王权形成某种程度制约的主要是议会。摩洛哥宪法 1962 年颁布以来,先后于 1970、1972、1992、1996 年经过了数次修订,有关议会的相关规定也相应变化。1956 – 1959 年,摩洛哥尝试设立了具有咨询性质的国民协商委员会(al – Majlis al – Watani al – Istishari)。第一届议会(1963 – 1965)由两院组成,代表委员会(Majlis al – Nuwab,议会下院)144 席,由直接选举产生,任期 4 年;顾问委员会(Majlis al – Mustasharin,议会上院)120 席,由间接选举产生,每 3 年更换一半。第二届议会(1970 – 1971)开始改为一院制,代表委员会 240 席,其中 90 席由直接选举产生,90 席为地方委员会代表,60 席为行业协会代表。第三届议会(1977 – 1983)264 席,其中 176 席由直接选举产生,88 席由间接选举产生。第四届议会(1984 – 1992)306 席,其中 204 席由直接选举产生,60 席为地方委员会代表,42 席为行业协会代表。第五届议会(1993 – 1997)333 席,其中 222 席由直接选举产生,111 席由城乡委员会和行业协会的选举机构经间接选举产生。第六届议会(1997 – 2002)因为 1996 年宪法修正案而改为两院制,代表委员会 325 席,直选产生,任期 5 年,其中 295 席由选区直选产生,30 席由全国直选产生;顾问委员会 270 席,任期 9 年,其中 162 席由地方委员会选举机构间接选举产生,行业协会和工薪阶层代表组成的选举机构分别经间接选举产生 91 席和 27 席。2002 年和 2007 年分别选举产生了第七届和第八届代表委员会(下院)。① 1996 年以来延续了 15 年的政治架构在 2011 年因中东变局而被打破。

---

① Tarikh al – intikhabat al – tashri'iya munz al – istiqlal hatta istihqaq 2011, in Asda' al – Magrib, Nov 25, 2011, in http://www.assdae.com.

二、伊斯兰主义政党的崛起

在 1997 年的议会选举中,存在着三个竞选集团:(1)右翼亲政府的"谅解"集团(Wifaq),包括宪政联盟(The Constitutional Union/UC)、人民运动(The Popular Movement/MP)和全国民主党(National Democratic Party/PND);(2)中左的合法反对派"民主集团"(Koutla),包括人民力量社会主义联盟(The Socialist Union of Popular Forces/USFP)、独立党(The Istiqlal Party/PI)、进步与社会主义党(Party of Renewal and Progress/PRP)和人民民主行动组织(Organisation of Democratic and Popular Action/OADP);(3)中间势力,包括全国自由人士联盟(The National Rally of Independents/RNI)、民主社会运动(The Democratic and Social Movement/MDS)和全国人民运动(National Popular Movement/MNP)。在选举中,"民主集团"赢得 102 席,"谅解"集团赢得 100 席,中间势力赢得 97 席。人民力量社会主义联盟(57 席)、宪政联盟(50 席)、全国自由人士联盟(46 席)、人民运动(40 席)、独立党(32 席)、民主社会运动(32 席)为得票最多的 6 个政党。① 选举后,由中左的"民主集团"联合中间势力和其他几个小党,组成中左的七党联合政府,1998 年开始由人民力量社会主义联盟的尤素菲(Abderrahmane El Youssoufi,1924 -)任首相。

2002 年是穆罕默德六世国王上台后的第一次议会选举,议会得票最多的 7 个政党是人民力量社会主义联盟(50 席)、独立党(48 席)、正义与发展党(42 席)、全国自由人士联盟(41 席)、人民运动(27 席)、全国人民运动(18 席)和宪政联盟(16 席)。这次选举的突出特点是中左阵营维持原有力量、右翼急剧衰落、伊斯兰主义政治力量异军突起。

在摩洛哥,伊斯兰主义政治力量分为体制内和体制外两种,总体上

---

① Morocco:Majlis Nawab 1997, in http://www.ipu.org/parline - e/reports/arc/2221_97.htm.

都处于反对派的地位。体制内最主要的是"正义与发展党"（PJD），体制外最主要的是"公正与善行会"。

摩洛哥的伊斯兰主义运动兴起于 20 世纪 60 年代末 70 年代初。1967 年第三次中东战争的失败成为激发伊斯兰主义运动的导火索。很多伊斯兰主义者认为，以色列的胜利是因为犹太人坚持了自己的宗教信仰，穆斯林只有通过强化信仰才能赢得胜利。在这一背景下，阿卜杜·卡里姆·穆提阿（Abd al – Karim Mouti）创立了"伊斯兰青年运动"（Harakat al – Shabiba al – Islamiyya/IYM），该组织受到埃及穆斯林兄弟会的强烈影响。20 世纪 80 年代初，以阿卜杜·伊拉赫·本·基兰（Abdelilah Benkirane）为代表的一批伊斯兰主义者改变政治立场，放弃暴力斗争的手段，接受宪法，接受国王作为最高宗教权威的地位。他们脱离"伊斯兰青年运动"，其中一部分人组成"变革与革新运动"（Harakat al – Islah wa al – Tajdid/RRM），1996 年在与另一政党合并后，变身为合法政党并为政府所接受，1998 年该党更名为"正义与发展党"（PJD）；另一部分人则组成"变革与信主独一运动"（Harakat al – Islah wa al – Tawhid/MUR），保持宗教社会组织的身份，虽然始终未获得官方认可，但其存在得到政府默认。"正义与发展党"和"变革与信主独一运动"保持二元一体的关系，作为政党和社会组织分别存在、互相合作。

由著名伊斯兰主义者阿卜杜·萨拉姆·亚辛（Abdesslam Yassine，1928 – ）创立的"公正与善行会"（Jama'a al – Adl wa al – Ihsan）坚持非暴力和不搞秘密政治活动的原则，属于温和的伊斯兰主义组织。由于始终拒绝承认国王的宗教领袖地位，该组织一直处于非法状态，属于体制外的反对派。

面对伊斯兰主义政治力量迅猛上升的势头，国王任命无党派的内政部长伊德里斯·贾图（Driss Jettou，1945 – ）为首相，以此来加强自己对政府的控制。贾图继续领导包括人民力量社会主义联盟和独立党在内的中左联合政府。但是在 2007 年的议会选举中,执政的中左联盟遭到比较大的挫折,左翼阵营衰落、中右翼势力增长、伊斯兰主义政治力量进一步增强成为此次选举的特点。得票最多的 6 个政党依次是独立党(52 席)、正义与发展党(46 席)、人民运动(41 席)、全国自由人士联盟(39 席)、人民力量社会主义联盟(38 席)、宪政联盟(27 席)。持中间立场的独立党和全国自由人士联盟、左翼的人民力量社会主义联盟和进步与社会主义党(The Progress and Socialism Party/PPS)以及右翼的人民运动组成五党联合政府,由独立党的阿巴斯·菲希(Abbas El Fassi,1940 –)出任首相。

伊斯兰主义政党正义与发展党获得了议会第二大党和最大反对党的地位,这对国王掌控政权的能力形成挑战。穆罕默德六世试图通过创建新的亲王室政党来巩固自己的势力。2007 年,国王的政治顾问、内政部副部长福阿德·阿里·希马特(Fouad Ali El Himma,1962 –)辞去公职参加议会选举,成功当选议员。他出面组织了一个反对伊斯兰主义政治力量的政党"传统与现代党"(The Authenticity and Modernity Party/PAM)。该党在国王的支持下,从其他政党吸纳党员,在 2009 年 6 月的地方议会选举中,一举赢得全国 2.2 万个席位中的 6000 个席位,位居第一;执政的"独立党"赢得 5292 席。国王之所以支持组建"传统与现代党",目的是通过强化亲国王的力量,来应对伊斯兰主义政治力量的挑战。

三、中东变局与摩洛哥渐进政治变革

2010 年 12 月 17 日始于突尼斯的中东变局对摩洛哥也形成冲击。2011 年 2 月 20 日,在首都拉巴特和经济中心达尔贝达(卡萨布兰卡)出现大规模示威游行,游行群众提出修改宪法、更换政府以及改善民生等要求。参加游行示威的政党和组织组成"二·二零变革运动"，要求对政治体制进行根本性的变革。

2011年3月9日，国王穆罕默德六世发表电视讲话，宣布组成宪法修订委员会，推动全面的宪法改革。6月17日，国王再次发表讲话，公布修宪要点。7月1日摩洛哥就宪法修订案举行全民公决，投票率达到73%，修正案以高达98.94%的赞成票获得通过。宪法修订的主要内容是"加强首相（现在被称为政府首脑）、两院制议会和司法的职能；保护人权、女权和柏柏尔人（阿马齐克人）的文化权利；鼓励非集权化和良政"①。具体措施包括国王只能在议会第一大党的人选中任命首相（第47条）；最高司法委员会获得更大独立性（第113—116条）；新宪法增加了《基本自由和权利》一章，并将之置于第一章《总则》之后和第三章《国王》之前，旧宪法则将《国王》作为第二章；新宪法虽然保留了国王是"信士们的长官"这一规定（第41条），但是将旧宪法中"国王是神圣的"这一规定去掉（第46条）。② 7月30日，国王在电视讲话中表示，宪法改革必须通过议会选举迅速落实，原定于2012年9月举行的议会选举提前到2011年11月25日举行。

随着议会选举日期的临近，摩洛哥各派政治势力围绕着选举展开新的博弈。体制内的亲王室政党和反对派政党都支持国王提出的改革，以"二·二零变革运动"为代表的体制外反对派组织则呼吁进行抵制。在"二·二零变革运动"看来，国王提出的改革方案，仅仅做了表面上的调整，国王实际上仍然掌握着绝对权力。任命首相和内阁成员以及免除内阁成员职务的权力依然在国王手中（第47条），内阁会议由国王主持（第48条），国王有权解散议会（第51条），武装部队总司令仍然由国王

---

① Alexis Arieff, Morocco: Current Issues, CRS, July 11, 2011, p. 2, in http://www. fas. org/sgp/crs/row/RS21579. pdf.

② Dustur al-Mamlaka al-Maghribiyya 2011, in http://tangerlive. com/telecharger/constitution-maroc-2011. pdf.

担任(第53条),在宗教上国王依然是"信士们的长官"(第41条)。①

围绕着即将到来的选举,摩洛哥各政治势力开始新的组合。联合政府中的全国自由人士联盟和人民运动与反对党宪政联盟和传统与现代党组成中右四党联盟,这迫使联合政府中的其他三党强化自己的中左联盟。② 在大选中形成了三个竞选集团,即中右的"民主联盟"、中左三党的"集团"(Koutla)和伊斯兰主义政党正义与发展党。在2011年11月25日的选举中,正义与发展党获得全部395席中的107席,成为议会第一大党,其后依次是独立党(60席)、全国自由人士联盟(52席)、传统与现代党(47席)、人民力量社会主义联盟(39席)、人民运动(32席)、宪政联盟(23席)、进步与社会主义党(18席)及其他一些小党。总体上,中右四党和其他两个小党组成的"民主联盟"获得159席,中左"集团"获得117席,正义与发展党获得107席。

11月29日,穆罕默德六世国王任命正义与发展党总书记阿卜杜·伊拉赫·本·基兰为首相,并授命他组阁。本·基兰需要获得超过198席的议会多数,以组成联合政府。12月11日,独立党全国委员会通过决议,接受本·基兰的邀请,加入联合政府。至此,本·基兰已经获得了进步与社会主义党、人民运动和独立党的支持,在议会中获得217席的支持。③ 正义与发展党实际上选择了中间路线,以趋向中间路线的政党作为盟友。12月16日,四党在拉巴特签署了联合政府宪章,每党出两

---

① Alexis Arieff, Morocco: Current Issues, CRS, July 11, 2011, pp. 2 – 3, in http://www.fas.org/sgp/crs/row/RS21579.pdf.

② Al – Hukuma muhaddada bi al – infijav, in Maghreb Al Yaoum, vol. 127, Oct 6, 2011, pp. 26 – 27.

③ Independence Party to Take Part in New Coalition Government, in Morocco World News, Dec 11, 2011, in http://moroccoworldnews.com/2011/12/independence – party – to – take – part – in – new – coalition – government/18712.

名代表组成 8 人委员会,负责制订联合政纲。①

四、"摩洛哥例外论"

摩洛哥的渐进式变革推动了"摩洛哥例外论"（Moroccan Exception-alism）的传播。这种观点认为:"在北非沿岸,'阿拉伯之春'的希望正在消解成此起彼伏的民众暴力,常常是针对宗教少数派的（埃及）;或是内战（利比亚）;或是伊斯兰好战分子的崛起（埃及、利比亚,还可能在突尼斯）;或是没有任何制约的镇压（阿尔及利亚）。北非沿岸地区唯一的例外就是摩洛哥。"②在这种观点看来,摩洛哥之所以例外,主要有两方面的原因:一方面是统治集团试图将民众的诉求纳入渐进的变革进程,另一方面是伊斯兰主义政治力量的影响力依然有限。摩洛哥正义与发展党的支持者主要是受教育程度较高的中产阶级城市青年,而这个群体是摩洛哥人口中的少数。摩洛哥正义与发展党主要支持者的社会背景与人民力量社会主义联盟等左翼政党相似,因此二者形成竞争关系。这种关系在 2007 年和 2011 年的议会选举中得到体现。全国自由人士联盟、独立党和传统与现代党等对地方和部落上层影响较大,能够利用摩洛哥传统的社会结构从乡村地区获得较多选票。③

除了社会结构对伊斯兰主义政党的制约之外,摩洛哥的官方伊斯兰意识形态也对伊斯兰主义政党形成挑战。在摩洛哥的官方伊斯兰意识形态里,马立克教法学派和苏菲主义的传统受到强调。"马立克教法学派被呈现为一种历史上具有弹性的法律方法,以帮助穆斯林法学家寻求

---

① Democracy Moves Forward as Coalition Signs Charter of the Majority, Morocco News Agency, Dec 18, 2011, in http://www.prweb.com/releases/2011/12/prweb9051187.htm.

② Richard Miniter, Moroccan Exceptionalism, Oct 26, 2011, in http://www.stonegateinstitute.org/2536/moroccan - exceptionalism.

③ Ibid.

'公益',而非一种将法律一劳永逸固化下来的标准。这种弹性的定义使得国王控制的宗教权威得以为自己确立一套足够宽泛的法律规定,在必要的时候能够进行协商和重构"①。这种宗教的弹性和灵活性使得政府和官方伊斯兰能够掌握宗教的解释权,同时灵活处理现实的政治和社会问题。苏非主义在摩洛哥有着深厚的传统和广泛的影响力。摩洛哥的苏非教团,尤其是提加尼教团,从 19 世纪以来与摩洛哥王室密切合作。在很多苏非主义信徒看来,摩洛哥王室的圣裔家族身份,使得国王有资格成为"信士们的长官",从而成为政治和宗教双重领袖。苏非主义信仰强化了摩洛哥王室统治的合法性,而马立克教法学派的传统则为这种统治提供了宗教、法律、社会乃至政治方面的灵活性。这种合法性和灵活性,在相当大的程度上限制了伊斯兰主义政党的发展空间。

可以说,"摩洛哥例外论"的现实基础是摩洛哥自身的社会结构和宗教传统,其实质是相信政府有能力通过渐进式政治变革消化伊斯兰主义政党的挑战,维持王室的统治。在美国,存在支持"摩洛哥例外论"的声音,但也有人对这一观点加以质疑,认为"阿拉伯专制统治者们厌恶民主,只实行表面的改革"②,后一种观点被称为"阿拉伯专制论"(Arab Authoritarianism)。这种"摩洛哥例外论"和"阿拉伯专制论"的分歧,也表现在美国的官方立场上。摩洛哥大选之后,美国国务卿希拉里·克林顿在 2011 年 11 月 26 日发表声明,一方面对摩洛哥成功举行议会选举表示祝贺,认为新的议会与国王合作来实施新宪法,向实现所有摩洛哥人的期望与权益迈进了一步;另一方面则认为投票和选举并不意味着构

① Malika Zeghal, Islamism in Morocco, Translated by George Holoch, Markus Weiner Publishers, Princeton, U.S., 2008, pp. 253 – 254.

② Matt Schumann, Which Morocco Does US Media See, Jul 27, 2011, in http://www.morocco-board.com/viewpoint/367 – matt – schumann/5365 – which – morocco – does – us – news – media – see.

建民主的任务已经结束,强调要继续推动"持续的民主改革"。①

2011年的中东变局推动了"摩洛哥例外论"的传播,但同时应该看到,正是在中东变局的背景下,阿拉伯君主制国家试图通过摩洛哥渐进政治变革的尝试,探索如何在维持王室统治的前提下应对政治变革诉求的严峻挑战。在这个意义上讲,摩洛哥的"例外",是指相对于阿拉伯共和制国家而言的例外,这种"例外"体现在政权合法性、社会基础和政治体制灵活性等方面。而对于其他阿拉伯君主制国家而言,摩洛哥的情况恰恰不被视为一个"例外",它可以被拿来作为一个例证,证明君主制统治的合法性、稳定性和灵活性。如果说在阿拉伯君主制国家中尚不存在一个可以复制的、成熟的政治体制模式的话,那么摩洛哥的渐进政治变革有可能是建构这样一种模式的重要尝试。宣扬"摩洛哥例外论"的真正目的,是要建构适合于阿拉伯君主制国家政治体制的"摩洛哥模式"。

（作者为北京大学阿拉伯语系副主任）

---

① US Department of State, Secretary Clinton on Morocco's Parliamentary Elections, Nov 26, 2011, in http://iipdigital.usembassy.gov/st/english/texttrans/2011/11/20111126181932su7.829791e-02.html#axzz1f6IPXHNt.

叙利亚内战的宗教派别和
后阿萨德时代对周边国家的影响

陈贻绎 译

目前看来,阿萨德的倒台只是个时间和形式的问题。倒台后的叙利亚由于自身宗教成分的复杂状况,以及和周边国家和地区的宗教派别错综复杂的关系,都会导致对后阿萨德时代的叙利亚和周边局势难以判断、解读和预测。本文试图梳理这些宗教派别以及和他们密切相关的政治势力和军事派别。描述的重点放在其在阿萨德时代的状况,在近两年叙利亚内战时期成长和演变过程,以及在今后的后阿萨德时代的可能角色。文尾试图从中国视角提出对策分析和政策建议。

叙利亚地区悠久的宗教文化历史

叙利亚所在地区,是人类早期文明发源地之一,宗教文化历史悠久。早在公元前 3000 年成立的艾布拉(Ebla)城邦国,位于今天叙利亚西北部的伊德利卜(Idlib)城。该城邦有自己的楔形字母文字,并且民众信奉闪族多神宗教。闪族多神宗教文化是后来在巴勒斯坦地区形成的一神宗教的源泉,一神教最早的宗教经典《希伯来圣经》的创作,很大程度上受到了闪族多神教的影响。公元前 2500 - 2400 年是该城邦的鼎盛时期,其势力范围南起自红海,北达安纳托利亚,西从地中海,东抵伊拉克地区。

另一个古代叙利亚境内的重要宗教文明是乌加里特文明。其遗址位于叙利亚沿地中海的都市拉塔奇亚(Latakia)北方。乌加里特是公元前 1450 年到公元前 1200 年的地中海东岸十分重要港口城市。乌加里特在人类的宗教史和文字史上都地位显赫。古代希伯来语字母文字，和乌加里特楔形字母十分相近，被语言史学家认为是对古希伯来语影响最大最直接的语言。其宗教中的神话、史诗等素材，在很大程度上直接影响了《希伯来圣经》的创作。这从另一个方面展示了叙利亚这块土地在人类宗教文化史中举足轻重的地位。

叙利亚地区民众的宗教文化，在过去的几千年中，作为一个整体，陆续受到了腓尼基、赫梯、米坦尼王国、亚述、古巴比伦、古埃及、波斯帝国、马其顿帝国、罗马帝国（基督教）、阿拉伯帝国（伊斯兰教）的顺序影响。随着 18 世纪帝国主义对中东地区的侵蚀，法国成了这一地区的宗主国。第一次世界大战以后，叙利亚由法国委任统治。1944 年初叙利亚从法国宣布独立，1946 年 4 月阿拉伯叙利亚共和国正式成立，并被国际社会承认，开始成为中东现代国家中的一员。

叙利亚内战前和内战伊始的宗教派别状况

在叙利亚悠久的历史中，尽管最为古老的种族从没有遭受洗劫性的迁徙变化，但是当地的原居民也有迁徙离开的；更多的是外地的居民移入、混居通婚。一些最古老的宗教从来就没有在这块土地上完全灭绝过。直到今天，尽管叙利亚的绝大多数民众信奉伊斯兰教的不同派别，叙利亚仍然保存有许多中东地区丰富多彩的宗教文化。例如，叙利亚的基督教历史非常悠久。叙利亚曾经是基督教发祥地之一，也是基督教的重要传播基地。基督教兴起时，叙利亚地区使用当时的通用语阿拉米语，该语言很可能是基督耶稣的母语。当今叙利亚的部分基督徒聚集区仍使用这种古老的语言。在长达一千多年的伊斯兰教统治时期，仍有大量叙利亚人信仰基督教。第一次世界大战至今，由于战乱导致的死亡和移民,以及相对于穆斯林人口的低生育率,致使基督徒占叙利亚总人口的比例不断缩小。但不可否认的是,叙利亚的基督徒人口比例仍然是中东伊斯兰国家中比较高的几个国家之一。

当今的叙利亚是一个伊斯兰教信徒约占总人口的 90%,基督教人口只占国内总人口的 10% 左右的国家,尽管 2011 年,也是目前我们能够接触到的最新的数据显示,由于加剧的向外移民趋势,基督教人口可能只有 8% 左右了。其中穆斯林逊尼派占总人口的约 74%,穆斯林什叶派的各支派占总人口接近 13%,德鲁兹人口占 3%。什叶派中又分为占绝大多数的阿拉维派(多数学者认为阿拉维派属于什叶派的一个分支)、十二伊玛目派和伊斯玛仪派等。但是这些派别有的并不承认自己属于什叶派,而是认为自己应该单独算一派。①

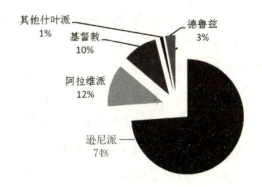

叙利亚宗教派别分布图

叙利亚的民族宗教政策和许多中东地区其他国家相比是相对宽容开明的,这包括老少阿萨德时期的宗教民族政策。因为阿萨德家族本身属于占人口少数的阿拉维派,其统治不得不考虑到包括自己在内的少数宗教族裔的保护。这种对宗教少数派的保护,尤其是基督教徒的保护,

---

① “Syria – International Religious Freedom Report for 2011”,美国国防部 2011 年数据,http://www.state.gov/j/drl/rls/irf/religiousfreedom/index.htm? dlid =192907,登录于 2013 年 4 月 6 日。

一方面是因为阿拉维派尽管属于穆斯林,其信仰特征在某些方面和基督教教义很相近,另一方面是作为少数派的阿拉维派对其他少数派处境的同情和共鸣——因为他们都需要和占人口7成多的逊尼派穆斯林共存。

但是,阿萨德家族对阿拉维派的保护不仅仅是确保阿拉维派和逊尼派的平等,而是更进一步。叙利亚是全世界阿拉维派穆斯林最为集中的国家,叙利亚人口的12%属于阿拉维派。自19世纪70年代以来,阿拉维派的巴沙尔·阿萨德家族当权以来,阿萨德家族虽然对自己所属的阿拉维派在宗教地位上并无特殊政策,甚至一直主张阿拉维派应该融入到逊尼派从而不要特立独行,但是,阿萨德家族依靠这个群体进行对国家的统治。阿拉维派占据了叙利亚统治阶层的几乎所有核心位置,如军队的指挥阶层、人员庞大系统复杂的情报部门等。叙利亚社会上的不同阶层的分化在很大程度上更多的是由经济因素造成的。阿萨德家族统治时期,宗教派别的冲突至少没有表面化。

所以,虽然阿萨德家族统治是阿拉维派的统治,但是内战发生伊始,阿萨德的民众支持根源来自三个方面,一个是其自身所属的阿拉维派,一个是大约占10%人口的基督徒,其中多数为比较富足的商人,这些商人多有黎巴嫩背景,第三部分是逊尼派穆斯林的商人,占人口的8－10%左右。第一个部分是占据了统治阶层的政治精英,维护统治阶层的出发点毋庸置疑;后两者则纯属经济利益的既得利益集团,维护统治阶层的统治也可以理解。这三个部分合在一起是大约占据了叙利亚30%的人口。这是一个不小的基数,远非仅仅占人口12%的阿拉维派针对另外的88%的非阿拉维派那样简单而比例悬殊。

但是,基督教和逊尼派商人多属于骑墙派。因此,当欧盟和美国对叙利亚实施制裁时,尤其是欧盟的制裁——叙利亚原油的主要进口贸易体,这批骑墙派受到比较大的压力,导致叙利亚的商业群体随着内战局势朝着越来越不利于阿萨德政权的方向发展时,开始越来越多地倒向反对派,从而使得阿萨德政权的压力一步步地随着内战的深化和自己的节节败退而增加。

占人口绝大多数的逊尼派穆斯林中,除了不到七分之一的人口属于支持阿萨德统治的骑墙派既得利益者,大多数逊尼派人口高度年轻化,失业率也是最高的。叙利亚内乱伊始,这个群体集中代表了叙利亚的社会矛盾,尤其是经济矛盾。年轻的逊尼派穆斯林受到教育后没有找到能够自立的工作,与此同时,又受到来自叙利亚外部的逊尼派穆斯林激进思潮和势力的影响。这样,原本以经济因素为主的社会矛盾,很容易地转化到了社会和宗教的方向。

这个大背景奠定了叙利亚内战最终演变到今天的性质。表面上,叙利亚的内战体现的是叙利亚内部逊尼派穆斯林反政府力量针对阿拉维派阿萨德政府代表的什叶派的武装斗争;其实反映的是两派后边国际力量的博弈——伊斯兰逊尼派势力和什叶派势力在中东的博弈。沙特和卡塔尔是逊尼派力量最为显著的代表,其协助者还应该包括土耳其、约旦、阿联酋等其他海湾国家,而且从某种意义上讲,美国、欧盟和以色列由于各自战略利益的考虑,也被动地被拉入了这一阵营。伊朗和黎巴嫩的真主党是什叶派力量最为显著的代表,俄罗斯也被动地被拉入了等同于支持什叶派的阵营。当我们认真分析两派力量以及和这些力量盘根错节的其他力量时,我们发现情况远比表面显现的复杂。

叙利亚内战中的逊尼派穆斯林战斗力量

叙利亚的阿拉伯之春和中东其他阿拉伯国家的阿拉伯之春的开始一样,始自和平游行和反政府示威活动,其原始动因是社会经济矛盾。之后随着政府的强硬态度,演进发展成为今天已经持续了两年多的内战。内战伊始,各个反对派武装力量的规模和体系以及所属派别并不清晰明确。但是发展到今天,我们可以从各种途径了解到比较翔实的关于这些力量的分布和状况。我们发现,最有战斗力也是向国际社会发布自己战情最为及时迅速的反对派,大都是逊尼派穆斯林的武装力量。学者了解情况的一个重要的途径来自这些派别自己上传到网络媒体如 Youtube 等网站的录像信息和他们在自己的脸谱网和推特网账户上发布的信息。①

叙利亚的内战发展到 2012 年下半年时,叙利亚反对派武装力量发展迅速。各种新兴的派别力量粉墨登场。从成立伊始就十分松散无序的叙利亚自由军中分裂出了许多激进伊斯兰武装力量。三支力量尤为突出,一个名为"叙利亚(伊斯兰)解放阵线(Syrian (Islamic) Liberation Front, SLF)",其核心力量是"利凡特猎鹰(Suqour al – Sham)";第二支名为"叙利亚伊斯兰阵线(Syrian Islamic Front, SIF)",是由其最重要的核心力量"利凡特自由人大队(Kataib Ahrar al – Sham, KAS)宣布成立的联合阵线";第三支是"人民支持阵线(Jabhat al – Nusra, JN)"。这三支力量中,尤以人民支持阵线战斗力出色,也最为著名。具有讽刺意味的是,另外一个促成人民支持阵线的知名度的原因,是美国政府在 2012 年 12 月份将其指定为恐怖组织。下面我们分别介绍一下这三支力量的情况。

叙利亚(伊斯兰)解放阵线(SLF)

该阵线成立于 2012 年 9 月,有 20 支左右的伊斯兰武装力量,数以万计的武装人员,其中最为核心的战斗力量是著名的利凡特猎鹰。利凡特猎鹰的领导人是 Ahmad Issa al – Shaykh,又称 Ahmed Abu Issa,他也是叙利亚解放阵线的创办人。Abu Issa 领导下的解放阵线和在一线作战的叙利亚自由军有着密切的兄弟般的合作,但是拒绝和还在土耳其的叙

---

① 本文中大量的信息转引自美国几个中东智库的政策文章和观察分析文章。尤其是位于华盛顿的近东政策研究所的网络出版物。下文中没有特别注明出处的,多为转引自此智库的网络出版物信息。

利亚自由军领导人合作,并经常批评他们的腐败和无能。①

　　解放阵线中的一些武装力量有的时候甚至称自己不仅仅属于解放阵线,也属于叙利亚自由军。上述最有战斗力的利凡特猎鹰就属于此类力量。另一个自认属于两个组织的是"法鲁克旅(Farouq Brigades)"。

　　在宗教倾向上,许多解放阵线的成员支队被认为是伊斯兰温和派。他们既不是激进的圣战主义者,也不是萨拉菲派。鉴于这些支队的双重身份,他们应该是将来叙利亚重建的一个中间派力量,或许会起到一些调和激进伊斯兰势力和完全世俗派之间矛盾的作用。

叙利亚伊斯兰阵线(SIF)

　　"叙利亚伊斯兰阵线追随逊尼派下属的萨拉菲派的教义,以推翻阿萨德政权及其盟友为目的,并随后依据其对伊斯兰法的解释,建立相关机构,参与政治活动,推动伊斯兰教育,实施人道主义的援助。"这是叙利亚伊斯兰阵线的发言人阿布·阿卜杜勒·拉赫曼(Abu Abdul Rahman al‐Souri)②陈述的这个组织的目的。萨拉菲派是最近发展最为迅速的伊斯兰宗教支派之一。③ 其历史十分悠久。但是,最近 20 多年,这个派别的名称和"萨拉菲圣战主义"中的"萨拉菲"的关系被西方学者高度强调④,以至于目前西方国际政治学界一提到萨拉菲,想到的多是和该派

---

　　① Lund, Aron, "Holy Warriors", *Foreign Policy*, 2012, 10, 05, http://www. foreignpolicy. com/articles/2012/10/15/holy_warriors, 登录于 2013 年 4 月 1 日。

　　② 相关信息来自美国录像上传网站 youtube. com, 转引自美国华盛顿近东研政策究所相关出版物, Aaron Y. Zelin, "The Syrian Islamic Front: A New Extremist Force (Policywatch 2031)", http://www. washingtoninstitute. org/policy‐analysis/view/the‐syrian‐islamic‐front‐a‐new‐extremist‐force, 登录于 2013 年 3 月 10 日。

　　③ "Uproar in Germany Over Salafi Drive to Hand Out Millions of Qurans", *Assyrian International News* Agency, April 06, 2012, http://www. aina. org/news/20120416150547. htm, 于 2013 年 3 月 10 日登录。

　　④ 参见: Martin Kramer, "Coming to Terms: Fundamentalists or Islamists?" *Middle East Quarterly*, Spring 2003, pp. 65–77, 其中讨论了法国政治学和伊斯兰研究学者 Gilles Kepel 创始的这个名词。

密切联系的伊斯兰圣战这个概念。

伊斯兰阵线由 11 个旅组成,活跃在整个叙利亚境内。它们分别是这个阵线的创办者,利凡特自由人大队(在整个叙利亚战斗),Harakat al – Fajr al – Islamiyah(在阿勒颇城内和附近战斗),Kataib Ansar al – Sham(在拉塔基亚和周边地区战斗),Liwa al – Haqq(在霍姆斯战斗),Jaish al – Tawhid(在代尔祖尔战斗),Jamaat al – Taliah al – Islamiyah(在伊德利卜农村地区战斗),Katibat Musab bin Umayr(在阿勒颇的农村地区战斗)以及在大马士革区域和周边战斗的 Katibat Suqur al – Islam,Kataib al – Iman al – Muqatilah,Saraya al – Maham al – Khasa 和 Katibat al – Hamzah bin Abdul Mutalib。最后 5 个旅并没有什么战绩发布到网上,这可能表明他们并没有参加比较成规模的地面战斗。

伊斯兰阵线在 2012 年 12 月还发表声明,欢迎其他伊斯兰圣战组织加入到他们的行列中来。在 Youtube 的网站上,有组织在大马士革、霍姆斯、哈马、伊德利卜、阿勒颇、代尔祖尔等地的战斗场面。伊斯兰阵线和人民支持阵线曾一起合作,成了解放塔夫塔纳兹(Taftanaz)机场的主力,他们还领导了攻陷伊德利卜监狱的战斗,以及试图攻下吉斯尔·舒古尔(Jisr al – Shughour)的战斗。

这些录像还显示了伊斯兰阵线的人道主义救济工作,例如铺设新的道路,清除现有道路上的障碍和垃圾,为越来越多的有需求的叙利亚人烤制面包,分发食品。他们还组织儿童进行《古兰经》背诵比赛。影片显示,有土耳其政府背景的非政府组织"人道主义救援基金(IHH)"和有卡塔尔政府背景的"卡塔尔慈善机构"是这些人道主义活动的资金支持者。前者和巴勒斯坦的哈马斯有合作关系。

2013 年 1 月 17 日,伊斯兰阵线发布了长达 7 页纸的组织宪章,透露出了该组织的一些思想和诉求细节。该组织希望伊斯兰教人士在推翻阿萨德政权后的过渡时期,能够有准备地积极参与到社会的各个领域中去,并发挥领导作用。该组织希望叙利亚的重建要建立在诚实和透明的基础上。政府要反腐败,杜绝阶级剥削,符合《古兰经》的教导和萨拉菲教义。决策要建立在协商的基础上,避免纷争,符合伊斯兰教法(Sharia)。该组织自称将回避极端主义行为,尽量不轻易判定其他穆斯林为叛教者,不轻易将人逐出教会。不过,一旦作出叛教的裁决,将具有约束力。该组织认为女性在社会中只起辅助作用,西方妇女权利平等的概念伊斯兰教不能接受。尽管宪章呼吁叙利亚保持团结,防止民族和教派分裂,但是却要求确认逊尼派伊斯兰教的国教地位,并把伊斯兰教法作为后阿萨德时代叙利亚立法的唯一来源。这个要求意味着在对待少数族群的态度上,非逊尼派的穆斯林和非穆斯林将被视为二等公民。虽然宪章也强调与非穆斯林的关系要保持公正和公平,却反对不同信仰间的交往活动和融合。

叙利亚人民支持阵线(JN)

人民支持阵线成立于 2012 年初,其所有声明和录像都由一个称作"白色清真寺塔尖"(al - Manarah al - Bayda)的媒体机构发布在最为著名的圣战网站 Shamoukh al - Islam① 上。该组织是叙利亚反政府武装力量中最为有战斗力和成功战役最多的力量。其目标是推翻阿萨德政府,建立一个基于伊斯兰律法的泛伊斯兰国家,禁绝烟酒和不良娱乐行为。该组织认为以色列和美国是伊斯兰的敌人,所以反对西方国家对叙利亚内战的干涉。该组织有时会攻击叙利亚境内的非逊尼派穆斯林势力,包

---

① 这个媒体机构的名称据说来自伊斯兰教的一个传统说法,这个说法是关于耶稣的第二次降临的,此次降临的耶稣会在大马士革的东部出现,并且和那里反基督的敌人进行战斗。参看对 Charles Cameron 对 Aaron Y. Zelin 的文章 "Jabhat al - Nusrah and Jihad in Syria" 的评论,见 http://thewasat.wordpress.com/2012/01/30/jabhah - al - nusrah - and - jihad - in - syria/#comments,登录于 2013 年 3 月 31 日。

括阿拉维派的势力。有证据证明该组织和伊拉克的基地组织有关联。①
很可能伊拉克的基地组织成员赶赴了叙利亚，来报答当年叙利亚成员对
伊拉克成员的支持和帮助。该组织的战斗力首屈一指，所以在如何解决
叙利亚内战问题的立场上是坚决拒绝和阿萨德政府谈判。

除了常规的战斗外，人民支持阵线的一个主要战斗手段是恐怖袭
击。从 2011 年 12 月以来，该组织对发生在叙利亚的 60 起恐怖袭击事
件中的 49 起声称负责，其中包括许多大规模的恐怖袭击事件。②

由于人民支持阵线特殊的宗教背景和出色的战斗力，叙利亚自由军
对它是又爱又恨。一方面，人民支持阵线在许多常规反政府战斗中大力
协助了自由军并取得胜利③。没有这些战斗力卓越的武装力量的帮助，
自由军的许多战斗不仅仅面临经验不足的挑战，而且面临武器装备和弹
药不足的窘境。另一方面，自由军又不赞成人民支持阵线采取的恐怖袭
击方式。尽管如此，美国将人民支持阵线确定为恐怖组织这一决定并没
有得到所有叙利亚自由军的拥护，因为有的自由军战士是同情人民支持
阵线的，和人民支持阵线的战士是有战斗中凝聚成的友谊的。即便是
"叙利亚反对派和革命力量全国联盟（National Coalition of Syrian Revolu-
tionary and Opposition Forces，SOC）"的领袖哈提普也希望美国重新考虑
这个决定，他认为，凡是反政府的武装力量应该都得到鼓励和支持。29
个叙利亚反政府组织在网上签名反对美国的这个归类，数以千计的叙利

① Aaron Zelin, "The Rise of Al Qaeda in Syria", *Foreign Policy*, 6 December 2012, http://www.foreignpolicy.com/articles/2012/12/06/the_rise_of_al_qaeda_in_syria,2013 年 3 月 22 日登录。

② "Suicide bombers kill 14 Syrian security personnel", http://www.longwarjournal.org/threat-matrix/archives/2013/02/suicide_bombers_kill_14_syrian.php,2013 年 3 月 22 日登录。

③ 截至 2013 年 3 月底的信息说明，在战斗能力，经济实力，武器质量、数量，组织水平等许多方面，叙利亚自由军实际上要比 JN 等逊尼派穆斯林武装力量差得多；在许多战斗中，如果没有这些宗教武装力量，基本世俗的叙利亚自由军将很难有所斩获，许多时候，自由军的生存都是问题。参见 Koert DeBeuf, "What does the Free Syrian Army want", in the Fikra Forum, http://fikraforum.org/?p=3161,发表于 2013 年 3 月 28 日，登录于 2013 年 3 月 31 日。

亚民众针对美国的这一决定示威游行,声称"叙利亚除了阿萨德,没有恐怖主义者"①。

可是,另一方面,许多自由军战士和领导认为人民支持阵线的成员的宗教观点过分激进,尽管他们现在面对的是共同的敌人,但是在战胜阿萨德之后,自由军不希望自己的胜利果实被这些圣战者攫取。否则,叙利亚将从一个独裁者手中转移到一批宗教狂热人士手中,尽管他们现在表现得关注民生,并一步步地获得更多的民众支持。②

自由军和宗教势力之间目前在反对阿萨德的战斗中,属于"共苦"的阶段。自由军的高层多次有人站出来说,自由军和民族联合阵线的力量在阿萨德倒台后,不会同意和这些伊斯兰势力"同甘"的。因为这些人所代表的宗教保守势力,很大程度上还不如阿萨德时代的集权统治,

叙利亚伊斯兰阵线和人民支持阵线的区别与合作

人民支持阵线被视为伊拉克基地组织(al – Qaeda)在叙利亚的分支。而伊斯兰阵线目前看来并没有上层领导机构和势力,也不受基地组织的指挥。人民支持阵线的公告和消息首先都是在基地组织的专用网络论坛 Shumukh al – Islam 上面;而伊斯兰阵线有自己的脸谱网和推特网的账号,并且使用这些平台发布消息。

伊斯兰阵线的一个重要的圣战主义理论家是谢赫·阿布·巴希尔(Sheikh Abu Basir al – Tartusi),他直接参与 Kataib Ansar al – Sham 旅的一线战斗。而他的重要理论敌人是人民支持阵线的圣战主义理论家 Sheikh Abu al – Mundhir al – Shinqiti。后者对伊斯兰阵线的理论宪章尚

---

① "Syrian protesters slam U. S. blacklisting of jihadist group", AFP,14 December 2012,http://www. dailystar. com. lb/News/Middle – East/2012/Dec – 14/198527 – syrian – protesters – slam – us – blacklisting – of – jihadist – group. ashx#axzz2G7Y7BIkh,登录于 2013 年 3 月 15 日。

② Martin Chulov, "Syria crisis: al – Qaida fighters revealing their true colours, rebels say", Jan. 17, 2013, http://www. guardian. co. uk/world/2013/jan/17/syria – crisis – alqaida – fighters – true – colours,登录于 2013 年 4 月 2 日。

无评论。而另一位圣战主义理论家，约旦的 Iyad Qanibi，表示支持伊斯兰阵线的宪章。不过伊斯兰阵线自己的 Tartusi 和约旦的 Qanibi 也都表示伊斯兰阵线目前的宪章太过温和，对非穆斯林太过宽容，需要进一步修改，更上一层楼，直接将叙利亚变为一个完全由穆斯林教法统治的国家。

伊斯兰阵线的温和一方面有着叙利亚本身的多宗教文化的传统的影响，一方面可能也是出于说服西方国家武力和财物支持需要的考虑。实际上，伊斯兰阵线很可能本质上是激进的，是希望能够将后阿萨德时代的叙利亚全面伊斯兰化的，如上述理论家的思想所反映。一方面，伊斯兰阵线和人民支持阵线在军事上有着大量的合作，另一方面，其主要战斗分队利凡特自由人大队中也有叙利亚以外的穆斯林参战。伊斯兰阵线的利凡特自由人大队很可能会加入到最高军事委员会（Supreme Military Council，SMC）中，这个委员会是美国支持的"叙利亚反对派和革命力量全国联盟"的武装分支机构。

土耳其人后裔

在叙利亚的土耳其后裔多属于逊尼派，共约 20 万人，占叙利亚总人口的 1% 左右。而在反对派成立的叙利亚民族委员会中，竟有 3 位成员是土耳其人后裔，人数和库尔德人成员相同，而库尔德人占叙利亚人口的 15% 左右。[①] 这些土耳其人后裔多数说阿拉伯语，不再说土耳其语。但是他们认为土耳其是他们的保护神。土耳其后裔的领导人说，在阿萨德统治时期，土耳其人后裔受到歧视，不允许维持自己的语言，土地被掠夺后分给阿拉维人。

内战以来，在叙利亚北部地区和土耳其交界的边境地区，有 3000 土

---

① "Turkmen in joint battle 'for Syria democracy'"，Agence France – Presse（AFP），31 January 2013，2013 年 3 月 13 日登录。

耳其后裔加入了叙利亚自由军的行列。在阿勒颇地区 Mahmoud
Suleiman 领导约 750 土耳其人后裔成立了战斗队,也加入了叙利亚自由
军的反阿萨德战斗集团。这些土耳其人后裔虽然参与协助萨拉菲派民
兵的战斗,但是明确表示,他们在意识形态上和叙利亚自由军站在一起,
主张推翻阿萨德统治后建立一个民主自由的叙利亚。

巴勒斯坦难民民兵"风暴旅"

叙利亚有约 50 万巴勒斯坦难民,大部分是在 1948 年阿拉伯国家和
以色列的战斗中失败后流落进叙利亚的。这些难民中本来就有意识形
态上的分歧。一部分难民效忠于阿萨德政府,如"巴勒斯坦解放总指挥
(Liberation of Palestine General Command, PFLP – GC)"。这个武装力量
主要阵地是位于大马士革南郊的亚尔穆克(Yarmouk)区域,这是一个规
模庞大的巴勒斯坦难民营,有 15 万巴勒斯坦人居住,由巴勒斯坦人自
治。叙利亚自由军利用巴勒斯坦内部的意识形态分歧,为同情逊尼派的
巴勒斯坦难民提供武器,组织他们对抗忠于巴勒斯坦解放总指挥领导人
Ahmed Jibril 的势力,从而牵制这股效忠于阿萨德政府军的势力。和叙
利亚自由军合作的巴勒斯坦武装力量成立了只有巴勒斯坦战斗人员的
"风暴旅(Liwa al – Asifah)",管理亚尔穆克巴勒斯坦难民营,制衡阿萨
德政府在该难民营中的势力。[①]

库尔德人

库尔德人不是阿拉伯人,所以考虑问题时多从种族的角度出发,宗
教派别在库尔德心目中并不是最重要的因素。库尔德人的宗教信仰多
样,几乎囊括了中东地区的所有宗教,但是大部分库尔德人属于逊尼派

---

① "Syrian rebels arm Palestinians against Assad". Reuters, 31 October 2012, http://ca. reuters.
com/article/topNews/idCABRE89U1I320121031? sp = true,2013 年 3 月 13 日登录。

穆斯林，所以我们将对库尔德战斗力量的讨论放到这里。而且，叙利亚内战最新的发展趋势是库尔德人越来越站在了反叙利亚政府的一边，开始了和自由军的合作。①

讨论库尔德问题，我们需要将土耳其、叙利亚和伊拉克三国的库尔德人放到一起来分析问题。土耳其的库尔德人最重要的组织是库尔德工人党（Kurdistan Workers Party, PKK），这个组织和土耳其政府是死敌。该党在叙利亚的库尔德人中有一个分支力量，名称是民主联合党（Party for Democratic Unity, PYD），民主联合党控制着叙土边境的一块土地，也是叙利亚境内最大的库尔德政党。2011 年 10 月，位于伊拉克北部的库尔德区域政府（Kurdistan Regional Government, KRG）的总统穆萨德·巴尔扎尼（Massoud Barzani）和几股叙利亚的库尔德势力合作，成立了库尔德民族委员会（Kurdistan National Council, KNC）。隶属土耳其库尔德工人党的叙利亚民主联合党对这个委员会以及背后的巴尔扎尼采取抵制和不合作的态度。

在叙利亚的库尔德人协助土耳其的库尔德工人党反抗土耳其政府镇压的过程中，阿萨德政府是有恩于他们的。所以在内战伊始，叙利亚民主联合党的库尔德战士尽力保持中立，甚至在战斗中有时站在政府军一边。但是，随着内战的进一步升级，一批库尔德人开始加入反对叙利亚政府的叙利亚自由军的战斗行列。阿勒颇北部的平原地带约有 4 万库尔德人居住，大约有 600 名库尔德战士加入了反政府武装。在一些其他的库尔德聚居区，还有更小股的武装力量参与了反政府的战斗。这些武装人士不赞成库尔德人的独立，也反对叙利亚民主联合党的所谓中立立场。他们认

---

① Matthieu Aikins, "The Kurdish Factor", April 1, 2013, http://latitude.blogs.nytimes.com/2013/04/01/could – syrias – kurds – change – the – course – of – the – civil – war/，登录于 2013 年 4 月 2 日。

为这种不协助反对派的立场实际就是和阿萨德站到了一起。[①]

支持逊尼派力量的外国势力

沙特、卡塔尔和土耳其的政府和相关民间逊尼派民间机构是叙利亚境内逊尼派力量的主要支持者,直接提供包括武器和弹药在内的各项援助。[②] 另外,约旦虽然没有能力直接提供军火或者资金援助,也力所能及地提供了交通便利和难民救济援助。美国和欧盟对待叙利亚政府的态度,客观上讲也等同部分支持逊尼派。而且,一部分来自欧美的非武器支援,如通讯设备和技术支援,也到了逊尼派战斗者的手中。

叙利亚内战中的什叶派穆斯林战斗力量

叙利亚政府军

叙利亚政府军的核心指挥力量是阿拉维派,许多穆斯林研究学者认为阿拉维派是属于什叶派的一个少数派。关于阿拉维派在叙利亚政府中的角色,尤其是军队和情报机构的角色,上文已经详述。

[①] "Defying Common View, Some Syrian Kurds Fight Assad". The New York Times, 22 January 2013,2013 年 3 月 13 日登录。

[②] 关于这几个国家对叙利亚内部反对派的军事和非军事援助,报道颇多,可以参考:"Saudi Arabia Arming Syrian Rebels With Croatian Weapons Since December 2012", *The Huffington Post*, 26 February 2013, http://www.huffingtonpost.com/2013/02/26/saudi – arabia – arming – syrian – rebels_n _2764375.html;" Syria's Secular and Islamist Rebels: Who Are the Saudis and the Qataris Arming?" *Time* World, Sept. 18, 2012, http://world.time.com/2012/09/18/syrias – secular – and – islamist – rebels – who – are – the – saudis – and – the – qataris – arming/#ixzz2P8USsWyQ; "Foreign militants fighting in Syria battlefields", Agence France – Presse, 7 March 2012; David Sanger, "Rebel Arms Flow Is Said to Benefit Jihadists in Syria", 14 October 2012, *The New York Times*; Karen DeYoung, "Saudi, Qatari plans to arm Syrian rebels risk overtaking cautious approach favored by U.S", 2 March 2012, *The Washington Post*; "Saudis Step Up Help for Rebels in Syria With Croatian Arms", *The New York Times*, 25 February 2013, 以上网站均登录于 2013 年 4 月 1 日。

黎巴嫩真主党自身和其支持的势力

　　黎巴嫩的真主党有多重角色，首先它是黎巴嫩的一个重要政党，也是一个重要的社会宗教运动派别，是黎巴嫩什叶派穆斯林的最重要的代表。真主党同时还是黎巴嫩最大和最有实力的非政府武装力量。真主党的最高领导层绝对忠于伊朗的什叶派穆斯林的最高领袖哈梅内伊。在伊朗的领导和指使下，真主党和伊朗革命卫队的对外作战准军事分支（Quds Force）紧密配合，和叙利亚政府军并肩作战，捍卫叙利亚阿萨德的统治，从而维护伊朗在叙利亚的利益。有的时候，这些利益和黎巴嫩本身的利益，甚至真主党自身的利益是冲突的。是对伊朗宗教领袖的忠诚度导致了黎巴嫩真主党如此行事。

　　真主党通过这种方式参加叙利亚的内战，包括训练叙利亚的政府战斗力量，派遣狙击手帮助叙利亚坚守一些阵地，尤其是叙黎边境的重要阵地。真主党的一号领导人物赛义德·哈桑·纳斯鲁拉（Hassan Nas-rallah）直接领导协助叙利亚政府军的行动。以前真主党在伊拉克训练的用于对抗西方入侵军队的武装力量，也开始出现在叙利亚，和叙利亚政府军并肩作战，以维护阿萨德的政权。

　　随着阿萨德政府军的节节败退，真主党正在协调将许多武器储备挪出叙利亚，挪到位于黎巴嫩的安全地点储存。以色列在2月份对这样的一个运输车队进行了空中轰炸。[①]对于真主党和叙利亚政府，只能是哑巴吃黄连，有苦难言。首先，黎巴嫩真主党不希望向国际社会公开宣扬他们参与帮助阿萨德政权，再者，从叙利亚往黎巴嫩运输的是非法的武

---

　　① "Israeli strike in Syria might be first in series", *Washington* Post, Feb. 9, 2013, http://articles. washingtonpost. com/2013 – 02 – 09/world/37003841_1_israeli – strikes – israeli – officials – chemical – weapons，登录于2013年4月2日。

器装备,损失了也只能打掉牙往肚子里面咽了。而对于叙利亚反对派,对此次以色列侵入叙利亚领土进行空中军事打击也没有听到多少典型的反以的抗议声,因为这个行为客观上是帮助了叙利亚反对派,打击了阿萨德的政府力量和帮助政府力量的黎巴嫩真主党。

支持什叶派力量的外国势力

伊朗作为叙利亚政府的盟友,不仅仅为阿萨德政府提供了武器和技术支援,还派出了人员直接参与保护叙利亚政权的战斗。同时,伊朗还组织军事专家对叙利亚政府军和亲政府人员进行军事训练,以增强他们的战斗力。[1] 被训练的人员除了有叙利亚本国人外,还有黎巴嫩真主党中的亲叙利亚和伊朗政府的成员。[2]

叙利亚东部的邻国伊拉克拥有大量什叶派人口,约占总人口数的65%。[3] 虽然并没有派出什叶派的武装力量到叙利亚参加保卫政府的战斗,伊拉克默许伊朗通过其领土和领空向叙利亚运输武器和援助的行为,客观上起到了帮助叙利亚政府的作用。具有讽刺意义的是,以伊拉克为大本营,越过边境到叙利亚参加战斗的是伊拉克的少数逊尼派,参加的是叙利亚反政府军的战斗,这些逊尼派战士将伊斯兰圣战从伊拉克输出到了叙利亚。

实际上客观起到支持叙利亚的阿拉维什叶派力量的一个重要国家是俄罗斯。俄罗斯在叙利亚的塔尔图斯(Tartus)海军基地,拉塔基亚

---

① "Syrian army being aided by Iranian forces", *The Guardian*, 28 May 2012, http://www. guardian. co. uk/world/2012/may/28/syria – army – iran – forces,登于 2013 年 4 月 1 日。

② "Iran and Hezbollah have built 50,000 – strong force to help Syrian regime", *The Guardian*, 14 March 2013, http://www. guardian. co. uk/world/2013/mar/14/iran – hezbollah – force – syrian – regime, 登于 2013 年 4 月 1 日。

③ "Mapping the Global Muslim Population", *Pew Forum on Religion & Public Life*, p. 10, PDF 文件可在 http://www. pewforum. org/newassets/images/reports/Muslimpopulation/Muslimpopulation. pdf 下载,登于 2013 年 4 月 6 日。

(Latakia)的电子监控设施,以及塔德木尔(Tadmor)的空军设施是俄罗斯在前独联体外的唯一军事设施,所以对于俄罗斯来讲弥足珍贵。俄罗斯在叙利亚的商业利益也十分多,有3万多俄罗斯人长期居住在叙利亚。因此,为了维护国家利益,俄罗斯一直是对阿萨德政府的坚决支持者,对叙利亚的军火销售在内战期间也没有间断。尽管来自北约和美国的压力很大,俄罗斯一直坚持自己没有违反国际法,并不站在内战的任何一方。[①]

非穆斯林力量

德鲁兹人

叙利亚有约70万德鲁兹人,在2100万的总人口中只占3.3%。德鲁兹人不是伊斯兰教徒,信仰自己独特的宗教。大部分德鲁兹人口居住在叙利亚的东南方的山区。虽然德鲁兹人口所占比例不大,但是在叙利亚政府军和情报部门的比例要大于其人口比例。叙利亚内战发生以来,德鲁兹人基本中立,不参与反对派的战斗。但是,目前看来,越来越多的德鲁兹军人开始逃离叙利亚军队。目前德鲁兹人的宗教领袖集体声明,希望德鲁兹人离开政府军,不要再参与政府镇压平民的战斗了。[②] 而且在叙利亚德鲁兹人聚居区 Swaida,开始有小股的德鲁兹人参加了反政府

---

① 参考如 Julan Borger, "Russian military presence in Syria poses challenge to US – led intervention: Advisers deployed with surface – to – air systems bolster President Assad's defences and complicate outcome of any future strikes", *The Guardian*, 23 December 2012, http://www.guardian.co.uk/world/2012/dec/23/syria – crisis – russian – military – presence, 登录于 2013 年 4 月 1 日。

② "Druze preachers in Swaida urge defections". The Daily Star (Lebanon), http://www.dailystar.com.lb/News/Middle – East/2013/Feb – 18/206839 – druze – preachers – in – swaida – urge – defections.ashx#axzz2Lajr1h86 ,2013 年 3 月 14 日登录。

的战斗。[①]

基督教人口

内战伊始的基督教人口多站在阿萨德政府一边,因为这部分人口中的商人和中产阶级比较多,属于叙利亚社会的既得利益者。但是基督教人口并没有自己的武装力量,属于骑墙派的这部分人口又很容易受到反政府的穆斯林军事力量的迫害。这种情况随着阿萨德政府力量的逐渐削弱而日益严重。虽然目前尚未发生大规模的迫害事件,零星的迫害事件时有发生。基督教徒特别为自己的前途担忧,尤其是如果内战以伊斯兰极端势力获胜并进一步掌握新的政权而收尾,基督教徒的中产阶级的政治自由和生活平静极有可能将会受到严重威胁。[②] 一方面他们没有和反政府力量站到一起;另一方面,随着政府日渐式微,他们也没有组织起来,拿起武器和政府军战斗。在目前的反政府武装眼中,如果政府胜利,他们是帮凶;如果政府被推翻,他们也没有什么功劳,更不配享受任何胜利的果实。基督教人口是最希望将来的叙利亚保持对宗教自由的保护的群体。

后阿萨德时代叙利亚和周边国家状况分析

叙利亚内战发展到了今天,可以比较清晰地看到,有三股力量在角力。一股是穆斯林什叶派力量,包括既存的阿萨德政府力量,及其盟友

---

① "Syrian rebels arm Palestinians against Assad". Reuters, 31 October 2012, http://www. washingtonpost. com/world/middle_east/syrias – druze – minority – is – shifting – its – support – to – the – opposition/2013/02/07/9e3f52c6 – 6d5d – 11e2 – ada0 – 5ca5fa7ebe79_story. html ,2013 年 3 月 14 日登录。

② "Syrian Christians live in uneasy alliance with Bashar Assad", *The Washington Post*, 15 May 2012, http://www.washingtonpost. com/national/on – faith/syrian – christians – live – in – uneasy – alliance – with – bashar – assad/2012/05/15/gIQAlSjsRU_story. html, 登录于 2013 年 4 月 1 日。

黎巴嫩真主党和伊朗；一股是战斗力很强的逊尼反对派武装力量，背后的支持者是以沙特和卡塔尔为首的海湾逊尼派国家，某种意义上还包括逊尼派为主要人口的土耳其和约旦两个国家。第三股力量是希望将宗教差异和冲突边缘化，而强调叙利亚的国家统一和制度民主的自由派力量。这第三股力量一方面表现为叙利亚自由军中的武装力量，一方面存蓄在许多没有参与战斗的叙利亚公民中。叙利亚之所以是叙利亚，一个重要的区分她和其他周边国家的独特原因是，其宗教和民族成分的多样性以及阿萨德政府无论如何狼狈，在内战前仍然勉强维持的在叙利亚主权国家框架内的民族和宗教彼此融合相处。目前这个平衡是毫无疑问地被打破了。尽管如此，基于以往的基础，向往不同民族宗教和谐相处的民主制度的潜流仍然在叙利亚人民中涌动。

这三股力量都在积极地为后阿萨德时代进行军事、政治以及制度建设的准备。

如果说叙利亚的后阿萨德时代的冲突将会是穆斯林的两个派别间的冲突和斗争，则是把后阿萨德时代的矛盾冲突过于简单化了。目前看来，美国表面上选择的是不武装参与斗争，但是因为其对海湾国家武装支持叙利亚逊尼派反政府力量的实质性鼓励，以及美国不得不采取的组织反伊朗联合阵线的战略，实际上，美国是被动地站在了逊尼派的后面，这对于美国来讲，是没有选择的选择，或者说是个权宜之计。上面所讲的第三股力量在叙利亚当前的内战中虽然并不是很高调，即使叙利亚自由军中的成员也不全是这股力量，但是却是美国目前希望引导和扶植的力量，其潜力不可小觑。在致力于推行民主制度的美国看来，第三股力量在中东各个国家的成长壮大，包括在叙利亚的成长、成熟和执政，是历时近 3 年的阿拉伯之春的核心意义所在。因为只有当一个国家的制度民主化了，其政府所制定的决策才能够在流程和利益思考上都透明化，才会是一个美国能够比较容易地交流和合作的政权。

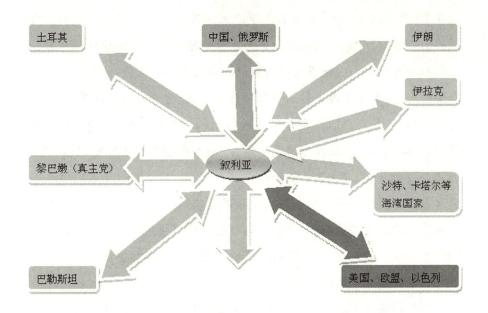

中东国家走向民主的进程不会是一帆风顺的。但是只要朝着走向民主的历程迈出了第一步,美国过去几十年,尤其是"9·11"之后的十几年的投入才不会枉费。在拉动中东国家民主化的进程中,美国已经交过惨痛的学费,远有伊朗的伊斯兰革命,近有加沙地带的哈马斯政权的民选胜利。许多学者认为,目前埃及的状况,以及前一段美国驻利比亚大使在班加西惨遭杀害,都是美国在中东推行民主的失败和耻辱。不可否认,民主的成长不仅仅需要适宜的土壤,还需要付出巨大的代价,不仅是美国这个推动者的代价,还包括所牵涉国家的代价。但是,这些挫折和代价,是走向民主的过程中的问题,相对于原地踏步的集权制,是革命性的进步了。这或许是阿拉伯之春最为积极的意义所在。

叙利亚

阿拉维派

尽管有的学者认为内战中的阿拉维之所以支持阿萨德是为了生存

而斗争,否则如果输了,会遭遇灭顶之灾。其实也不尽然。回顾阿拉维派的历史,阿拉维派的灭顶之灾似乎不那么指日可待。阿拉维派在漫长的伊斯兰历史上不仅仅没有因为自己的独特信仰而灭绝,而是因为善于东倒西歪,吸纳了各种宗教的节日和礼仪,每逢遭遇毁灭性打击,就绝弃自己的信仰,最终存活下来了。这种行为叫"融合主义"(syncretism,阿拉伯语 taqiyya)。"融合主义"在阿拉维的历史上,1318 年,1516 年,1850 年多次出演。2013 年随着阿萨德的失败,阿拉维的命运应该也不会有太多的例外——这个宗教支派和部族应该会继续生存,只是其对现代叙利亚的统治可能将告一段落,其核心居住区可能又会回到其历史上的大本营——叙利亚西北部的山区,并可能拥有自己独立的出海口。

其他派别和新政府形式

其他派别在叙利亚社会中的地位和作用以及叙利亚社会将来的制度,很大程度上取决于美国及其盟友的努力和导向。这方面的细节见下文。

伊拉克

什叶派势力

伊拉克的什叶派在人口中占大多数。他们认为在叙利亚的内战对于什叶派来讲是个十分可怕的征兆。伊拉克的努里·马利基(Nouri al – Maliki)政府是第一个由什叶派穆斯林领导的现代阿拉伯政府。伊拉克政府的眼中,一直认为以逊尼派为人口大多数国家的政府,如海湾的沙特、卡塔尔、阿联酋政府,甚至土耳其政府,对伊拉克政府的什叶派领导是不怀好意的。而目前的叙利亚内战就是逊尼派面对什叶派复仇的开始,逊尼派在战胜阿萨德后,下一个打击复仇的目标将会是巴格达政府。如果叙利亚内战以阿萨德的倒台、逊尼派穆斯林领导的反对派武装力量的胜利为结果,那么伊拉克的什叶派,尤其是政府,必然会十分担忧和恐惧。所以,马利基政府在叙利亚内战中默许了伊朗对叙利亚的武器和其他支援经由伊拉克领空和领土送达叙利亚,甚至还容忍了伊朗支持的伊拉克什叶派武装(如 Asaib Ahl al‐Haqq)从伊拉克叙利亚边境进入叙利亚,和阿萨德的政府军并肩作战。

但是马利基总理也清楚地认识到伊朗的势力随着叙利亚阿萨德的倒台而会变得更加形单影只,此时如果站错了队,今后阿萨德倒了台,他也会吃不了兜着走。出于以上考虑,一方面马利基政府十分期望叙利亚的内战能够以各方坐下来谈判的形式和平结束,另一方面,当美国新任国务卿克里直接要求马利基停止坐视伊朗经过其领土领空支援阿萨德时,马利基也不得不正视现实,同意配合美国这一要求。

如果阿萨德倒台,导致伊拉克的逊尼派借着这个趋势,对马利基政府的领导权产生威胁,我们可以想象伊拉克的什叶派政府会力图采取强硬措施以控制局势,伊拉克的局势将会随之再次陷入进一步的混乱。但是,如果阿萨德倒台,马利基的什叶派在中东地区联合的幻想则会随之破灭,这对于美国将来施展其在伊拉克的影响力则会有利。

逊尼派势力

伊拉克的逊尼派认为,马利基政府就是伊朗在巴格达安插的傀儡政府和走狗,其目的是将逊尼派排斥在国家机器以外。在这种情况下,逊尼派在伊拉克地位每况愈下。而此次叙利亚内战,是中东地区第一次逊尼派联合站出来,开始反抗什叶派的压迫,面对伊朗的压力说不。伊拉克北部的逊尼派为主的地区,期待着有一天叙利亚自由军中的逊尼派武装力量获得胜利,从而在他们的帮助和土耳其的埃尔多安逊尼派政府的支持下,形成一股统一的逊尼派力量,以制衡马利基政府。

黎巴嫩

黎巴嫩是一个宗教种族势力缤纷复杂的国家。上面我们很大篇幅讲了什叶派的黎巴嫩真主党的状况,以及他们派出战士和阿萨德的军队并肩作战的情况。这里我们需要强调,以黎巴嫩真主党为核心的政治联盟属于执政党;而在野的反对党政治联盟总体上和西方尤其是美国有着密切的合作和关系。这一派的主体是逊尼派穆斯林,包括黎巴嫩的内务安防力量(Internal Security Forces)和黎巴嫩武装部队(Lebanese Armed Forces)。后者每年从美国获得 7500 万美元的军事援助,占黎巴嫩军费很大的比例。

阿萨德倒台后,黎巴嫩的逊尼派政治势力将会是受益者。但是受益多少要看逊尼派力量如何有效利用阿萨德的倒台,从而在黎巴嫩内部政治斗争中获得更多执政权力。无论如何,黎巴嫩的在野政治力量是美国在后阿萨德叙利亚时代的一个重要棋子和砝码。

约旦

约旦在后阿萨德时代的角色往往被低估。目前,约旦在两个方面对叙利亚局势的进一步发展已经起到了无可替代的作用。首先,约旦到目前为止吸纳了超过 32 万的叙利亚难民。[①] 其次,由于约旦一直和美国关系密切,应该是美国最信任的逊尼派阿拉伯国家之一,所以叙利亚内战伊始,美国一直在约旦境内秘密训练叙利亚的反政府力量。2013 年 3 月的消息显示,美国、法国和英国在约旦境内专门组织安排训练叙利亚的非伊斯兰武装力量。这是唯一一个美国和其盟友在叙利亚境外直接插手叙利亚战况的国家。在这里受到训练的叙利亚自由军战斗力量会在叙利亚内战结束后起到关键的维稳和帮助治理国家的作用。这些力量不仅仅能够牵制日益强大的在叙利亚北部的伊斯兰反政府力量,也会为后阿萨德时代的安全真空提供有系统的保障。目前,阿盟对叙利亚反

---

① "West training Syrian rebels in Jordan", *The Guardian*, 8 March 2013, http://www. guardian. co. uk/world/2013/mar/08/west - training - syrian - rebels - jordan,登录于 2013 年 4 月 2 日。

对派援助的武器装备,许多也是由约旦叙利亚边境,运送到叙利亚的。[①]

约旦是吸纳巴勒斯坦难民最多的国家之一,其境内的许多巴勒斯坦难民有在以色列工作的经历,相对的文化教育程度较高,如果利用得当,在将来的叙利亚重建中也是一个积极的正能量。另外,由于以色列和约旦在签署和平条约后的实际合作越来越多,约旦也是以色列间接参与到叙利亚战后重建的一个渠道。这方面将来的发展值得关注。约旦虽小,其在目前的叙利亚内战和将来的内战后重建的作用不可小觑。

以色列

叙利亚内战伊始,以色列一直试图将自己描绘成受到最大潜在威胁的邻邦。以色列占领了 50 多年的叙利亚领土戈兰高地是叙以之间的分界线。虽然两国理论上仍然处于交战状态,但是针对以色列阿萨德政府一直采取的是互不侵犯的原则。虽然和平谈判时断时续,从以色列的角度看,阿萨德政府的这种对收回被占领土在军事上不作为的姿态,实际上相当于冷和平了,并且这种状态已经保持了 50 年了。这给了以色列在北部边境上得以集中精力对付黎巴嫩真主党的空间。内战伊始,以色列首先是担心阿萨德可能会通过拿戈兰高地说事儿,把国内的矛盾转化成叙以矛盾,从而维护政权的稳定。这个担心事实证明没有发生。

目前,以色列担心的是在叙利亚内战结束后,叙利亚反对派中的穆斯林极端势力将矛头指向以色列,寻求收复戈兰高地的同时,将伊斯兰世界的矛盾引向以色列和犹太复国主义。鉴于此,以色列在叙利亚内战期间,一直采取不评论更不能参与的态度。在实际战术上,以色列最怕的是叙利亚的地对空武器和化学武器落入自己的宿敌黎巴嫩真主党的手中,成为将来对付自己的空军力量和实施恐怖主义游击战的工具。鉴

---

① "West training Syrian rebels in Jordan", *The Guardian*, 8 March 2013, http://www. guardian. co. uk/world/2013/mar/08/west－training－syrian－rebels－jordan,登录于 2013 年 4 月 2 日。

于此,以色列2013年1月30日空袭了一个运送这类武器的车队,并誓言会继续确保叙利亚的地对空、地对海导弹和化学武器不会落入黎巴嫩真主党的手中。

除了安全上的考虑,以色列也试图在借助叙利亚内战博得的媒体眼球,通过人道主义医疗援助,以赚取国际媒体的积极评价。例如2013年2月份,以色列的萨菲德医院(Safed Hospital)就救助了7名叙利亚人。[①]

对于叙利亚的后阿萨德时代的期待,以色列基本上和美国的立场是一致的,就是希望能够出现一个世俗和民主的政权,在公开透明的前提下,和以色列谈判两国的边界问题。谈判中,以色列希望至少维持占据戈兰高地的现状。但是如果能够换得叙利亚稳定的民选新政权对以色列合法存在的认可,以色列将戈兰高地归还给叙利亚,并签署双方的和平协议,也非不可想象。

土耳其

阿萨德倒台后,土耳其政府需要面对的是库尔德工人党和叙利亚民主联合党在两国边界共同控制的一块很可能会自治的领地。但是土耳其的担忧或许是多余的,因为围绕着这一地区的是人口占绝对优势的阿拉伯人。库尔德人是没有实力选择一方面敌对土耳其(突厥人),一方面敌对阿拉伯人的。历史的经验证明,在腹背受敌的时候,两害相权取其轻,库尔德人会选择向土耳其示好,以对付敌意更强的阿拉伯人。目前库尔德工人党和土耳其政府彼此和解的愿望都很强烈,发生和解的可能性也存在。[②]

---

① "6 Syrians discharged from Safed hospital", *Ynetnews*, Feb 27, 2013, http://www. ynetnews. com/articles/0,7340,L - 4350036,00. html,登录于2013年4月2日。

② "Kurdish leader Abdullah Ocalan declares ceasefire with Turkey", *The Gardian*, March 20, 2013, http://www. guardian. co. uk/world/2013/mar/21/pkk - leader - ocalan - declares - ceasefire,登录于2013年4月1日。

在伊拉克境内的库尔德人就进行了这样的选择。随着内战的结束和各种牵制势力的再平衡,我们也没有理由怀疑后阿萨德时代叙利亚的库尔德民主联合党也会同其他的叙利亚库尔德人一样,和土耳其采取合作的态度,友好相处。

土耳其政府对叙利亚库尔德人的这个可能的选择也会投桃报李的。因为,这样不仅仅会消除库尔德工人党对安卡拉政府的威胁,而且会将这种威胁转变成一种优势。如果真如土耳其期待的那样,土耳其自己境内的库尔德工人党的立场会出于自己在叙利亚同胞的出路的考虑,而对土耳其政府采取温和的态度,那么,库尔德势力在后阿萨德时代,应该不会是一个消极的破坏性力量,而是达到一种动态的与周边势力和平相处的状态。这包括和土耳其的势力范围,也包括和周边的以逊尼派为主的阿拉伯势力范围——这些阿拉伯人出于对土耳其的敬畏,对库尔德人也将不得不采取和平共处的态度。

叙利亚的库尔德人和伊拉克北部的库尔德人的友好,对于伊拉克的库尔德区域政府意义重大。因为库尔德区域政府控制着伊拉克的北部,正好和叙利亚的东部接壤。边界两边的库尔德人控制区域的通畅和谐,会给伊拉克的库尔德人多了一个叙利亚西岸的出海口,对于库尔德的国际贸易,尤其是原油和天然气的出口,意义重大。尽管伊拉克中央政府对此十分气愤,也多无能为力。而推动这个协同的更大的阻力,可能会来自战后的大马士革政府。从经济的角度,似乎阻止这个融合的动力不大。政治上的考量则是另外的问题了。

伊朗

如果真的如大多数人所料,阿萨德政府倒台后,反政府武装,无论是逊尼派的穆斯林,还是世俗的叙利亚自由军势力掌握了叙利亚的统治权,对于伊朗来说,将会是个痛苦的结局,也是伊朗走向进一步孤立的开始。伊朗作为叙利亚的盟友，在叙利亚投入了大量的资源和精力，以实现其在中东地区借助什叶派穆斯林的势力独霸一方的梦想。直到 2013 年初，伊朗还在帮助阿萨德政府做最后的挣扎。有消息报道，伊朗正在帮助叙利亚阿萨德政权训练一个人数有 5 万左右的军事力量，其模仿的原型就是伊朗自己的国防卫队。① 这个军事力量的目的就是和反政府力量决一死战，最终能够保护阿萨德政权的残余势力，退居西北部沿海山区，以图东山再起。这一目的也并非无法达到，关键要看美国是否直接干预，对阿萨德的阿拉维残余势力进行穷追猛打。

美国及其盟友

美国及其盟友最为担忧的叙利亚内战结果就是伊斯兰激进派最终夺取革命胜利的果实，通过民选获得后阿萨德时代的统治权；而叙利亚民众中的温和伊斯兰势力，以及世俗民众和民主自由派无法控制国家的政权和命运。鉴于此，美国对上述的三个激进的伊斯兰武装力量心存芥蒂，尤其是对叙利亚人民支持阵线和伊斯兰阵线防不胜防。美国不希望他们在后阿萨德时代成为统治叙利亚的主导力量。但是，一个主导民主制度的美国，又如何一方面支持民主选举，另一方面阻止代表大多数民众的政治势力的上台呢？

美国在两个方面正在进行努力和尝试。一方面是和其盟友海湾国家携手，努力培育叙利亚反对派和革命力量全国联盟，寄希望于阿萨德政权倒台后，取而代之的政权由这个联盟来协调组织。另一方面，美国在约旦和英法等国积极加紧对叙利亚自由军中的非伊斯兰激进力量进行军事训练，让他们接受训练后回到叙利亚，积极参与到目前推翻阿萨

① David Schenker, "Israel's Next Front: Syria", in *Tablet Magazine*, http://www. tabletmag. com/jewish-news-and-politics/126975/israels-next-front-syria, March 14, 2013, 登录于 2013 年 4 月 2 日。

德政府的战斗中,树立自己的战斗力威信,不至于解放阵线、伊斯兰阵线和人民支持阵线的战士把武力推翻阿萨德的功劳占尽,风头抢光。同时,美英法等国还希望叙利亚自由军中的世俗力量和伊斯兰温和派力量能够成为后阿萨德时期的安全真空的填补者,能够维护阿萨德倒台后的社会治安和秩序,保障新政权的平稳过渡,尽量少地给激进的逊尼派伊斯兰力量留出真空来树立自身的威信。这样,在后阿萨德时代的政治力量竞争中,占据先机,以避免叙利亚重蹈埃及的后穆巴拉克时代的覆辙。

中国可以考虑的叙利亚战略

一个是美国对中国的上述思路已经有了足够的了解和经验,以奥巴马为首的美国政府反战自由派在某种程度上也在采取同样的手法处理叙利亚问题。也就是说,采取坐山观虎斗的方式,尽量拖延大力度介入的时间,让叙利亚的各方力量,消耗自己的生命和资源,决出个大概的雌雄,再出手。但是如上所述,美国的出手是有各项准备的,也是有优势的。一方面,美国和英国、法国在约旦对叙利亚自由军武装力量的军事训练奠定了对后阿萨德时代叙利亚武装控制的基础;另一方面,美国和海湾国家的长期战略合作导致其与将来可能占有优势的逊尼派力量有一定的沟通能力;加之美国和土耳其的密切关系,和以色列、黎巴嫩军方的深度合作,甚至长期与伊拉克马利基政府的协调,都会给美国今后处理后阿萨德叙利亚提供各个方面的基础和实力。从以上任何一个方面看,中国都是被动和弱势的。换句话说,美国的"坐山观虎斗"的背后是有长期积累的基础和并不悠闲的准备工作的,尤其是美国国内右翼保守派力量对各项更加积极地参与措施也有充分的论证,无论在理论还是在实操上,都应该说准备充分。

另一个是美国对中东的战略收缩已经十分明显,从对利比亚的幕后参与，到对叙利亚迟迟不做军事参与，到从波斯湾撤出航空母舰战斗群，都在朝着把维护中东平衡局势的担子一点点卸下的方向行进。随着美国原油天然气的自给自足，甚至出口创汇，中东对于中国已经越来越重要，对于美国，反而成了牵制中国的一个砝码了。届时最怕波斯湾出问题，或者中东战乱的国家，不是美国，反而是中国了。

中国在利比亚的严重经济损失已经证明，在需要参与的时候没有参与，等于在将来的很长一段时间想参与都无法参与。在叙利亚，中国在各个反对派心目中，由于在联合国的多次否决，是没有太多威信基础的。阿萨德的政治势力，即使在最终和平解决的情况下，将来在叙利亚的话语权也会几乎可以忽略不计，不应该大于其所属阿拉维派的人口在叙利亚的比例，也就是10%左右了。从这个角度来看，中国目前的行为将赌注压在了输率很大的一方了。挽回这个局面，唯一的办法是和美国采取合作的态度，尽量地帮助叙利亚走上民主的发展道路，大力发展经济建设，加速重建历程，并积极参与到叙利亚的重建中去，进而树立依托经济参与的威信度。

（作者为上海交通大学人文艺术研究院中东和平研究中心主任）

从伊斯兰教早期文献看
伊斯兰教与政治的关系①

——以《麦地那宪章》和《辞朝演说》为例

沙宗平

公元 622 年 9 月 24 日,伊斯兰教先知穆罕默德(约 570 – 632)自麦加迁徙②麦地那(旧名叶斯里布)之后,代表迁士(**المهاجر**)和辅士(**المنصور**)与麦地那犹太人及其同盟者签订盟约书(**الكتاب**):尊重他们的宗教信仰,保证他们的人身和财产安全,规定他们所应享受的权利和应承担的义务。此即伊斯兰教历史上著名的《麦地那宪章》(**صحيفة المدينة**)③。

公元 632 年 3 月,即伊斯兰教历(希吉拉历)10 年 12 月 9 日,率众朝觐的伊斯兰教先知穆罕默德登上麦加郊外的阿拉法特山,向参加朝觐仪式的 10 余万穆斯林群众发表公开演说。阐述伊斯兰教的基础与法则,号召在人们之间实行平等(**مساواة**,即使是阿比西尼亚(**حبشى**今译埃塞俄比亚)奴隶与古莱什贵族之间亦无区别。该演说后来被穆斯林史学家称为"伊斯兰(人权)宪章",此即著名的《辞朝演说》。

《麦地那宪章》和《辞朝演说》是研究伊斯兰教早期历史、伊斯兰教

---

① 本文系参加北京大学国际关系学院中东研究中心"中东北非剧变与政治伊斯兰运动的走向"(2011 年 10 月 21 日)研讨会论文,特此感谢中东研究中心主任王锁劳教授。

② 公元 639 年,第二任哈里发欧麦尔为纪念"希吉拉"这一历史事件,定该年为伊斯兰教历纪元,以阿拉伯太阴年岁首(时值 622 年 7 月 16 日)为元年元旦。此历即名"希吉拉历"。

③ 又称"麦地那盟约"(**المعاهدة المدينة**)、"麦地那之约"(**حلف المدينة**)。

与政治的关系以及伊斯兰政治的重要文献,对于我们讨论当下流行的"政治伊斯兰"概念,以及揭示伊斯兰教与现实社会政治之间的复杂关系,均具有基础性意义。

一、《麦地那宪章》与"伊斯兰政治"

《麦地那宪章》(622 年)是伊斯兰教先知穆罕默德为处理麦地那"穆斯林公社"内外关系所制定的政治纲领。穆斯林自麦加迁徙至麦地那后,伊斯兰教传播出现历史性转机,穆斯林的现实生存与未来发展成为当务之急。为此,穆罕默德以"穆斯林皆兄弟"为指导思想,号召穆斯林内部打破部落、家族和地区界限,加强彼此之间在共同信仰基础上的团结,形成一个崭新的社会集团;同时倡导穆斯林与居住在麦地那的犹太人建立睦邻关系,共同保卫麦地那城邦,抵御入侵之敌。《麦地那宪章》(以下称《宪章》)即是以盟约形式,体现穆罕默德上述思想的纲领性历史文献。

第一,穆斯林以及他们的属从、他们的依附者与他们的共事者,是一个"乌玛"(社团)

首先,《宪章》开宗明义地申明说:"此约书乃先知穆罕默德(祈主福安之)代表来自古莱什与叶斯里布①的众信士与穆斯林,以及他们的属从、他们的依附者与他们的共事者——对于其他人来说,他们的确是一个'乌玛'(社团,امة)而签署。"②说明先知穆罕默德的身份,他是作为一个新社团的代表,该社团包括"来自古莱什与叶斯里布的众信士与穆斯林,以及他们的属从、他们的依附者与他们的共事者"。据此该社团由以下四种人组成,其一,来自麦加的"迁士"和麦地那的"辅士",包括信

---

① 叶斯里布,麦地那城古称。
② 《麦地那宪章》,沙宗平译,载《宗教与民族》第六辑(牟钟鉴主编),宗教文化出版社,2009年。

士(المؤمن 穆民,虔信者)和穆斯林(المسلم 顺从者),他们构成后来的"圣门弟子团",是该"乌玛"的领导核心;其二,"他们的属从",指带有人身依附行为的个人,如奴隶、佣人和随从;其三,"他们的依附者",包括个人的,或氏族、部落的非人身依附行为。前者如认"义子"、获得释放的奴隶选择成为原来主人的"毛拉"(مولي 同族兄弟)和一个外乡人成为"受保护人"(دخيل)等,而"依同样的方法,整个的比较弱的氏族,可以自愿地取得某个强大氏族或部落的保护,而终于被它吸收。泰伊、盖特方、台格利卜等部族,就是北方阿拉比亚各部族的联盟"。[①] 其四,"他们的共事者",即与穆斯林共事而又不属于"属从"和"依附者"的那些人,如麦地那的多神教徒(穆什里克)、"随同我们出征的所有'迦齐'(غاز 战士)[②]",以及传统结盟的某些部落等。后三种人的大部分,在当时应该都不是穆斯林(因此《宪章》规定"穆民不得私自与穆民的奴仆结盟"[③],以及与犹太人结盟的麦地那诸阿拉伯部落政治上属于"乌玛")。不仅如此,其中很可能有若干非阿拉伯人,如阿拉伯"悬诗"诗人昂泰拉·本·舍达德(525－614/615)之父是阿拔斯部落贵族,其母亲宰碧范则是被其父亲俘获的埃塞俄比亚女奴;另一"悬诗"诗人尚法拉(？－510或525)之母也是阿比西尼亚(埃塞俄比亚)黑奴[④]等。其次,《宪章》具体列举了麦地那的八个穆斯林"辅士"家族,包括白努·奥夫家族、白努·萨义德(一说苏阿达[⑤])家族、白努·哈里斯(属于赫兹来吉)家族、

----

① [美]希提:《阿拉伯通史》(上),马坚译,商务印书馆,1979年,第29页。

② "غاز"阿拉伯文战士,地位相当于欧洲中世纪的骑士。

③ 《麦地那宪章》,沙宗平译,载《宗教与民族》第六辑(牟钟鉴主编),宗教文化出版社,2009年。再如伊斯兰教历九年宣布:与那些未反对过穆斯林的不信道者所签订的协议,在期满以前一律有效。[埃及]穆罕默德·胡泽里:《穆罕默德传》,秦德茂、田希宝(据买买提·赛来维文译稿转)译,宁夏人民出版社,1983年,第261页。

④ 《阿拉伯古代诗文选》(开罗艾因·夏姆斯大学、北京语言文化大学编译),北京语言文化大学出版社,1997年,第21页,第45页。

⑤ 苏阿达(سعادة),《صحيفة المدينة》(《麦地那宪章》)美国明尼苏达大学网站(http://www1.umn.edu/humanrts/arab/IS－1.html)。

白努·朱舍姆家族、白努·纳加尔家族、白努·阿慕尔·本·奥夫家族、白努·纳比特家族和白努·奥斯家族，明确宣布：他们和"来自古莱什族的迁士们，将根据信士们之间的惯例和公平原则"①，遵守与部落传统习惯法"血亲复仇"有关的如下三项基本义务：(1)"承担本家族成员的杀人罚金"；(2)"赎回本家族的战俘"；(3)"信士们不会坐视不管他们中无力根据惯例支付战俘赎金(فداء斐达伊)或杀人罚金(عقل②尔格勒)者"。再次，阐述穆斯林内部应当遵守的原则是：(1)"穆民不得私自与穆民的奴仆结盟"；(2)"虔诚的信士们对于他们中的不义者"，应当全体加以反对；(3)严禁穆民为"卡菲尔"(كافر否信者，不信道者)③而杀害穆民，也不得支援"卡费尔"迫害穆民。第四，关于部落习惯法中的保护人制度，《宪章》规定：(1)信士们互为保护人；(2)"追随我们的犹太人，可以获得援助和具有与我们一样的身份(اسوة)④，严禁迫害他们，也不得支援他人伤害他们。"(3)麦地那的多神教徒("مشرك穆什里克")⑤对于古莱什人的财产和生命无权提供保护，亦不得阻碍穆民的行动。

第二，确立"安拉先知"穆罕默德对于"乌玛"的绝对领导地位

首先，《宪章》明确规定："你们无论因为什么而产生分歧，都要把它

---

① 《宪章》叙述的次序：先迁士，后辅士各家族。《麦地那宪章》，沙宗平译，载《宗教与民族》第六辑（牟钟鉴主编），宗教文化出版社，2009 年。

② 杀人罚金，偿命金(دية/عقل)。《阿拉伯语汉语词典》(北京大学东方语言系阿拉伯语教研室编)，商务印书馆，1981 年，第 864 页。阿拉伯部落习惯，被害人家属可以选择接受"杀人罚金"或者要求"以命偿命"，一译血锾。有多则"圣训"提及，如"阿木尔的传述：穆圣说：'故杀信士者……血锾是 30 头 5 岁母驼，30 头 4 岁母驼，40 头 3 岁母驼。这是血锾的标准，自己评议亦行。'"又如"阿卜杜拉的传述：穆圣说：'误杀的血锾是 20 头 5 岁的母驼，20 头 4 岁的母驼，20 头 1 岁的母牛犊，20 头 1 岁的公牛犊，20 头 2 岁的母牛犊。'"均见陈克礼译：《圣训经》(全集)，民间出版，1998 年，第 380 页。

③ "卡菲尔"：否认安拉独一者。简称"否信者"，另译"异教徒"。

④ اسوة 阿拉伯文榜样，以……为例。

⑤ "مشرك"阿拉伯文"以物配主者"，即多神教徒。

提交给庄严、崇高的安拉,提交给穆罕默德。"因为,穆罕默德获得麦地那阿拉伯人邀请的主要原因,就是希望他以"安拉使者"的先知身份重新缔造麦地那阿拉伯人的政治团结。据《穆罕默德传》记叙"辅士们皈依伊斯兰教之始"说:穆罕默德在一年一度的阿拉伯交易会①上遇到来自麦地那赫兹来吉家族的 6 人,号召他们加入伊斯兰教,并协助传教。"他们议论说:他大概就是犹太人所说的将要降临的圣人吧。别让犹太人抢先成了穆斯林,我们拜认这位圣人并皈依他的教门吧!他们对圣人说:我们同族人之间不和,常闹纠纷。你若能遵照真主(安拉)的旨意,使他们团结起来,你就会成为最受尊敬的人。"②在麦地那阿拉伯人辅士,最初的想法是借助这个新先知而重新实现各家族的现实团结;在穆罕默德,则是通过他们的辅助而使得这个新宗教获得进一步的生存和发展空间。怀着各自的理想,双方走到一起,共同构建了麦地那穆斯林社团——"乌玛"。其次,麦地那的犹太人以及与犹太人结盟的各家族,"他们中任何人未经穆罕默德允许,不得擅自外出;不得阻拦伤害报复"。再次,"签署此盟约书者之间若发生分歧,或者发生可能导致严重后果之纷争,应当把它提交给庄严、崇高的安拉,提交给穆罕默德;安拉确是最公正者和此盟约书的保佑者"。

第三,申明宗教信仰自由(政策)

《宪章》申明:"犹太人有犹太人的宗教,穆斯林有穆斯林的宗教;他们的支持者(موالى)和他们自身(同样具有宗教信仰自由),除了其中的不义者和犯罪者——他们只是毁灭自身及其家人。"在《不信道的人们》章中《古兰经》说:"你说:'不信道的人们啊!我不崇拜你们所崇拜的,你们也不崇拜我所崇拜的;我不会崇拜你们所崇拜的,你们也不会崇拜

---

① 此即位于麦加郊外著名的欧卡兹集市。

② [埃及]穆罕默德·胡泽里:《穆罕默德传》,秦德茂、田希宝(据买买提·赛来维文译稿转)译,宁夏人民出版社,1983 年,第 75 页。

我所崇拜的;你们有你们的报应,我也有我的报应。'"(109:1－6)①《古兰经》第二章《黄牛章》第256节(第32页)说:"对于宗教,绝无强迫;因为正邪确已分明了。"由此可见,无论是《麦地那宪章》,抑或是不同时期降示的《古兰经》经文,伊斯兰教均前后一贯地强调宗教信仰自由这一基本精神。

第四,建立以穆斯林为核心的统一战线

首先,《宪章》申明:"来自古莱什与叶斯里布的众信士与穆斯林,以及他们的属从、他们的依附者与他们的共事者"是一个"乌玛"。其中包括虔诚的信士们、敬畏的信士们、众信士、穆民和穆斯林。这是"麦地那公社"政治团结的领导核心。其次,《宪章》申明,"与犹太人结盟的白尼·奥夫人确是众信士的'乌玛'",而麦地那阿拉伯人中与犹太人结盟的白尼·纳加尔人、白尼·哈里斯人、白尼·萨义德人、白尼·朱舍姆人、白尼·奥斯人、白尼·赛阿莱拜人,以及虽未与犹太人结盟但关系较近的白尼·舒泰义拜人,他们在"乌玛"中的政治地位"如同与犹太人结盟的白尼·奥夫人"(即他们属于穆斯林的"乌玛")。其中,赛阿莱拜人的同盟者和支持者如同他们自身。再次,《宪章》规定"追随我们的犹太人,可以获得援助和具有与我们一样的身份"。第四,《宪章》说,"随同我们出征的所有'迦齐'(战士),他们相互之间是结局优美的。"第五,《宪章》指出,麦地那的"多神教徒对于(麦加)古莱什人的财产和生命无权提供保护,亦不得阻碍穆民的行动"。这仅仅是明确剥夺麦地那多神教徒对于敌对者的传统习惯保护权,他们自然拥有在麦地那居住、生活和经营等基本权利。就是说,虽然处于新社会的边缘,但多神教徒既是"麦地那公社"的一部分,当然可以合法地在麦地那生活和居住。

第五,规定并提倡扶弱济贫、睦邻而居、共同捍卫麦地那"乌玛"的

① 马坚译:《古兰经》,中国社会科学出版社,1996年,第32页。本文所引《古兰经》均系该译本。

社会行为准则

首先，《宪章》规定，"严禁穆民为否信者（不信道者）而杀害穆民，也不得支援否信者迫害穆民。"其次，"穆民不得私自与穆民的奴仆结盟"。提倡宗教认同，强调家族认同不得高于宗教认同。再次，虔诚的信士们对于他们中的不义者，应当全体加以反对。第四，凡无故杀害穆民，且有（杀害穆民）证据者，将为此偿命，除非被害人家属予以宽恕①。第五，凡承认此《盟约书》的穆民，均不得支持肇事者（محدث）；倘有提供协助或者庇护者，必将遭到安拉的诅咒与复活日的恼怒。第六，签署此盟约书者若遭到进攻，他们应该相互支援。第七，叶斯里布城（麦地那）确是禁地，其腹地属于签署此盟约书者。第八，邻居犹如自身，不得伤害和犯罪。未经所有者允许，严禁买卖其所属物品。第九，不得保护（崇拜多神并迫害穆斯林的麦加）古莱什人，亦不得保护其支持者；的确，对于他们的援助就是对于叶斯里布的袭击。

第六，关于"乌玛"内的犹太人问题

首先，社会政治地位方面，《宪章》申明："追随我们的犹太人，可以获得援助和具有与我们一样的身份，严禁迫害他们，也不得支援他人伤害他们。"即从政治上和战略上对于犹太人加以团结和联合，因为此时的主要敌人是麦加古莱什多神教徒。其次，宗教信仰方面，《宪章》申明："犹太人有犹太人的宗教，穆斯林有穆斯林的宗教；他们的支持者和他们自身同样具有宗教信仰自由"。因为犹太人拥有自己的民族信仰，所以宗教信仰自由政策尤为必要。再次，关于共同保卫麦地那城邦的战争费用，《宪章》规定："犹太人应当与众信士共同承担战争期间的费用"。第四，关于杀人罚金和赎回本部族的战俘，《宪章》规定："犹太人负担犹太人的费用，穆斯林负担穆斯林的费用。"

---

① 接受其杀人赎金（即偿命金），凶手可以获得赦免。

《麦地那宪章》最为重要的原则,是区分敌我友,宣布了由麦加古莱什为主的"迁士"和麦地那"辅士"组成的"麦地那乌玛"的诞生。然后是"约法三章"式的政治宣言和安民告示,即穆斯林坚决遵守部落传统的习惯法("将根据信士们之间的惯例和公平原则,承担本部族成员的杀人罚金、赎回本部族的战俘")。再次,是与犹太人关系办法。规定明确具体,既有对传统部落习惯法的吸收继承,也有根据"乌玛"实际情形而作出的新规定。《宪章》一方面体现了伊斯兰教的基本原则和精神,另一方面也体现了先知穆罕默德处理"麦地那公社"实际问题的政治智慧,很好地起到了团结穆斯林、联合犹太人、打击麦加多神教徒的政治理念,在阿拉伯自"蒙昧时代"向伊斯兰时代的转变过程中具有划时代的历史意义。《麦地那宪章》原文首见于阿拉伯早期历史学家、圣训学者伊本·伊斯哈格(? –768)所著《先知传》(السرة النبوية),后来由伊拉克历史学家伊本·希沙姆(? –828)在其同名著作中援引并作扼要注释,广为后世阿拉伯伊斯兰史家引用,流传至今。[①]《宪章》既是研究伊斯兰教早期历史的珍贵文献,也是探索伊斯兰教与政治关系的重要资料。

二、《辞朝演说》与"伊斯兰政治"

伊斯兰教历 10 年 11 月 25 日周六[②]穆罕默德启程前往麦加,按照穆斯林朝觐仪式规定,12 月初八日,去米那山射石打鬼;初九日,前往阿拉法特山;按照朝觐惯例,他在阿拉法特山发表演说,因为这是他最后一次参加朝觐,故称《辞朝演说》(以下称《演说》)。由于《演说》内容广泛涉及人类基本权利,又被后世学者称为伊斯兰教的人权宣言。因此,讨论

---

① 杨宗山:《麦地那宪章》,载《中国伊斯兰百科全书》,四川辞书出版社,1994 年。

② 或谓 11 月 25 日星期六到达麦加。穆罕默德·艾斯阿德·塔莱斯:《阿拉伯通史》,安达鲁斯书局,第二版,希吉来历 1399 年(公元 1979 年),第二卷,第 46 页。穆罕默德·胡泽里谓,穆罕默德于 11 月 25 日礼拜六启程上路。《穆罕默德传》,第 264 页。

《演说》的具体内容,对于我们今天来认识伊斯兰教与现实政治之间的关系,或许不无益处。

第一,宣布三项基本人权生命权、财产权、名誉权神圣不可侵犯

穆罕默德的《演说》首先宣布人类拥有三项不可侵犯的权利。穆罕默德说,我的演说将从福利①开始。"众人啊!直至你们遇见你们的养主②,你们的生命,你们的财产,你们的名誉,对于你们而言是不可侵犯的③,犹如本月本日本地④一样。"⑤此处的"你们"自然都是穆斯林,是穆罕默德对参加朝觐的将近10万穆斯林直接宣告的,并通过他们将此规定传播到阿拉伯半岛各地。对于生命权的最高等级保护法则是颁布"故意杀人者偿命"(《演说》)。《演说》对于财产权的保护性规定,包括(1)未经本人同意,其兄弟的财产对于任何人均为非法。(2)遗产全部给某一个继承人的遗嘱无效,遗赠不得超过全部遗产的三分之一。关于遗产继承问题在《古兰经》相关章节中有更为具体的规定。关于妇女名誉权,《古兰经》规定:"凡告发贞节的妇女,而不能举出四个男子为见证者,你们应当把每个人打八十鞭,并且永远不可接受他们的见证。这等

---

① 此处福利是阿拉伯文"خير"的意译,该词有善良的、善良的人、利益、财产等含义,一般译为"好"。

② 遇见养主,意为死亡。

③ "哈拉姆"(حرام),1.禁令,禁忌,被禁止的,不准许的,非法的;2.转意为"不可侵犯的",如"麦加"بلاد الحرام,"بيت الله الحرام"指麦加天房。见北京大学东方语言系阿拉伯语教研室编:《阿拉伯语汉语词典》,商务印书馆,1981年,第260页。

④ 本月是伊斯兰教历12月,属于4个禁月之一;本日是12月9日,尚在朝觐期内,不得开戒;本地指麦加,麦加是禁地。

⑤ 沙宗平译:《伊斯兰教先知穆罕默德的辞朝演说》,2009年6月22日首次刊载于笔者在中穆网的博客:喀什噶尔的空间 http://www.2muslim.com/? 52372;2010年12月8日再次刊载于笔者在博联社的实名博客(http://shazongping.blshe.com/post/15000/623496)。阿拉伯文《辞朝演说》参见穆罕默德·艾斯阿德·塔莱斯:《阿拉伯通史》第二卷,安达鲁斯书局,希吉来历一三九九年(公元1979年)第二版,第46-48页。

人是罪人。"(24:4)伊斯兰教法专门规定了"诬人贞节罪"①,具体针对破坏妇女名誉权的犯罪行为。

第二,宣布废除"蒙昧时代"的三大陋习:"里巴"、血债和遗迹

《辞朝演说》随后宣布废除"蒙昧时代"三大陋习:(1)蒙昧时代的"里巴"(即高利贷)②一律作废。(2)蒙昧时代的血债一律废除。(3)蒙昧时代的遗迹一律废除,除了看守天房和供应朝觐者饮水之外。上述三项均属于对于旧社会的改造,高利贷会扰乱正常的社会经济生活秩序,严重的将会导致卖儿卖女、自杀犯罪等社会悲剧;"血亲复仇"则是重要的部落伦理,随着阿拉伯社会进入伊斯兰时代,用崭新的伊斯兰伦理取代原来的部落社会伦理,势在必行;在《麦地那宪章》里规定"报复应当由本人或其家人实施,否则便是不义",此处实际上是取消了个人实施报复的传统权利,而由穆斯林政府(如伊斯兰法庭)代为实行。所谓蒙昧时代的遗迹,主要指祭祀与传统崇拜而言,例如"蒙昧时代"三位女神:"拉特"(اللات)的禁地在塔伊夫附近,麦加人和其他人都去朝拜和献祭。对于欧扎(العزي)的崇拜流行于麦加东边的奈赫莱,其圣坛由三棵树组成。麦那(منواة)主要的圣坛包括有古戴德(在麦加和麦地那之间)的一块黑石,她受到麦地那奥斯和赫兹来吉两个部族的祭拜。③ 自然,旧社会的祭拜习俗依然保留了一些(如环绕"克尔白"、亲吻玄石、在易卜拉欣圣人站立处站立、吮吸渗渗泉水、在赛法和麦尔瓦两山之间奔走、在米那投石打鬼等),但是都经过了伊斯兰化的改造,并且符合一神教的信仰。

第三,"故意杀人者,偿命"

---

① 《古兰经》规定:对于有关某人不名誉的指证,原告必须提供4名理智健全的、成年男性目击证人,如果没有满足条件的4位证人,则原告的"诬人贞节罪"名成立,必须接受当众鞭打80鞭的惩罚。

② "里巴"(ربا)指"重复加倍的利息",即高利贷。商业领域使用"الفايدة"(利益)称利息、"ربح مركب"称"复利"、"ارباح السهم"称"股息、红利",均见北京大学东方学系阿拉伯语言文化教研室、外文出版社阿拉伯文部编:《汉语阿拉伯语常用词分类辞典》,外文出版社,1999年,第167、171页。

③ [美]希提:《阿拉伯通史》(上),马坚译,商务印书馆,1979年,第115-116页。

《辞朝演说》宣布:"故意杀人者,偿命;非因故意,而以木块、石块致人死亡者,可赔偿一百峰骆驼抵命。超过此限,则属于蒙昧时代人们的行为。"这项规定是基于个人生命权不可侵犯的原则,是对个人生命权的基本保证。如果是过失杀人,则可以接收赔偿(即偿命金)。此条规定在《麦地那宪章》里的具体规定是:"凡无故杀害穆民,且有(杀害穆民)证据者,将为此偿命,除非被害人家属予以宽恕。"就是说,在《麦地那宪章》里的规定较为灵活,即使是故意杀人,只要获得被害人家属的宽恕(即接收偿命金),凶手就可以合法地活命。《辞朝演说》里严格规定,故意杀人者处死,取消了家属宽恕的特权。也可以说,是把被害人家属的宽恕权收归政府(或社会)所有了,成为公共权力,而非私人权力了。

第四,夫妇之间的权利和义务

《辞朝演说》宣布夫妇之间相互具有权利和义务。首先,妻子对于丈夫应尽的义务是:(1)未经你们允许,她们不得让外人躺在你们的床上;(2)不得让你们讨厌的人进入你们的房间;(3)她们不得通奸。其次,对于通奸的处理。"若她们通奸,安拉允许你们幽闭她们,不与她们同床,适度地打她们。若她们终止(通奸),并服从你们,你们当按照惯例,充分供养她们衣物和饮食。"再次,丈夫对于妻子应尽的义务。"你们应当根据法定监护人的规定善待妇女,她们在你们这里已经到达中年,她们将不再可能为她们自己做什么,你们凭借安拉的信任而得到她们,凭借安拉的"凯里麦",她们的私处对你们成为合法。对待妇女,你们要敬畏安拉。"具体来说包括:(1)应当按照惯例,充分供养她们衣物和饮食。(2)应当根据法定监护人的规定善待妇女。(3)对待妇女,你们要敬畏安拉。《古兰经》指出:"斋戒的夜间,准你们和妻室交接。她们是你们的衣服,你们是她们的衣服。"(2:187)。至于夫妻生活,《古兰经》说:"你们的妻子好比是你们的田地,你们可以随意耕种。"(2:223)

第五,你们中最尊贵者,就是你们中最敬畏者

首先,《辞朝演说》强调人类一体,宗教一源。穆罕默德说:"众人啊! 你们的养主的确只是一个,你们的父亲的确只是一个。你们全体来自阿丹①,阿丹则来自泥土。"当然,这里存在一个对于"众人"的理解语境问题,简言之至少可以有如下种种理解:其一,所有在场的人;其二,所有穆斯林;其三,所有相信独一神、承认阿丹是人类始祖的人;第四,全人类。对此的理解,譬如对于中国传统文化里的"四海之内,皆兄弟也"(《论语·颜渊》)之"四海",以及"溥天之下,莫非王土"(《诗经·小雅·北山》)之"天下"等词的理解一样,不可过于脱离语境和望文生义地去"硬理解"。另外"阿丹来自泥土",也有在造化和养育之主面前,人类何其卑微的含义。其次,在宗教信仰里,人人平等。《辞朝演说》指出:"非阿拉伯人并不比阿拉伯人高贵,除了凭借敬畏。"提倡宗教认同,宗教信仰身份平等,企图跨越氏族、部落、种族之现实差别。再次,《辞朝演说》宣布:"你们中最尊贵者,就是你们中最敬畏者"。敬畏,是指人对于神的一种内在情感,既有对于火狱惩罚的畏惧,也有对于天园奖赏的期盼。

三、"政治伊斯兰"抑或"伊斯兰政治"

经过对于伊斯兰教早期文献《麦地那宪章》和《辞朝演说》的简要讨论,我们或者可以从中窥探伊斯兰与现实社会政治之间复杂而具体的关系,联系 20 世纪 80 年代以来国内学术界有关"伊斯兰原教旨主义"、"伊斯兰主义"、"政治伊斯兰"等问题的若干讨论,笔者以为基于历史文献的探讨对于现实问题的研究依然有所助益,而且并非是可有可无的。

首先,关于上述诸概念的辨析。《当代中东政治伊斯兰:观察与思考》②一书的"序"中指出,80 年代初,中外学者们大多使用"伊斯兰原教

---

① 伊斯兰教的阿丹,即基督教的亚当,被认为是人类的祖先。
② 曲洪:《当代中东政治伊斯兰:观察与思考》,中国社会科学出版社,2001 年。

旨主义"(Islamic Fundamentalism)这一复合词,意指它是一种以"正本清源、复归传统"为本质特征的宗教、社会思潮;90 年代以后,一些学者创造了"伊斯兰主义"(Islamism)一词,强调它是某种相当于"主义"性质的、系统的宗教、政治思想,因而不同于"常规的"伊斯兰教;后来,学界又使用"政治伊斯兰"(Political Islam)一词,试图界定那些具有明显的政治目的、政治倾向的伊斯兰派别组织及其在伊斯兰名义下所从事的各种政治活动。使用"政治伊斯兰"一词,旨在便于从不同的层面描述、概括、界定那些带有政治性的伊斯兰现象,以便将它们与非政治性的伊斯兰现象予以区别①。上述有两点值得讨论,其一是书名所提示的"观察与思考",作为中国学者的观察与思考,自然是一种"外在的"观察与思考,阿拉伯伊斯兰世界相对于中国研究者来说是一个"他者";其二,所谓"中外学者"颇值得玩味,中国多数学者基于"在教言教"的现行宗教政策以及数十年马列经典的理论熏陶(如"宗教是被压迫生灵的叹息,是无情世界的感情,正像它是没有精神的制度的精神一样。宗教是人民的鸦片"②),以此"中国宗教视野"来观察伊斯兰教;外国(主要是西方)学者则是基于近代以来西欧历史上基督教"政教分离"的地区经验,来衡量阿拉伯伊斯兰教。

其次,关于"政治伊斯兰"的定义。该书"序"明确地指出:本书中所指的"政治伊斯兰"主要是指三种情况。一是中东一些伊斯兰国家中兴起的以"伊斯兰教"为旗帜或"指导原则"的宗教政治反对派及其主张;二是指那些带有政治倾向的国际或地区性的"政治伊斯兰"现象;三是指宗教极端主义所进行的各种暴力活动③。上引该书"序"在叙述中东地区政治伊斯兰现象的成因时精辟地概述了其表现形式:即宗教思想政

---

① 曲洪:《当代中东政治伊斯兰:观察与思考》,中国社会科学出版社,2001 年,第 4 页。
② 马克思:《〈黑格尔法哲学批判〉导言》,《马克思恩格斯选集》第 1 卷,人民出版社,1972年,第 3 页。
③ 曲洪:《当代中东政治伊斯兰:观察与思考》,中国社会科学出版社,2001 年,第 5 页。

治化,宗教组织政党化,宗教极端主义泛滥成灾。我们如果稍加分析,"序"要强调的是:"二化"(宗教思想政治化、宗教组织政党化)是"政治伊斯兰"现象形成的直接原因,"一灾"(宗教极端主义泛滥成灾)则是其直接后果。上引该书"序"同时高屋建瓴地指出,伊斯兰教作为一种厚重的宗教文化传统,在伊斯兰国家的社会文化和政治生活中具有举足轻重的影响,人们在政治斗争中诉求某种自己所熟悉和珍爱的、相当于"民族魂"的传统文化,是不难理解的①。

再次,"政治伊斯兰"抑或"伊斯兰政治"。联系前文对于伊斯兰教早期文献《麦地那宪章》和《辞朝演说》的分析和阐述,今天我们如何讨论阿拉伯伊斯兰世界伊斯兰教与实际政治之间纷纭复杂的现实关系,究竟是使用以"二化"为特征的"政治伊斯兰"来定义这种生动的、丰富的社会现象,抑或是使用较为规范的、符合汉语表达习惯的"伊斯兰政治"这一内涵宽泛的传统称谓来加以客观性地描述伊斯兰教与政治之间源远流长的关系,值得进一步研究。

综上所述,作为研究阿拉伯伊斯兰政治文化的"他者",我们对于阿拉伯世界所谓"政治伊斯兰"的讨论,以及对于阿拉伯世界"伊斯兰政治"的研究,一方面需要坚守"观察"的底线,坚持"观察"和"描述"的立场;一方面需要不断"祛魅",既要驱除对于地方性的西方宗教经验的执着和过度迷恋,也要阶段性地清理对于"中国国内视角"的盲目自信和过分依赖,以期在较为系统丰富的"观察"经验材料的基础上,通过整理纳、梳理、综合和分析之后,或许可以做出基于中国视角的若干"理论思考"来。

（作者为北京大学哲学系副教授）

---

① 曲洪:《当代中东政治伊斯兰:观察与思考》,中国社会科学出版社,2001年,第5页。

综 述

西方的中国伊斯兰教研究百年（1866－1949）

李　林

一、殖民与宣教情怀

　　西方学界对中国伊斯兰教的研究肇始于 19 世纪下半叶。1842 年第一次鸦片战争失败，清政府被迫开放门户。西方的传教士、外交官和探险家纷纷进入中国腹地，惊奇地发现在中国境内竟然还存在一个数量如此庞大、历史如此悠久的穆斯林群体。[①] 他们根据自己的亲身经历撰写的著作、游记引起了西方世界对中国穆斯林群体的兴趣，由此拉开了西方研究中国伊斯兰教的序幕。而在背后推动这种最初的人种志式猎奇发展为持续性的、成规模的学术研究的动力，却是巨大的殖民利益和宣教热情。

　　本文提出，应从中西互动中寻找时代特征，以之作为划分西方对伊斯兰教研究的主要参照系，由此必然带来一个与以往不同的视角。比如，就西方学者开展中国伊斯兰教研究的时期而言，以往的研究多以 1911 年中华民国建立为分界线，将 19 世纪中叶到 20 世纪 50 年代这近百年时间划分为前后两个阶段。然而，本文认为，这段时间历时虽长，但

[①]　20 世纪初，基督教中华续行委办会（The China Continuation Committee）经过 1918－1921 年三年间的调查得出中国穆斯林的数量大约介于 706.6 万至 833.6 万之间，最多不超过一千万人。这个数字显然低估了当时中国穆斯林的数量，但至少反映出当时西方人士对中国穆斯林数量的大体认识。

殖民与被殖民却始终是这一历史时期的主要特征之一。① 在此期间,投身中国伊斯兰教研究的西方人又以传教士为主要群体。其间虽有中华民国成立这一中国历史上影响深远的大事,但"对中国的影响"显然不能等同于"对中国的研究的影响"。当时西方人从事的中国伊斯兰教研究并未因这一事件发生实质性的变化。因此,就时间而言,虽有前后之别;但就其主要特征而言,殖民与宣教却始终是这一时期的主题。

有鉴于此,本文主张,与其单纯依据中国历史演进的轨迹,以 1911 年为界将这近百年时间打断为前后两截,理由并不充分,反而不如将其划为同一时期,更能说明其内在的连续性。更为重要的是,当时对中国穆斯林抱有最大兴趣、投入最多、成果最丰的群体乃是来华传教士。他们在殖民利益的驱动和宣教热情的鼓舞下,深入中国内陆穆斯林聚居地区,展开社会调查,留下了大量原始资料。其中,更有一些佼佼者著书立说,使其研究升华到学术层面。

或许有人会问,本文将殖民时期与宣教情怀这两者联系起来的依据又是什么呢? 殖民与宣教两者之间固然不具有必然联系,然而,不可否认,正是在这段殖民时期,中国被迫开放门户,大批传教士才得以进入中国腹地,亲眼目睹中国穆斯林的存在,获取一手材料。而在后来的"冷战时期",甚至更晚的"开放时期",外国传教士都不可能再拥有如此特权,能够公开而且大规模地持续进入中国的穆斯林聚居地区。因此,我们不得不承认,正是中国沦为半殖民社会这一特殊的历史背景为传教士

---

① 国内史学界的主流观点认为,中国的半殖民半封建社会结束于 1949 年中华人民共和国建立,本文采纳了这一观点,并以之作为划分西方的中国伊斯兰教研究分期的一个依据。同时,也应注意到,自 1911 年辛亥革命成功后,民国时期的北京政府、南京国民政府以及后来的中华人民共和国政府都在废除与列强签订的不平等条约方面又做出了贡献。例如,民国时期北京政府就曾利用第一次世界大战的有利契机,废除了德国和奥地利根据不平等条约在中国取得的特权。可见,中国废除不平等条约以及摆脱半殖民半封建社会是一个渐进过程,而非一蹴而就。

成为这一时期从事中国伊斯兰教研究的主要群体提供了客观条件。①

更为重要的是,这一时期促使西方人士对中国伊斯兰教发生兴趣的根本原因之一正是本国的在华利益。这一点在最早从事中国伊斯兰教研究的俄国东正教修士大司祭鲍乃迪(Palladii,1817 - 1878)以及步其后尘的俄国东方学家瓦西里耶夫(Vasili P. Vasilev,1818 - 1900)身上都不难发现。鲍乃迪投身中国伊斯兰教研究并非一时兴趣所致,在其研究之初就曾向沙俄外交部亚洲司官员互通款曲,而其研究成果则在后来的中俄边界谈判中成为俄方制定政策的重要参考。无独有偶,被誉为19世纪下半叶俄国最著名东方学家的瓦西里耶夫初治佛学,中国伊斯兰教研究原非其所长,这一点从其著作目录中就可明白看出。② 那么,究竟是什么原因,令他不惜舍长用短,涉足中国伊斯兰教研究呢?据美国学者拉斐尔·伊斯雷利(Raphael Israeli)分析,瓦西里耶夫对中国穆斯林产生兴趣的原因是,出于担心此起彼伏的中国穆斯林起义可能对"基督徒利益"带来巨大冲击。③ 而此处所谓的"基督徒利益"不言而喻,当然并非首指中国基督徒,而是指其本国的基督徒。而其真正关心的也

---

① 1844年《中美望厦条约》规定,外国传教士可在通商口岸建立教堂。1858年《中美天津条约》进一步确立外国传教士在中国享有自由传教的特权,其第二十九款曰"耶稣基督圣教,又名天主教,原为劝人行善,凡欲人施诸己者亦如是施于人。嗣后所有安分传教习教之人,当一体矜恤保护,不可欺侮凌虐。凡有遵照教规安分传教者,他人毋得骚扰。"1943年,作为同盟国,中美、中英之间分别签订了《关于取消美国在华治外法权及处理有关问题之条约》(简称"中美新约")和《关于取消英国在华治外法权及处理有关问题之条约》(简称"中英新约"),废除了两国此前签订的对华不平等条约的部分内容。然而,"中美新约"和"中英新约"都未涉及在华设立教堂和传教的问题。直到1949年中华人民共和国建立以后,这一特权才被废除。而传教士能否在华传教则是影响其对中国伊斯兰教研究的一个关键因素。

② 瓦西里耶夫通晓多种东方语言,如汉文、满文、蒙文、藏文及梵文、朝鲜语、日语等,著述颇丰,主要有:《十至十三世纪中亚细亚东部的历史和古迹》(1859年)、《元明两代的满洲》(1863年)、《中国的穆斯林运动》(1867年)、《清初对蒙古人的征服》(1868年)、《东方的宗教:儒、释、道》(1873年)、《中国文学概要》(1880年)、《亚洲的现状·中国的进步》(1883年)、《中国的发明》(1900年)等。可见,其专长在于东亚语言与文化,中国伊斯兰教研究并非其专擅领域,在《中国的穆斯林运动》一书之后,似再未出版过同一主题的著作。

③ Raphael Israeli, *Islam in China: A Critical Bibliography*, London: Greenwood Press, 1994, p. 52.

并非本国信徒的宗教利益,而是沙俄在中国的殖民利益。可见,这一时期,殖民与宣教往往纠葛在一起,有时甚至密不可分。

然而,殖民与宣教虽联系密切,但并非相互平行。在从事中国伊斯兰教研究的西方人中,有些人虽然具有传教士身份,但对于本国在华利益的关切却可能胜过其宣教热情;而在另一些人身上,却可以看到,他们对于宣教的热忱显然超过了对于本国利益的关心。如果尝试将这两种人加以分类,那么,这个不太成熟的二分法似乎还可以与某种地域的特征联系起来,即19世纪下半叶来自俄国、法国和德国等欧洲国家的研究者更关注国家利益,而20世纪上半叶来自英美的传教士的宣教热情显然盖过了国家利益。鉴于这两个群体的这一特征,本文将前一个群体称为"欧洲东方学家",尽管他们中大多数人都具有传教士或基督徒身份;而将后一个群体称为"英美传教士",尽管他们中许多人著书立说,跻身学者行列。与此同时,本文也注意到,这两个群体中的某些个体成员虽然在时空上有交叉,但大体上却具有前后相继的关系。当第一个群体逐渐淡出历史舞台的时候,第二个群体就"恰逢其时"地出现了,接替前者。当然,与其用历史的偶然性来看待这里的"恰逢其时",倒不如从历史的必然性来解读这一事实,即20世纪以来,随着国际局势的变化,列强实力的此消彼长决定了,来自英美的新教传教士逐渐取代了来自欧洲的东正教和天主教传教士,开始在对中国穆斯林的宣教与研究事业里扮演主角。

发生这一变化的时间节点则是1910年。这当然不是因为一年之后中国辛亥革命的成功,而是由于爱丁堡世界宣教大会在这一年召开。这次大会将向穆斯林世界传教列为福音运动的主要目标之一,同时,由来华传教士组成的中国代表团在这次大会上提交了关于中国伊斯兰教情况的报告。这就是由英国传教士海恩波（Marshall Broomhall, 1866－1937）撰写的《清真教——一个被忽视的问题》（*Islam in China : A neglected Problem*）。此书不仅引起了与会者对中国穆斯林的高度重视,更对后来的西方人士参与中国伊斯兰教研究产生了深远影响，堪称1949年以前西方研究中国伊斯兰教的分水岭。

在此，不妨对上述一系列类型划分作出一个简单的小结：

时间	地域	身份	宗派背景	特点	代表人物
1910年以前	俄国等欧洲国家	东方学家	东正教、天主教	殖民利益高于宣教	鲍乃迪（Palladii，1817－1878）
1910年以后	英美国家	传教士	新教	宣教高于殖民利益	海恩波（Marshall Broomhall，1866－1937）

必须说明的是，本文提出的这个二分法是仅就其大体而言，因为黑天鹅始终都是存在的，表格中的类型划分也无法穷尽所有的个案，甚至就连这个分类本身也随时有可能被更新的材料和分析推翻。本文甘冒风险，提出这样一个类型划分，是为了在研究思路上有所突破。以往对这一主题的研究大都按照中国近现代历史分期而被划分为不同阶段，时间上虽然一目了然，但对于不同阶段的研究者是谁，研究的目的是什么，采用了何种研究方法，乃至更深一层的历史与文化背景，等等问题皆不置一词。可以说，这些研究更多属于基于材料的描述性研究。然而，面对这些已有的研究，如果继续停留在现象描述的层面，固然不失稳健，但学术研究应有的理解、规范乃至进取之意却难免大打折扣。因此，本文尝试作出带有解释性的分析，力求从学术史角度将西方的中国伊斯兰教研究从描述性研究升华为规范性研究。

二、东方学家的时代

19世纪中叶以后，不断有西方探险家进入中国腹地，并将自己的所闻记录下来，其中一些就有对中国穆斯林的描述。这类著作中有代表性的有以下三部:约翰·安德森(Anderson John)《滇西历险记》(*A Report of the Expedition to Western Yunnan*, 1871)、路易·卡尔内(Louis de Carne)《印度支那及中华帝国之行》(*Travels in Indochina and the Chinese Empire*, 1872)以及弥乐石(Emile Rocher)①《中国云南》(*La Province Chinoise du Yunnan*, 1879)。

从时间上看,最早问世的无疑是英国人安德森撰写的《滇西历险记》(1871)。该书来自安德森1868年参加斯莱登使团(Sladen Mission)从缅甸的曼德勒到云南腾冲的经历。书中第六章题为《云南穆斯林》("The Mohammedans of Yunnan"),对当地穆斯林的日常生活以及杜文秀起义都有所记载。② 仅一年后,卡尔内《印度支那及中华帝国之行》(1872)问世。该书是对卡尔内本人从印度支那到中国境内的旅行记录,书中记载了云南等地的穆斯林以及当时回民起义的一些情况。与之类似,弥乐石的两卷本《中国云南》也是根据其在云南所见所闻而撰写。不仅记载了当地的风土人情,而且由于弥乐石在云南考察期间正值云南等地回民起义结束不久,因此,对这段历史有详尽的描述。不过,若从学术价值来看,安德森《滇西历险记》和弥乐石《中国云南》显然更胜一等,这两本著作在海恩波撰写《清真教——一个被忽视的问题》一书时,被列入参考书目,其重要性可见一斑。

然而,即便抛开作品的影响力不论,仅就出版时间而言,安德森《滇西历险记》仍算不上是关于这一主题的最早著作。因为,早在5年之前即1866年,俄国东正教修士大司祭鲍乃迪(又译巴拉第)③就已出版了

---

① 弥乐石(1846－1924)曾任法国驻云南蒙自领事,1895－1896年期间率里昂商会考察团考察中国与印度支那毗邻省份(桂、滇、粤)以及四川省的经济和商业资源。

② 1876年,安德森又出版了另一部《从曼德勒到蒙缅》(*Mandalay to Momien: A Narrative of the Two Expeditions to Western China of 1868 and 1875*),记载了他前后两次在滇西考察的经历。

③ 鲍乃迪(1817－1878),原名彼得·伊万诺维奇·卡法罗夫,俄国著名汉学家,专长中国宗教、边疆史地研究,曾任俄罗斯俄国东正教驻北京布道团修士大司祭。

西方第一部中国伊斯兰教研究的专著《中国的穆斯林》，更遑论该书实际杀青的时间还要更早，这还是仅就西方学界而言。

如果将目光转向中国，结论同样令人吃惊。一般认为，现代中国的伊斯兰教研究肇始于 20 世纪之初，其开山之作是陈汉章《中国回教史》（1926 年）和陈垣《回回教入中国史略》（1927 年初刊）。① 然而，此时距离鲍乃迪出版其第一部关于中国伊斯兰教的著作已经过去了 60 年之久。

事实上，鲍乃迪关于中国伊斯兰教研究的著作还不止这一种，他先后曾发表过三种关于中国伊斯兰教的著述，即（1）《中国的穆斯林》，1866 年刊于《俄国东正教驻北京布道团成员著作集》第四辑；（2）《中国伊斯兰教文献：对中国伊斯兰教徒刘泽亮编译的汉文伊斯兰教文集〈御览至圣实录〉的简介》，此书 1874 年刊于《俄国皇家考古学会东方分会著作集》第 17 卷；②（3）《回人汉籍著述考》。此书于 1887 年以单行本出版于圣彼得堡，全书共 334 页，收录了中国伊斯兰教汉文文献 35 种，并严格按照原书内容和章节对其中的绝大部分都作了提要。③

这三种著作从历史到文献，从局部到总体，对中国伊斯兰教作出了

---

① 关于中国伊斯兰教学术史的分期，参见李林：《中国伊斯兰教研究学术史分期刍议》，《当代宗教研究》2011 年第 2 期。文中以当代中国伊斯兰教研究学科的确立为着眼点，将中国学人从事伊斯兰教研究划分为四个时期，即元始期、亨长期、利遂期与贞成期。其中，"利遂期"指 20 世纪上半叶的现代中国伊斯兰教研究。

② 此处应是由于俄文译者不熟悉之故，误将"刘介廉"译作"刘泽亮"，参见陈开科：《巴拉第对中国伊斯兰教的研究》，刊于《炎黄文化研究》第 4 辑，大象出版社，2006 年。另据中国伊斯兰教协会 1984 年重印《天方至圣实录》序言，此书曾于 1921 年被译为英文，前苏联时期勃列瓦涅夫根据英文本将其译为俄文《俄语实录择要》。

③ 鲍乃迪在此书中列出的 35 种文献主要以当时中国穆斯林中流传的汉文译著与经堂教育课本为主，还包括了一些劝善宣教的册子《至圣实录年谱》、《天方典礼择要解》、《天方性理》、《清真指南》、《正教真诠》、《四篇要道》、《清真大学》、《五功释义》、《剩语》、《天方三字经》、《希真问答》、《修真蒙引》、《真功发微》、《教款捷要》、《归真要道》、《归真秘要》、《回回原来》、《清真教考》、《天方正学》、《清真正教条规》、《天方尔雅》、《醒迷真源》、《回回》、《伊勒沙德》、《伊尔沙德》、《正教注义》、《普批百条》、《治本提纲》、《清真义塾》以及康、乾时期清政府颁布的道德书籍《圣谕广训》等。参见陈开科：《巴拉第对中国伊斯兰教的研究》，刊于《炎黄文化研究》第 4 辑以及 Ludmilla Panskaya and Donald Daniel Leslie, *Introduction to Palladiis' Chinese Literature of Muslims*, Canberra: The Australian National University,1977, pp. 45 –61。

比较完整的勾勒。可见,鲍乃迪对中国伊斯兰教的研究绝非一时兴致所至。在当时整个西方甚至包括俄国在内,不仅率先发表有关中国伊斯兰教研究成果的人是他,而且真正系统地、有计划地研究过中国伊斯兰教者,也非鲍乃迪莫属。不过,鲍乃迪投身中国伊斯兰教研究并非完全出自个人兴趣,而是自觉或不自觉地受到沙俄国家利益的驱动。[①]

除了俄国以外,欧洲一些传统上信奉天主教的国家也有学者涉足对中国伊斯兰教与中国穆斯林的研究。然而,与其说这些欧洲东方学家投身中国伊斯兰教研究的动力来自其宣教热情,倒不如说来自对其所属国在华利益的关切。例如,前文提到的《中国云南》一书的作者弥乐石,曾任法国驻云南蒙自等地的领事。1895－1896 年期间,受命率里昂商会考察团考察中国与印度支那毗邻省份(桂、滇、粤)以及四川省的经济和商业资源,其目的并非学术研究,而是为了"在法国殖民地和中国之间建立贸易联系"。

法国东方学家在此领域取得的成果主要有以下几种:

(1)德韦理亚(Gabriel Devéria)《中国伊斯兰教的起源》(*Origine de L'islamisme en Chine*, 1895)。该书虽篇幅不长,但却力图通过考察中国穆斯林中间流行的传说来追溯中国伊斯兰教的起源。这部著作被海恩波评为"迄今为止关于这个问题已出版的所有著作中最出色、也是最重要的一部"。[②]

(2)1906 年－1909 年,探险家奥隆(Henri d'Ollone)带队在中国西部考察,他们从河内起程,经云、贵、川、青、甘、晋、蒙古诸省,沿途拓得成

---

① 从 1849 年第二次随布道团进驻北京以后,鲍乃迪就开始在沙俄侵略中国的过程中扮演一个关键角色。详情参见费正清、刘广京主编:《剑桥晚清中国史》(上卷)第 7 章第 3 节,中国社会科学出版社,2007 年。另外,东正教驻北京布道团的研究项目与沙俄在华殖民利益关系之紧密,可参阅陈开科:《1850 年以前俄国东正教驻北京布道团的内部整顿及其经济情报收集情况》,载于《中国社会科学院近代史研究所青年学术论坛》(2005 年卷),社会科学文献出版社,2006 年。

② Marshall Broomhall, *Islam in China: A Neglected Problem*, London: 1987, first published in 1910, p. 308.

都清真寺的松潘墓碑、赛典赤墓碑等重要碑文,并搜集到 36 种中国伊斯兰教著作。① 根据这次探险,出版了关于中国伊斯兰教的名著《中国穆斯林研究》(*Recherches sur les Musulamns chinois*, 1911)。此外,考察团还以奥隆的名义发表过一些文章,如《云南的伊斯兰教》("L'Islam au Yunnan", 1908)。② 这些著述不仅介绍了当时中国各地穆斯林的人口分布,而且对搜集到的中国伊斯兰教文献进行了翻译、整理,为后来的研究提供了珍贵资料。

(3)1911 年,著名汉学家微席叶(Aronld Jaques Vissiére)③出版了两卷本《中国穆罕默德教论集》(*Études sino - mahométanes*, 1911)④,此书是对微席叶多年来研究中国伊斯兰教文献、历史与文化研究成果的汇总。此外,微席叶关于中国伊斯兰教的著作还有以下几部:《土耳其斯

---

① 奥隆搜集到的这 36 种著作,包括(1)教义类 27 种:《正教真诠》、《清真大学》、《修真蒙引》、《正教修真蒙引》、《清真指南》、《天方典礼择要解》、《天方性理》、《性理第五卷注释》、《性理本经注释》、《大化总归》、《教款捷要》、《天方卫真要略》、《五功释义》、《归真总义》、《四篇要道译解》、《认己醒语》、《清真释疑》、《祝天大赞集解》、《真功发微》、《天方三字经》、《天方认一宝珍四字经》、《四典要会》、《天方性命宗旨》、《天方信源蒙引歌》、《汉译道行究竟》、《醒世箴》、《明德经》;天文历法类 2 种:《天方历法图》、《天方历源》;(2)历史类 6 种:《清真教考》、《御览天方至圣实录年谱》、《西来宗谱》、《回回原来》、《寰宇述要》、《咸阳王扶滇记》;(3)历法类 2 种:《天方历法图》、《天方历源》;(4)语言课本类 1 种:《天方字母解义》。

② 奥隆的其他一些著作如 1911 年出版的《云南游记》(*Mission d'Ollone*)也记载了途中关于中国穆斯林的见闻。如云南穆斯林与当地基督徒的关系、云南回民起义等。该书已译为中文,参见[法]亨利·奥尔良:《云南游记:从东京湾到印度》,龙云译,云南人民出版社,2001 年,第 20 页、第 123 页。

③ 微席叶(Arnold Jaques Vissiere, 1858 - 1930),法国汉学家。1882 年来华,1892 年 6 月署理法国驻上海总领事。回国后曾在法国外交部任汉文总翻译,并在巴黎现代东方语学校任教,著作有《北京官话:汉语初阶》等。

④ 在翻译此处书名时,笔者使用"穆罕默德教"这一词语而没有使用伊斯兰教,意在如实反映当时一些东方学家对伊斯兰教的认知。他们将穆罕默德视为伊斯兰教的创造者,所以采用了"穆罕默德教"这个词语。但这却是一个带有典型的东方主义色彩,且具有污蔑意味的词语。在《东方学》一书中,萨义德对此进行过严肃的批判。然而,直到 20 世纪中叶,这一词语在西方仍有很大市场,不仅流行于法语世界,也在英语世界大行其道。一个典型的例子是,1947 年,著名伊斯兰教专家汉密尔顿·吉布(Hamilton A. R. Gibb)在出版一部关于伊斯兰教历史的著作时,就曾迫于出版商的压力,放弃了"Islam"而在书名中使用了"Mohammedanism"一词,书名就变成了后来的 *Mohammedanism: A Historical Survey*(《穆罕默德教:历史探微》)。

坦部落穆斯林对中国的归顺》(*Soumission des Tribus Musulmanes du Tur-kestan par la Chines* 1757－1759，1910)、《中国穆斯林研究》(*Recherches sur les Musulamns chinois*，1911)、《中国穆斯林与共和国：中国伊斯兰文献》(*Les Musulmans Chinois et la Republiqu：Litterature Islamique Chinoise*，1927)①。其中,《中国穆斯林研究》就是以奥隆名义发表的同名作,通常认为,微席叶是该书的执笔人,故也有人将该书归于微席叶名下。

(4)达伯理(Dabry de Thiersant)的《穆罕默德教在中国》(*Le Mahométisme en Chine*，1878)。达伯理是职业外交官,19 世纪五六十年代曾任法国驻上海、武汉等地总领事。② 1978 年 8 月,在巴黎出版了两卷本的《穆罕默德教在中国》。该书上卷 335 页,探讨了中国伊斯兰教的历史;下卷 500 多页,详述中国伊斯兰教的教义、信仰和宇宙观等。特点是包含了关于中国伊斯兰教的丰富资料,对云南穆斯林起义亦有涉及。由于其资料翔实,在后来的研究中多次被当做主要资料来源,重要性可见一斑。例如,英国东方学家塞尔(E. Sell)撰写的《伊斯兰教论集》(*Essay on Islam*,1896)一书中,关于中国伊斯兰教的一章主要取自达伯理;再如,1889 年,美国传教士那夏礼(H. V. Noyes)以达伯理此书为主要资料来源,在《教务杂志》(The Chinese Recorder)发表了题为《中国伊斯兰教》的长篇论文,系统地向在华传教士介绍了中国穆斯林的历史。

(5)其他研究者还有科尔迪耶(Georges Cordier)等人。科尔迪耶对云南穆斯林起义比较关注,他的《云南的穆斯林起义》("Révolte musel-amne au Yun－nan"，1909)一文根据中文资料,对弥乐石对云南穆斯林起义的研究有所修正。

---

① 参见温利燕:《微席叶〈北京官话:汉语初阶〉研究》,上海师范大学语言学及应用语言学硕士学位论文,2010 年 4 月,第 2－3 页。

② 达伯理,曾于 1862－1865 年期间任法国驻武汉总领事,1869 年改任法国驻上海总领事,期间曾办理索还松江县邱家湾旧天主堂事宜。

其他国家的研究者还有,英国东方学家塞尔、德国东方学家哈特曼(Martin Hartmann)等。如前所述,塞尔在其出版于 1896 年《伊斯兰教论集》一书中,专门列有一章介绍中国伊斯兰教。而哈特曼在这一领域的主要贡献则可归纳为以下两条:(一)为 1913 年莱顿出版的《伊斯兰百科全书》(*Encyclopedia of Islam*, 1913)撰写了有关中国穆斯林的部分。该词条从纵横两个方面,不仅介绍了中国从初入中国直到元代的漫长历史,而且还从五个方面,即性别关系、语言与族群关系、贸易与战争、宗教生活与政治生活等方面勾勒出中国穆斯林社会的轮廓。并在此基础上撰写了《伊斯兰教在中国的历史》(*Zur Geschichte des Islam in China*, 1921)。(二)此外,哈特曼还曾深入新疆,详细调查了当时喀什地区穆斯林所使用的宗教经典,其调查所得见之于哈特曼 1908 年出版的《中国新疆——历史、行政、宗教和经济》(*Chinesisch Turkestan: Geschichte, Verwaltung, Geistesleben und Wirtschaft*, 1908)一书。由于这些经典对于了解新疆伊斯兰教在当时的状况极有价值,因此历来受到学者的重视。1950 年日本学者佐口透就曾对哈特曼的调查结果进行过专门研究,并撰写《中国伊斯兰教的经典》一文,发表于《东洋学报》。此外,一些中国学者也对这份调查进行过考证。[①] 例如,陈国光《对哈特曼调查经典目录的释注与证补》、王东平《哈特曼调查回疆伊斯兰教经典目录的再考订》。此外,杨怀中、余振贵主编《伊斯兰与中国文化》一书第七章《中国伊斯兰教经堂教育典籍》也附录了哈特曼辑录的这批经典目录。

三、传教士的舞台

如果说 1910 年以前,作为西方研究中国伊斯兰教的关键词是"殖

---

① 参见陈国光:《对哈特曼调查经典目录的释注与证补》,刊于《新疆文物》1988 年第 4 期;王东平:《哈特曼调查回疆伊斯兰教经典目录的再考订》,刊于《西域研究》2002 年第 2 期以及杨怀中、余振贵主编《伊斯兰与中国文化》,宁夏人民出版社,1995 年,第 378–379 页。

民"的话，那么，1910 年以后，关键词就转变为"宣教"。其标志是 1910
年爱丁堡世界宣教大会召开。1906 年，新教各差会在开罗召开了针对
穆斯林世界的宣教大会，开启了世界范围内向穆斯林宣教的运动。1910
年，继开罗会议之后，爱丁堡世界宣教大会再次将向穆斯林世界传教列
为福音运动的主要目标。主要由来华传教士组成的中国代表团在这次
大会上提交了关于中国伊斯兰教的报告即海恩波的《清真教——一个
被忽视的问题》，引起了传教士对中国穆斯林的高度重视，激发了他们
的宣教热情。

　　海恩波出身传教士家庭，是内地会创始人戴德生（Hudson Taylor）的
外甥，1890 年以英国内地会传教士身份来华。其《清真教》一书虽出版
于 1910 年，但至今仍被西方学界视为研究中国伊斯兰教的必读之作。
从内容看，此书分为历史与现状两部分。历史部分主要包括中国与阿拉
伯的历史交往、中国伊斯兰教的来源、中阿文碑铭、广州清真寺、清末云
南和西北的回民起义、"回回"一词的来源等；在现状部分，海恩波借助
与在华传教士的数百封通信以及传教士笔记，探讨了中国穆斯林人口、
社会与宗教状况、土耳其人笔下的中国穆斯林以及向中国穆斯林宣教等
问题。

　　此书的内容固然重要，更值得我们关注的是它的来龙去脉。海恩波
在序言中坦言，此书其实是"世界宣教大会第一届委员会发起的一项专
项调查的结果"。1909 年，海恩波在《教务杂志》（"*The Chinese Record-
er*"）上发出一封公开信，以筹备爱丁堡世界宣教大会的名义，恳请分布
在中国各地的传教士、海关职员协助提供当地清真寺数量、穆斯林人口
等资料，并发放了 800 多份问卷。可见，"全面研究中国穆斯林"虽是海
恩波的一个夙愿，但终于令他的这个愿望变成现实的还是世界宣教大
会，其中尤以美国传教士知味墨（Samuel Marinus Zwemer, 1867－1952）
的作用最为突出。

　　素有"派往伊斯兰的使徒"之誉的知味墨不仅是第一届世界宣教大会委员会的核心成员，更是 19 世纪末至 20 世纪初推动向穆斯林世界宣教的领袖人物。他曾长期在中东地区传教，并多次召集向穆斯林宣教的世界性会议，包括 1906 年在埃及召开的开罗会议以及 1911 年印度勒克瑙宣教大会。知味墨关于伊斯兰教的丰富知识以及在穆斯林世界宣教的经验都使他成为当时向穆斯林宣教运动中公认的权威。事实上，正是在知味墨的努力之下，中国穆斯林问题才得以进入全世界传教士的视野。当他得知海恩波有意对中国伊斯兰教进行研究时，不仅提供了必要的支持，而且推荐海恩波成为世界宣教大会委员会的委员，意在"为基督教世界提供有关这个重要而鲜为人知的题目的最新讯息"。知味墨的这番良苦用心最终促使宣教大会认识到，"中国穆斯林人口可能比埃及、波斯或阿拉伯的穆斯林人口还要多，但是还没有对他们采取任何行动，他们的存在几乎被传教运动忽视了"。大会最终达成一致意见，承认"向中国穆斯林传教的关键时刻已经来临，有识之士应即刻着手为基督赢得这个被忽视的庞大群体"[1]。

　　自 1910 年爱丁堡世界宣教大会召开以后，以知味墨、海恩波、梅益盛、毕敬士等人为核心，逐渐形成了一个具有关系网络的传教士群体。通过他们之间的各种联系，针对中国穆斯林的传教活动也开始走向系统化与联合化。其标志是 1927 年"中国穆民交际会"(the Society of the Friends of Moslems in China) 的成立。1926 年中华续行委员会解散，"布道回族特委会"随之解散。为了延续特委会的使命，毕敬士等人于 1927 年在汉口成立了一个新的组织"中国穆民交际会"，其目的在于"联合基督徒中一切穆民之友于祈祷中，并为使在中国之回教信徒归依耶稣而工作"，为将有志于向中国穆斯林宣教的传教士联合在一起起到了积极作

---

　　[1]　Marshall Broomhall, *Islam in China*: *A Neglected Problem*, "Introductory preface".

用。与此同时，他们还创办了"中国穆民交际会"的机关刊物《友穆》（"Friends of the Moslems"），该杂志大量地登载了有关伊斯兰世界的信息、传教士在穆斯林群众中传教的经验、中国各地伊斯兰教的概况、针对穆斯林特点的宣传基督耶稣的生平和故事以及基督教教义思想等，为分散在中国各地传教士提供了一个相互联系和交流的平台。

经过长期的准备和力量积蓄，在英美新教传教士中逐渐形成了一个致力于向中国穆斯林宣教的群体。据统计，到 1936 年，该协会发展了425 名会员。核心成员以内地会为主，有 101 人，另有美国长老会等其他差会成员约 60 人。① 主要包括：知味墨、海恩波、安献令、梅益盛、毕敬士、冯尚德、胡立礼（H. F. Ridley）、金品三（George E. King）、濮马克（Mark Botham）、博德恩（William Borden）、任守谦（E. J. Mann）、海春深（George K. Harris）等。这批传教士不仅有宣教热情，而且重视文字事工。他们大多曾在《教务杂志》、《穆斯林世界》以及《友穆》等刊物上发表过文章。这些文章反映出他们针对中国穆斯林的文字事工的主要方向，即知味墨建议中所提到的，一是展开对中国各地穆斯林历史与现状的调查；二是搜集、整理汉文伊斯兰教著作。从今天看，这些传教士留下的著述数量庞大，保留了大量一手调查资料以及中国伊斯兰教有关的文献和碑铭，从一定程度上反映了当时中国穆斯林的社会生活和宗教生活，再现了伊斯兰教在中国的历史变迁，为后来的西方学术界关于中国伊斯兰教的研究奠定了基础。

不可否认，由于向中国穆斯林宣教才是他们的终极目标，这些出自传教士手笔的著述不免带有局限性，其中一些与其说是学术著述不如说是宣教材料，不少观点也带有价值判断和主观色彩，因此不能一概划入学术研究的范畴。不过，其中佼佼者的学术价值仍受到公认，例如，毕敬

---

① Matsumoto Masumi, "Protestant Christian Missions to Muslims in China and Islamic Reformist Movement", *Annals of Japan Association for Middle East Studies*, No, 21－1, 2005, p. 159.

士对中国伊斯兰教的研究就被公认为是该领域的一个重要学术成果，有承上启下的意义，后来众多从事中国伊斯兰教研究的西方学者，如澳大利亚学者唐纳德·莱斯利（Donald D. Leslie）、美国学者李普曼（Jonathan Lipman）以及前文曾提及的拉斐尔·伊斯雷利等人的相关成果都是在毕敬士的研究基础上完善和发展而来。有鉴于此，有必要重点评述这些传教士中的几位代表人物，即安献令、梅益盛和毕敬士的学术成就。

（1）安献令（George Findlay Andrew, 1887 – 1971）（亦作安献金），英国内地会传教士，1908 年来华，在甘肃从事宣教活动。1909 年在西宁参观穆斯林的开斋节活动后遂对西北穆斯林产生兴趣，多次远赴各地，调查穆斯林的宗教和社会生活。撰有《中国西北的伊斯兰教》（*The Crescent in North – West China*, 1921）一书，1921 年由伦敦内地会出版。

《中国西北的伊斯兰教》出版后，被誉为继海恩波《清真教》之后又一部研究中国伊斯兰教的著作。事实上，这种前后相继并非纯属偶然。在此书序言中，海恩波被安献令称为"亲密的朋友和老师"，他不但为安氏提供了研究资料，而且慨然为此书作序。在序言中，海恩波不仅肯定了安献令在中国的贡献，也盛赞该书在传教方面所起的作用。[1] 正如海恩波所言，此书出版后，在传教士中间产生了巨大反响。1922 年 2 月，编辑部设在湖北汉口的基督教新教机关刊物《教务杂志》刊登了一篇评论，认为"这是一本很有意思的书，特别清晰地概述了甘肃穆斯林的基本状况"。同年，知味墨在其主编的《穆斯林世界》亲自为此书撰写书评，肯定了此书的价值，认为"尽管只探讨了一个省的穆斯林情况，但是，该书是这一领域研究的一流成果"[2]。

安献令此书另一个亮点是，它详细记述了中国伊斯兰教教派之一西道堂的创建过程以及西道堂创始人马启西被军阀杀害后西道堂的情况。

---

[1]　George Findlay Andrew. *The Crescent in North – West China*, p. ix.
[2]　"The Moslem World", Vol. 12, 1922, p. 203.

而据考证,中国最早研究西道堂的汉族学者是当时甘肃岷州(现甘肃岷县)的进士尹世彩。大约在"1921 至 1927 年之间",他撰写了《马启西传略》一文,并因此成为对"西道堂进行研究的第一位汉族知识分子"①。相比之下,安献令至迟在 1921 年以前就已经完成了对西道堂的调查,仅凭这一点,便无愧于最早研究西道堂的西方学者之誉。

(2)梅益盛(Isaac Mason,1870 - 1939),英国公谊会(Friend's Foreign Mission Association)传教士,1892 年来华传教,后对中国的穆斯林逐渐感兴趣。1910 年,海恩波《清真教》一书出版,令他备受鼓舞。1915 年,被调往上海广学会任职,负责传教书籍的出版工作。1917 年,梅益盛在上海遇到了当时正在中国访问的知味墨,受到后者感召,决定投身于对中国穆斯林的宣教活动。1926 年,梅益盛发起建立了"中国穆民交际会",并与克劳德·毕敬士一起在该组织的常务委员会工作。1927 年,梅益盛与毕敬士等在汉口创办英文杂志《友穆》("Friends of the Moslems"),积极吸收成员,在中国穆斯林中开展传教,1936 年,创办中文《友穆》季刊。在此期间,梅益盛不仅将许多中国基督教宣教小册子翻译成中文在中国穆斯林中间散发,而且注意搜集有关中国伊斯兰教的书籍、图册等。从向中国穆斯林传教,发展到研究中国伊斯兰教,用他自己的话说,就是"在中国研究了 14 年的伊斯兰教,交了 30 多年的中国穆斯林朋友"。②

梅益盛对中国伊斯兰教曾作过较为系统的研究,其主要成果有:(一)将刘智《天方至圣实录》翻译为英语,题为"*The Arabian Prophet*:*A*

---

① 参见张建芳:《尹世彩与〈马启西先生传〉》,《回族研究》2006 年第 1 期。
② 引自 1931 年 8 月 27 日"《正道》编者"给梅益盛的信(中文),见《正道》杂志第一卷第五号(1931 年 9 月 15 日)第 167 页。

Life of Mohammed from Chinese and Arabic Sources".[①] 此书由知味墨作序,1921 年分别在上海、伦敦、纽约等地出版发行,影响较大;(二)编纂《中国穆斯林词汇表》(*List of Chinese – Muslim Terms*);(三)在《穆斯林世界》、《英国皇家亚洲文会北中国支会学报》等刊物发表了不少关于中国伊斯兰教的文章,内容涉及中国伊斯兰教的起始、发展、人口分布、教义思想、文化传统等问题。例如,其中"The Mohammedans of China: When and How They First Came"一篇在当时影响较大,1939 年由中国学者朱杰勤译为中文,并取名《回教入中国考》[②];(四)在前人基础上编撰《中国伊斯兰教文献辑录》(*Notes on Chinese Mohammedan Literature*, 1925, 1937)[③],为后来的研究奠定了基础。

　　(3)毕敬士(Claude Leon Pickens, 1900 – 1985),1900 年出生于美国弗吉尼亚,1926 年来华传教。出于向中国穆斯林传播福音的愿望,毕敬士始终密切关注中国穆斯林的历史与现状,在此过程中生发了研究中国伊斯兰教的研究兴趣。他在《穆斯林世界》、《教务杂志》以及《友穆》等英文刊物上发表过一些关于中国伊斯兰教的文章,主要包括:(一)《早期的中国穆斯林领袖们》("Early Moslem Leaders in China", 1936);(二)《中国穆斯林的挑战》("Challenge of Chinese Moslems", 1937);(三)《基督教会与中国伊斯兰教》("The Christian Church and Chinese Islam", 1939);(四)《唐朝以前的中国与阿拉伯》("China and Arabia Prior to the T' ang Dynasty", 1942)。

---

　　① "The Arabian prophet: A Life of Mohammed from Chinese and Arabic Sources. A Chinese – Moslem Work by Liu Chailien", translated by Isaac Mason, with appendices on Chinese Mohammedanism, Forward by Rev. Samuel M. Zwemer, F. R. G. S., of Cairo, Printed by the Commercial Press, Shanghai, 1921.

　　② 朱杰勤:《中西文化交通史译粹》,中华书局,1939 年,第 79 – 104 页。

　　③ Isaac Mason, "Notes on Chinese Mohammedan Literature", in *Journal of the North – China Branch of the Royal Asiatic Society*, Vol. LVI(1925), pp. 172 – 215 and "Supplementary Notes on Chinese – Mohammedan Literature", in Friends of Moslems, No. 1, Vol. ? XI, 1937, pp. 14 – 26.

　　这些文章虽然能够反映毕敬士研究中国伊斯兰教的旨趣,但真正能够为他在西方学界赢得一席之地的,还是他的代表作《中国伊斯兰教文献目录提要》(*Annotated Bibliography of Literature on Islam in China*, 1950)。1945 年,毕敬士获得哥伦比亚大学汉语和日本语系的文科硕士学位,提交论文正是《中国伊斯兰教文献目录提要》。1950 年,该书在汉口由"中国穆民交谊会"出版。值得注意的是,此书虽然出版于 1950 年,但其至少在 1945 年就已经大体完成,而毕敬士着手准备的时间则还要更早。1927 年,在上海遇到了梅益盛。当时梅益盛正前往英格兰,临行前将他所搜集的关于中国伊斯兰教的资料转赠毕敬士。这成为毕敬士收藏中国伊斯兰教典籍的一个起点。此后,毕敬士的收藏不断丰富,这些典籍成为他后来出版《中国伊斯兰教文献目录提要》的基础资料。甚至在已经完成的论文上,毕敬士仍在不断添加新的参考书目和文章摘引。经过长期积累,才有了这部呈现在世人面前的《中国伊斯兰教文献目录提要》。该书的内容主要是关于中国伊斯兰教的书籍和杂志的汇总,包括以下八个方面:一般文献、伊斯兰教传入中国的时间、历史与发展、教派与门宦、文学、本土化进程、中国穆斯林的词汇、人口统计等。书中还介绍了欧美研究中国伊斯兰教的情况,并附有解说。

　　毕敬士此书资料翔实,为后来的西方学术界的研究提供了一手资料。可以说,当代西方从事中国伊斯兰教研究的学者,诸如莱斯利、李普曼、伊斯雷利、杜磊等都在不同程度上借鉴和吸收了毕敬士的成果。因此,将毕敬士的这部《中国伊斯兰教文献目录提要》与梅益盛《中国伊斯兰教文献辑录》同誉为这一领域的经典之作毫不为过。它们所开辟的"文献研究"进路成为后来英美学界研究中国伊斯兰教的一种经典方法,为莱斯利等人所继承。在后来的"冷战时期",在西方的伊斯兰教研究因中西隔绝而处于岌岌可危的情况下,"文献研究"却大放异彩,在非常时期起到了存亡续命的关键作用。

然而,如果说,这部著作仍有所不足的话,那么其最大问题并不在于"方面的局限",即未能涵盖日本与俄国学者对中国伊斯兰教和穆斯林的研究成果,而是在于"方向的局限",即毕敬士围绕中国穆斯林展开的一切研究最后都离不开如何向中国穆斯林传播基督教、福音穆斯林这一最终目标。不可否认,这大概是20世纪下半叶在西方伊斯兰教研究中扮演主要角色的英美传教士身上普遍存在的问题。

（作者为中国社科院世界宗教研究所伊斯兰教研究室副研究员）

书 评

评《无神论者的宗教：
不信教人的宗教用途手册》

陈贻绎

宗教的方方面面,随着工业革命后的几百年,吸取了许多科学发展的知识,也一直在进化。而无神论作为一个学派,对宗教采取的态度,往往只是分析其弊端而抨击之。从宗教方面认真吸取各种经验的著作似乎不多。我们这里要介绍的就是这样一本3月份出版的图书,《无神论者的宗教：不信教人的宗教用途手册》(*Religion for Atheist：A Non - Believers Guide to the Uses of Religion*)。[①] 这本书和克林顿·理查德·道金斯(Clinton Richard Dawkins)[②]与克里斯托弗·希钦斯(Christopher Eric Hitchens)[③]等人的作品不同[④],其目的不是攻击宗教的虚假和荒谬,而是

---

① Alain De Botton , Religion for Atheists：A Non - believer's Guide to the Uses of Religion, Pantheon (March 6, 2012), Hardcover, 320 pages, Language：English, ISBN - 10：0307379108, ISBN - 13：978 - 0307379108.

② 英国演化生物学家、动物行为学家和科普作家,他同时也是当代最著名、最直言不讳的无神论者和演化论拥护者之一,现任英国人文主义协会副主席,并担任英国皇家学会会士、英国皇家文学会会士同英国世俗公会荣誉会员。他的主要的作品有《上帝错觉》(*The God Delusion*),《地球上最伟大的表演：进化的证据》(*The Greatest Show on Earth：The Evidence for Evolution*)和《现实的魔法：我们如何知道什么是真的》(*The Magic of Reality：How We Know What's Really True*)等。

③ 英国出生的犹太裔美国人,激进左派支持者,无神论者、反宗教者。他的主要作品有《上帝不伟大：宗教是如何毒害一切的》(*God Is Not Great：How Religion Poisons Everything*)和《传教立场：理论与实践中的德肋撒院长》(*The Missionary Position：Mother Teresa in Theory and Practice*)。

④ 和上面两位作者关系密切的物理学家劳伦斯·克劳斯(Lawrence Maxwell Krauss)最近出版的一本和无神论相关的书《从无到有的宇宙：为什么不是什么都没有》(*A Universe from Nothing：Why There is Something Rather Than Nothing*),进入了纽约时报畅销书的排行榜。在英语的图书界,关于宗教学科的图书,进入纽约时报畅销书排行榜,并不多见。

从宗教中寻求启发，通过宗教的经验、仪式和方法，来试图拟补世俗社会中一些无法避免的"空洞"。

该书的作者 Alain de Botton 认为，现代社会的人缺失对群体的责任感和依附感，而是过多地将精力用于追求个人的价值。人与人之间的交流过于注重个人目的的实现，如金钱的获取和社会地位的提高，或者获得异性的青睐等自私的目的。而对于这种现象发生的一种解释，有的历史学家认为，是 19 世纪以来欧洲和美国开始的宗教信仰个体化、私有化——当我们开始对我们的神不再敬仰时，我们也就开始对我们的邻里不再尊重了。

如果我们认同这一观点，那么，我们就等于认同了一个重要的假设，就是宗教可以帮助人类提高对群体的依附感和责任感以及对别人顾虑的关照。在一个世俗的社会中，人所追求的是个人的私利，一切都围绕着工作为重心，因为只有不停地在工作中获得进步，才可能直接提升自身的社会地位、经济收入，从而实现人生价值。而宗教关心的问题，是在这种生活中所导致的人的孤独的心灵。

对于这一点，宗教有着其独特的解决方式。

例如，基督教所采取的方式是，指定一个地点，建起一座建筑，在这座建筑的四面墙内活动的人，彼此并不相识的人相互问好，也不会被对方认为是神经病。可以谈论一些在世俗竞争中无关紧要的问题，讨论人的道德，感慨人生的美丽等等，而同时可以把铜臭的社会地位竞争置之度外。在这个建筑中，人群不是以行业、年龄、种族、教育或者收入程度来组合到一起的，而是以对某种价值体系的信仰作为基础。在这个空间和时间里，人与人之间不再衡量彼此的社会地位，金融炒家和清洁工被一视同仁，相互间完全平等。人何以为生不再重要，彼此之间根本也不再以这些世俗的标准衡量对方。

教堂不仅仅是让步入其中的人不再看重世俗的标准，而且让人们开始接受和想象这样一个事实，就是即使没有这些世俗的"成功"，人也可以获得快乐。让人们开始思考，我们追求这些世俗的成功的目的到底是什么，我们如何至少暂时地将这些世俗的东西忘却，同时开始思考一些人的心灵的超俗的需求和满足。

举行这样的宗教仪式的场合往往壮丽而让人肃然起敬，参与这些仪式的人，仰首看着布满星辰的拱顶，和大家一起高声唱起赞美诗的时候，毫无疑问地会感到周围的人和那些在购物中心或者飞机场、火车站遇到的人并不一样。一切都很美好庄严，刚刚经历过这种仪式，难免让参与者感到，人类并不是如此地不可救药。于是，有的人可能就不再一如既往地只想着疯狂工作，在追求世俗的成功时也就不那么不择手段了。因为，人们看到和感受到，其实，彼此之间的尊重和信任，有的时候并非依托于世俗社会地位的高低。人和人之间和谐的关系是可以通过这样的群体关系来实现的。人的心灵的需求，是可以通过这样的方式得到满足的。

本书的作者认为，这种气氛和效果，也可以完全在无神论者中间营造出来。而营造这种气氛的几个要素，包括一个设计独特的建筑，要有别于办公楼或者平庸乏味的社区中心，另外还应该有设计独到的类似于宗教的仪式。尽管这个仪式不强调信仰，但是会要求仪式的参与者要遵循一定的规则，如彼此的谈话不问世俗问题等。这个仪式中最核心的内容是大家一起进餐——如同许多宗教的仪式一样。最为本书作者了解的这种一同进餐的宗教仪式是犹太教的逾越节晚宴，以及相同起源一脉相承的基督教中模仿最后的晚餐的弥撒仪式。

除了以上的例子，作者还认为宗教可以为无神论者提供许多启发，一个无神论者完全可以在不信仰神的同时，获利于宗教仪式和概念所能够带来的益处。例如陶冶情操、填补心灵空虚、培养感恩的心等等。有的时候，人还可以在这些仪式中产生到何处去旅游的灵感。宗教可以帮助天生自私、倾向通过暴力解决矛盾的人，学会和谐共存，彼此宽容；而且，宗教可以让在世俗社会中碰壁的人、失去亲人的人、感情受挫的人和身体健康状况恶化的人找到心灵的归宿和安慰。

作者最为自豪的一个让无神论者感受宗教的功用的发明创造，就是建立一个公共进餐场所的想法。这个进餐的"大饭堂"不同于一般的饭馆，其目的是让进入的人找到只有宗教才能够给予人的感受。例如，这个饭馆要设计得与众不同，给人一种壮丽辉煌的敬畏感，里面张贴的艺术品也远离世俗的主题。进入的人彼此之间不能够讨论世俗的问题，只能够进行和人文关怀相关的对话。例如，典型的讨论主题可以包括"你对什么后悔或者忏悔？""你想饶恕谁？""你内心深处的恐惧是什么？"等等。人和人之间的传统固有的社会关系（夫妻、同事、上下级等）被打散。参与者不分地位和职业，彼此交流互动。所有的宗教对共同进餐这个形式可以让人的心灵沉静放松的功能都谙熟，并且有所利用。有的充分一些，有的少一些。

当然作者对这个想法的讨论有时不免天真。例如，如何维护这样一个饭馆的运营费用，作者避而不谈，虽然提到了每个进入的人需要交一定的费用。而这个费用，对于经济承受能力有问题的人，是不是就不必收取呢？没有能力缴纳这笔费用的人，是不是就无法成为作者所描绘的乌托邦式的不分收入高低、不问职业家庭背景的"大筵席"的参与者呢？在讨论宗教的方方面面时，作者忽略了所有宗教，至少是还健康存在着的宗教的一个最大的共同点，就是对费用收取、支出预算的创新和运营。无论是教堂里面的十一税，还是庙庵里的香火钱，都是一个宗教不可或缺的部分。一个豪华的大饭堂，如何能够避免谈及这些费用问题呢？

再有，这些步入这个饭堂的人，其动机是寻求能够拟补心灵的空虚灵丹妙药。如果按照设计的仪式，没有成功达到这个目的，这种饭堂还能够维护下去吗？这种饭堂的管理是否要有专职的人员呢？这些专职人员是否需要专职的或者兼职的管理者和领导者呢？这些领导在社会中属于什么社会分工呢？无神论者的牧师？

无论如何推敲，这个设计听起来越来越像一种宗教了。而这个宗教，使用的是其他宗教的仪式，而又不认同其他宗教的价值观，尤其是对某个或者某些神的信仰。我们可以姑且称其为立足于对所有宗教分析研究后的改良宗教，或者称其为改良的一套价值体系和操作方式的有机组合。

从这个视角来看，其实，欧洲和北美目前的各种现存的主流宗教，大都已经有了这种改良的趋势了。无论是犹太教、基督教，还是佛教、道教、印度教，在这些地区，其信徒中，激进地维护其宗教性信仰体系的比例正在不断地减少。而与此同时，越来越多比例的信徒，其目的是通过这些宗教的相关仪式，来达到自己心灵需求的满足，如对群体依附感和自身的安全感。这些其实都是功用性很强的目的。

这个趋势，我认为是个健康并且在持续发展的趋势。这或许是当今国际化程度不断深化的人类社会中，宗教发展的一个自然而然的阶段，是历史和社会发展的必然。也就是说，本书的作者所追求的体系，其实已经通过各个宗教的世俗化趋势，在不断地实现中了。面对这个宗教发展的现实状况，进行充分的理解，并培养其向更加有效的方向发展，其成本可能要比建立一系列新的社会机构（如上面提到的公共大饭堂）低得多，而其可操作性也要高得多。

从作者列举的大量的犹太教和基督教的例子来看，作者思索，应该是继承了这两个宗教在过去的几百年间，随着人类社会工业化和国际化的不断发展，自身对世俗化和现代化的反思。作者的思考，是个有益的延续和升华。

尽管作者提出的许多方案在可操作性上有许多问题，但是这种思考还是让这本书有其特殊意义的。有神论者或许能够从这本书中看到了无神论者向信仰体系的回归；无神论者看到的是对没有宗教也可以享受宗教的益处的各种可能性的思考。两者都有各自的收益。

（作者为上海交通大学人文艺术研究院中东和平研究中心主任）

动　态

伊朗 2011 年穆斯林斋月宗教动态

时 光

　　2011 年全球穆斯林的斋月恰逢公历 2011 年整个 8 月，斋月期间全球尤其是伊斯兰世界继续动荡不安。在埃及，前总统穆巴拉克于 8 月 3 日、8 月 15 日两次在病榻上前往法庭受审；在叙利亚，政府军在 7 月底、8 月初进入动乱城市哈马，造成众多人员伤亡，西方国家领导人明确表示叙利亚总统巴沙尔·阿萨德应该下台；在利比亚，8 月下旬战局突变，反对派武装于 22 号凌晨攻入首都的黎波里，卡扎菲去向不明；在也门，在沙特阿拉伯疗伤的总统萨利赫迟迟不能回国，国内局势持续恶化；8 月 26 日，伊朗及一些伊斯兰国家的民众走向街头纪念"世界圣城（耶路撒冷）日①"，声援巴勒斯坦人民。此外，8 月 6 日在英国伦敦及其周边城市相继发生一些骚乱活动，令欧洲与世界感到震惊。

　　每周五在德黑兰大学校园内举行的大礼拜是伊朗全国最重要的宗教活动与宗教宣传之一。今年穆斯林斋月期间，伊朗伊斯兰革命最高领袖阿亚图拉哈梅内伊与国内宗教界其他重要人士结合伊朗国内外局势，在每周五大礼拜及开斋节活动中发表了一系列重要的演说。

　　针对 2011 年以来中东北非多个伊斯兰国家发生的政局动荡，阿亚图拉哈梅内伊曾表示："伊斯兰民族如果出现了问题，其原因在于忽视了对《古兰经》的重视。"在 8 月 5 日进入斋月后第一个德黑兰周五大礼

---

　　① 1980 年，在阿亚图拉霍梅尼提议下，伊朗伊斯兰共和国把每年伊斯兰斋月中最后一个的周五定为"世界圣城（耶路撒冷）日"，举办群众性游行活动，声援巴勒斯坦人民。

拜中,阿亚图拉穆罕默德·伊玛米·卡尚尼再次强调"我们目前现存的问题在于没有充分地利用《古兰经》来裁决社会上出现的问题。伊斯兰革命与伊玛目霍梅尼把《古兰经》从黑暗与尘土中解放出来,并昭示给世界,而在此之前,情况并非如此。"

8 月 12 日的德黑兰周五大礼拜前,英国伦敦等部分城市出现了骚乱活动。霍贾特伊斯兰卡齐姆·萨迪基在演讲中认为此次动乱显示西方世界目前已经开始进入衰落时期,"伊玛目霍梅尼在世时已经预言在西方世界迟早会发生这样的动乱,并认为 21 世纪将会是霸权主义国家衰落的世纪。这场动乱的发生显示了伊玛目霍梅尼当年的睿智与远见。"[①]对于这场冲突为何会发生在英国,萨迪基指出英国由于搅乱了世界格局而深陷其中,无法自拔,实际上是其对世界犯下罪行而遭受的报应。该国的政治家首先缺乏相关信息,不了解世界的局势,其次是缺乏文化教养,以流氓行径为荣,并妄图将其法律化。他们为占领他国、搅乱他国局势不惜花费大量金钱,把本国老百姓口袋里的钱财用于发动战争与制造阴谋,从而导致了这场危机。

此外,对于在索马里出现的饥荒而导致数百万人民面临死亡威胁,萨迪基在演讲者倡议伊朗人民对饥民提供帮助,因为在斋月期间对妇幼、饥民的施舍可以获得真主更多的宽恕。同时他也批评联合国对伊朗、叙利亚问题上迅速做出了不公正的决议,而对一个有数百万人民面临饥饿危险的国家却无法做出有效的举措。

8 月 14 日为"三十三天战争"[②]结束五周年纪念日,萨迪基在演讲的最后对黎巴嫩真主党及其领导人赛义德哈桑·纳斯鲁拉表示祝贺,同时

---

① http://hamshahrionline.ir/news-142853.aspx.

② 2006 年 7 月 12 日,真主党越境袭击以色列并俘获两名以军士兵,以色列随即对黎巴嫩展开大规模军事行动,造成了黎巴嫩方面大量人员财产的损失。8 月 11 日,联合国安理会通过 1701 号决议,要求双方全面停止敌对行动。14 日,双方停火,整个冲突历时三十三天,以色列方面未能达到彻底打垮真主党的战略目标,真主党虽然遭受沉重打击,仍宣布取得战争胜利。

指出真主党在这场战争的获胜显示了以色列的无能。

阿亚图拉艾哈迈德·贾纳提主持了 8 月 19 日的德黑兰周五大礼拜。对于几天后的"世界圣城日"，他希望穆斯林民众应该积极参与反对以色列的起义与游行活动。他强调："这一天（世界圣城日）对于以色列来说是自己历史上最应该感到羞耻的一天。"[1]并认为伊斯兰国家发生的对抗独裁者的示威是受到了伊朗伊斯兰革命的启发。他指出："如果没有伊朗（伊斯兰革命），这一地区还将长期受到那些暴君们的压迫……沙特、利比亚及也门的暴君最终和埃及的那位'法老'[2]将会是同一个结果。"[3]

8 月 31 日是伊斯兰国家开斋节，当日阿亚图拉哈梅内伊发表了庆祝开斋节的演讲。讲话中哈梅内伊对本国穆斯林民众积极参与之前举行的"圣城日"游行活动表示赞赏与感谢。对于 2011 年以来伊斯兰世界发生的巨大变革，他指出在 32 年前，伊朗人民走上街头，参与了伊斯兰革命，创造了历史，今天伊斯兰国家的人民再次登上了改变历史的舞台。哈梅内伊说道："谁会想到这一地区的美国与犹太复国主义者的代理人会接踵垮台呢……伊斯兰世界的人民依靠真主的力量完成了这一壮举……无论是在埃及还是在利比亚，在突尼斯还是在也门，还是在其它国家的穆斯林人民，一定要防止被敌人窃取胜利果实。不要忘记今天插手利比亚的那些人，不久之前还在和奴役过利比亚人民的人一起席地而坐，觥筹交错，人民一定保持机警与清醒。"[4]此外，哈梅内伊还表达了对巴林人民的担忧，鼓励他们只要拥有决心与意志，一定会取得最终的胜利。因为"这是一个普遍的真理，在那里（巴林）也会是如此"[5]。

---

[1] http://hamshahrionline.ir/news - 143536. aspx.

[2] 指埃及前总统穆巴拉克。

[3] http://hamshahrionline.ir/news - 143536. aspx.

[4] http://farsi.khamenei.ir/speech - content? id = 17123.

[5] 同上。

阿拉伯世界宗教动态

肖　坤

2012 年 6 月，在经过与多位埃及文化人士和爱资哈尔大学学者的数次商讨之后，爱资哈尔大教长艾哈迈德·塔伊布宣布了校方的声明：应致力于将埃及打造成一个现代化的民主立宪制国家、维护以直选为基础的民主制度、尊重人权和妇女权益、维持爱资哈尔大学的独立性及其机构在遴选教长方面的职权不受干预。艾哈迈德·塔伊布称，该声明主要有 11 要点，强调了回归伊斯兰是所有议题的基础。

9 月 9 日，开罗示威群众冲击以色列大使馆并试图闯入内政部和吉萨警署，针对这一行为以及由此产生的警民伤亡事件，开罗的伊斯兰学者表明了他们的反对态度，这些学者强调说：这一行为有违伊斯兰教法和国际法，并严重损害了埃及在国际上的声誉；它抹黑了埃及革命，使埃及人民的形象大打折扣，也使埃及的古老文明和宽容传统蒙羞。学者们要求所有埃及人民保持冷静和谨慎，不要盲从于那些损害国家利益的虚妄之言，他们还呼吁所有的埃及民众与安全部队合作，尽快恢复埃及的平静与稳定。

一些伊斯兰主义者也谴责日前发生的冲击以色列大使馆和吉萨警署的行为，并认为这是一次有计划的、旨在引发埃及社会动荡、阻碍埃及议会选举的行动。他们强调，此次暴力事件并非偶然，而是有计划的行为，一些组织曾在早先于互联网上发出号召，挑起民众与安全部队之间的冲突。"一些不明组织意图制造混乱，妨碍正在进行中的大选准备活

275

动、阻挠选举政府的成立,这是所有埃及人民所不能容忍的,希望有关方面能够采取相应的必要措施,解决此次问题。"中心党（Al – Wasat Party）则通过其发言人表明态度:他们赞同军事委员会在此次冲击大使馆事件中的立场,而军警在对抗中也采取了较为明智的做法;中心党不赞同任何的骚乱或是野蛮行为,但这次针对以色列使馆的事件表明:相较于土耳其政府对以色列政府的强硬态度,埃及青年人对于本国政府的反应有所不满。伊斯兰协商委员会委员阿卜杜·奥尼警告青年人:针对以色列大使馆的行动可能会使美、以两国有借口干涉埃及内政、影响即将到来的大选,青年人不能为他们创造这样的机会;必须要停止针对使馆的敌对行动;而面对以色列的傲慢行为,埃及人必须寻求和平的政治解决方法,不能再出现类似的过激行为。

利比亚穆斯林兄弟会领导人苏莱曼·阿卜杜·卡迪尔在利比亚危机爆发不久即返回班加西,领导该组织在国内的活动,日前,他在接受埃及《金字塔报》的采访时,就诸如利比亚穆斯林兄弟会在未来利比亚国内的地位、利比亚穆斯林兄弟会与其上级组织埃及穆斯林兄弟会的合作方式及合作程度等问题做出表态,他表示利比亚穆斯林兄弟会正在与国内各派别合作、共同为打造利比亚的未来而努力,他们将致力于将利比亚建成为一个公正、平等的法治国家;而利比亚全国过渡委员会为临时领导机构,应在国内形势恢复稳定之后尽快组织大选。

黎巴嫩马龙派教长比沙拉·布特鲁斯·拉伊日前由巴黎返回黎巴嫩,有媒体称其在巴黎与法国总统萨科齐的会晤中,表现出自己对于基督教徒未来前景的急切忧虑之情,他将黎巴嫩真主党武装未来的命运与以色列撤出黎巴嫩被占领土联系在一起,并声称若穆斯林兄弟会在叙利亚掌权,那么基督教徒将会"付出代价":叙利亚的逊尼派教徒必将与黎巴嫩逊尼派教徒联合起来,这将使本来就因什叶派而紧张的黎巴嫩局势变得更加令人焦虑。他的这番言论引发黎巴嫩国内极大反响,支持声和反对声形成鲜明的两个阵营。

9 月,在美国纽约出席联合国大会的伊斯兰合作组织代表表示支持巴勒斯坦建国,并呼吁国际社会拯救正处在饥荒困境中的索马里,该组织在此次联大会议中还将参加关于区域组织合作、共同抵抗干旱、贫穷等议题的讨论。而伊斯兰合作组织的 57 国外长会议也将在近期召开。

两股非穆斯林宗教极端势力
阻碍巴以实现和平

陈贻绎译

　　尽管巴以冲突主要是有关领土归属的政治冲突，但是宗教组织在这个冲突中的角色也不容忽视。尤其是一些激进的宗教团体和组织依据自己的教义来加剧冲突。尽管也有一些热爱和平的宗教组织试图用他们的教义来引导和平，但相比之下，激进组织的影响力远远超出了热爱和平的宗教的温和作用。

　　国际媒体对伊斯兰原教旨主义的危险和激进渲染不少，但是对另外两个也十分激进的宗教组织报道并不多。一个是犹太教的狂热派（又称"宗教犹太复国主义者"），一个是基督教的"时代论"狂热派（又称"基督教犹太复国主义者"）。这两个组织在阻碍和平进程中的力量不可小觑。由于我国的主流媒体多搬用西方主流媒体的报道，而西方主流媒体出于各种原因，对这两个极端宗教势力多有讳言，导致中文读者对这两个组织了解甚少，在此有必要加以介绍。

　　首先是激进的宗教犹太复国主义者，他们认为，巴勒斯坦地区的所有土地，按照《希伯来圣经》的记载，都应该归属犹太人。在这个问题上的立场导致这批犹太教徒认为所有犹太人占领的土地不仅仅不应该还给巴勒斯坦人，而且即使是现在仍然属于巴勒斯坦占有的土地，都应该收回给犹太人。这种观点无疑导致了巴以冲突的升级。而且，激进的犹太教徒还付诸行动，继续在巴勒斯坦人的土地上建立违反国际法和联合国决议的非法犹太定居点。

即使巴以之间达成了某种形式的和平协议,大部分在约旦河西岸的犹太定居点需要撤离,宗教犹太复国主义者士兵和军官是否会听从他们的指挥官的指令执行撤离,还是会听从他们的宗教拉比的指令,出于宗教原因,拒绝撤离,是一个不确定的因素。这些拉比认为,所有《圣经》中提到的土地,都是犹太人的,犹太人不应该从已经占领的地区撤离,甚至认为需要继续扩大占领。最近,这批拉比和议会中的支持建立犹太人定居点的势力相互勾结,又有在约旦河西岸的年轻犹太流氓无赖(Hill-top Youth)的支持,势力有增无减。以色列国防军中,低级军官中宗教复国主义者日益增多,将来很可能像 2005 年撤离位于加沙地带的犹太定居点时一样,拒绝听从军官的指挥。这些宗教犹太复国主义者对非法定居点的"誓死捍卫",会对定居点的拆除和撤离造成极大的障碍,直接影响和平的实现。

在以色列议会中,限制以色列最高法院的努力此起彼伏,因为以色列最高法院主张依法保护约旦河西岸的巴勒斯坦民众的各种权力和利益。同时,议会中也有声音开始主张限制对以色列的一些民间组织的海外资金和政治支持,因为有些如"现在就和平"的组织,是反对建立非法犹太人定居点的。

而基督教犹太复国主义者其实是基督教福音派的一个支派,他们信奉"时代论(Dispensationalism)"。该支派认为,在某个特定的将来,一系列暴力事件会导致耶稣基督的第二次复活。而这个第二次复活的前提条件之一,就是所有的犹太人先都回归到巴勒斯坦这块《圣经》中的圣地,才可能有后面的一系列暴力事件。所以,这个派别也不遗余力地促成更多的犹太人回归巴勒斯坦,建立更多的定居点,致力于将所有非犹太人,包括巴勒斯坦人,赶出这块土地。这个势力不同于犹太教复国主义者,其主要势力并不在以色列,而是在美国的许多地区十分盛行。众多的美国福音派电台对这个派别大力推崇，其资金经费也显格外充裕，是影响美国政治选举的一个不可忽视的基督教力量，尤其是涉及美国和以色列关系以及巴以和平相关法案和讨论时。基督教犹太复国主义是阻碍巴以实现和平的第二股极端宗教势力。

（作者为上海交通大学人文艺术研究院中东和平研究中心主任）

巴基斯坦的宗教和宗教组织概述^①

王 旭 编译

巴基斯坦97%的居民信奉伊斯兰教,是伊斯兰世界的第二人口大国。从过去发生在巴基斯坦宪法、立法、司法、经济和教育等领域的种种事件可以看出,宗教组织在巴基斯坦的内政外交中起到了十分重要的作用。

巴基斯坦的宗教组织既不属于政府管理机构,也不曾在议会中占多数,但是宗教组织在涉及宗教事务的所有决策中都发挥了至关重要的作用。由于所属教派的不同,这些宗教组织通常被划分为不同派别,并各自拥有众多的追随者。不同派别的宗教组织之间经常会产生分歧,由此甚至引发武装冲突。

伊斯兰教分为什叶派和逊尼派两大教派。目前对巴基斯坦国内什叶派和逊尼派人数尚无确切的统计数据。但根据常识,可以作出谨慎的推断,即什叶派与逊尼派人数比例大约为 1 比 10。巴基斯坦的逊尼派包括代奥本德派、伯莱维派和圣训派三大分支。

缺少清真寺的伊斯兰教信仰和穆斯林生活是不完整的。可以说清真寺是形成巴基斯坦社会宗教基础的核心。在不同教派基础上产生的宗教组织都会从清真寺获得支持和援助,并通过清真寺发挥影响。这些

---

① 巴基斯坦政策研究所所长 Khalid Rahman 著,王旭编译。

宗教组织通过清真寺在社会上传播思想主张，与穆斯林民众保持联系并把他们团结在自己的周围。

巴基斯坦的宗教组织因其所从事活动的不同可以被划分成五类，即政治组织、传教组织、教派组织、公益组织和教育组织。

一、政治组织

政治组织即宗教政党。巴基斯坦的不同教派分别拥有各自的宗教政党。

伊斯兰乌里玛协会秉承代奥本德派思想，其前身是在巴基斯坦建国前业已成立的印度乌里玛协会。支持该宗教政党的清真寺遍布巴基斯坦各地，但其政治影响力主要存在于俾路支省的一些地区、开伯尔－普什图省中部和南部地区以及联邦部落直辖区。

巴基斯坦乌里玛协会是以伯莱维派思想为基础建立的。在其发展过程中，巴基斯坦乌里玛协会分化出了大大小小的不同派别。其支持者主要来自卡拉奇和旁遮普省的一些地区。遍布巴基斯坦，尤其是位于旁遮普省的清真寺、苏菲圣墓和道堂也是其主要的支持力量。

伊斯兰促进会是巴基斯坦政治领域中最重要的宗教政党，但并不从属于某一特定的教派。伊斯兰促进会的组织网络遍布巴基斯坦，并且非常活跃。其政治影响力范围包括卡拉奇、拉合尔、拉瓦尔品第、伊斯兰堡和开伯尔－普什图省的北部地区。

除此之外，圣训派的宗教政党圣训会与穆斯林联盟纳瓦兹派之间保持着长期合作。什叶派的政治组织巴基斯坦扎法尔运动也是一个值得一提的宗教政党。

二、传教组织

巴基斯坦最著名的传教组织是达瓦宣教团。在印度、孟加拉、巴基斯坦都有该组织的宣教中心。达瓦宣教团依托代奥本德派的清真寺,在全世界进行传教活动。达瓦宣教团在巴基斯坦每年举行一次全国性的集会,据保守估计,每次大约有 100 多万人参加。同样,伯莱维派也建立了自己的传教组织伊斯兰传教团。

除上述两个传教组织外,还有大大小小不计其数的传教组织在巴基斯坦为传播伊斯兰教信仰而开展形式多样的传教活动。

三、教派组织

纯粹以宗教派别为基础的教派组织也在巴基斯坦逐渐兴起。其中重要的教派组织有什叶派的默罕默德军和代奥本德派的先知弟子军。目前,默罕默德军和先知弟子军都已被巴基斯坦政府取缔,但是其支持者仍活跃在各自影响的地区。

四、公益组织

宗教组织的一项重要活动是从事公益活动。巴基斯坦最著名的公益组织是伊斯兰促进会建立的服务机构。该组织常年在巴基斯坦各地开展公益活动。尤其是在 2005 年地震和 2010 年洪灾之后,该组织发挥了非同一般的重要作用。

五、教育组织

另一类重要的宗教组织是教育组织,即宗教学校。目前,遍布巴基斯坦各地的宗教学校总数已经超过 15000 所,总共约有 22 万学生在宗教学校里学习。宗教学校在培养传统宗教领袖方面发挥了重要作用。

除一些特殊情况外,每所宗教学校都有其秉承的教派思想,根据各自的教派思想来确定开设的课程、考试内容以及相应的宗教资格证书。目前，巴基斯坦共有 5 个分属不同教派的宗教学校联合会，其中最大也是最稳定的是从属于代奥本德派的阿拉伯宗教学校联合会。许多大的宗教学校会正式发行周刊或月刊。这些刊物除发表针砭时弊的文章外，还会刊登一些宗教性文章。现在的许多宗教学校还建立了自己的网站。

　　本文对巴基斯坦的宗教和宗教组织作了简要的介绍。文中提及的这些宗教组织正致力于在巴基斯坦推行宗教教育，并注重使用和平的方式来改变公众舆论。

（编译者为北京大学南亚研究中心主任助理）

日本宗教法人课税问题

葛奇蹊

野田佳彦上台后,大力推进日本的税制改革,拟定了在未来四年内将消费税提高一倍的法案,并强调应该重新审视在税法体系中受到特别优待的课税对象,其中之一就是一直享有不平等税制照顾的宗教法人。

根据日本现行的税制,对于宗教法人通过宗教活动获得的资金以及拥有的土地不征收法人税和固定资产税等税种,对于其从事的出版事业等营利活动施行低税率的课税方法。这项针对宗教法人的非课税措施遭到了各方面的批判,理由是这种措施会导致"国家财政的恶化",有损"租税的公平性"。自 2011 年以来,《朝日新闻》、《周刊新潮》、《周刊 POST》、《SUNDAY 每日》等一些报纸和周刊不断登载批判宗教非课税的评论,民主党内部也存在着对宗教非课税心存质疑的群体。

非课税措施在二战之前就已存在,以 1995 年的奥姆真理教事件为契机,宗教法人课税问题曾经成为争议的焦点,在这个过程中政府修改了一部分宗教法人法,强化了对宗教的监管。之后,以创价学会为母体的公明党参与政权后,课税论一度偃旗息鼓,但是 2009 年民主党执政以来,宗教课税论的支持派和推进派之间的攻防战再度展开。

反对派以创价学会及其支持的公明党为首,主要论据是:(1)公权力介入宗教的课税问题侵害了信教的自由,是违反宪法的行为,是对各种法律规定的宗教特殊性和神圣性的无视;(2)为了保护宗教法人的公益性活动,税法已经认可了对包含宗教法人在内的公益法人施行非课税的政策;(3)宗教活动是非营利活动,也不存在将利益分配给个人的目的,因此不应成为法人税课税的对象。一些税法专家也指出,这些是世界各国对宗教活动采取非课税政策所遵循的原则,如果违背这些原则对宗教法人课税的话,势必会遭到国际谴责。

反观推进派的民主党,早在鸠山政权时代,当时的经济产业副大臣增子辉彦就在政府税制调查会上提出"宗教法人的税制存在不少问题",就宗教法人税制修改问题进行过讨论。民主党在党内设立"宗教与民主主义研究会"(会长池田元久),经常就加强宗教法人课税的问题进行讨论。尔后,民间的学者、知识分子和一些主流媒体也纷纷表示支持。立正大学法学部客座教授浦野广明就曾指出:"虽说加强对宗教法人的课税困难重重,但是过去曾经有过对小规模寺院的住持从施主那里接受的布施进行课税的例子。然而对于大规模的宗教法人将拥有的会馆借用于选举活动这种明显的应课税行为却不进行税务调查。其实就算不修改税法,只要切实实施税务调查就可以加强课税,否则就会造成行政的不公平。"

《朝日新闻》在今年的4月3日也刊登了一篇题为"耕论宗教法人为何非课税"的社论,称"政府一直忙于增税问题,最近却没有听说针对宗教法人课税的举动,难道宗教真的是圣域",并列举了三名知识分子的意见。其中一人对课税采取慎重的立场,但另外两人都是课税推进派。这篇社论有很强的"支持课税"的论调,给反对派的公明党和创价学会带来了巨大的冲击。

公明党的有关人士称,带头支持消费税增税的《朝日新闻》以前对于宗教法人非课税一直视而不见,此次突然将其拿出来说事是受了财务省的指使。因为公明党强烈反对野田政权的增税路线,对税法和社会保障的改革法案持慎重态度。在试图通过民主党增税派和自民党增税派的和谈来成立消费税法案的财务省看来,公明党是推进税制改革的最大阻力。因此《朝日新闻》在国民为消费税增税感到愤怒的环境下刊登这篇具有煽动性的社论是想将民众关注的焦点转移到宗教法人身上。

《周刊 POST》也于 4 月 28 日刊登一篇题为"关于取消对宗教法人的优待措施后可获得 4 兆日元财源的计算方法"的文章,文中称记者山田直树邀请宪法学者北野弘久和一些税务人员计算了如果对宗教法人进行课税后可以获得的税收总额。结果显示,全国 18.2 万家宗教法人持有的不动产含有的固定资产税、不动产所得税大致为 2 兆日元,事业收入税 1 兆日元,法人事业税、道府县民税、注册专利税等与一般企业相当的税收 1 兆日元,合计为每年 4 兆日元的规模。文章的结论是,4 兆日元相当于国库消费税收入的 2%,可见宗教法人正在受到何等程度的优待。

宗教法人课税问题的走向不仅将决定宗教法人今后在日本的待遇,也是关乎日本税制改革的重要问题,其背后夹杂着执政党的民主党与在野党的公明党及其支持势力创价学会之间的权力斗争。宗教法人是否应一如既往地在税收上受到优待,宗教法人课税问题将何去何从? 令人拭目以待。

(作者为北京大学日语系博士)